「終戦」の政治史
1943-1945

鈴木多聞——［著］

東京大学出版会

本書は財団法人東京大学出版会の刊行助成により出版される

Japan's Long Road to Surrender: A Political History, 1943–1945

Tamon SUZUKI

University of Tokyo Press, 2011
ISBN 978-4-13-026225-5

「終戦」の政治史 1943–1945／目　次

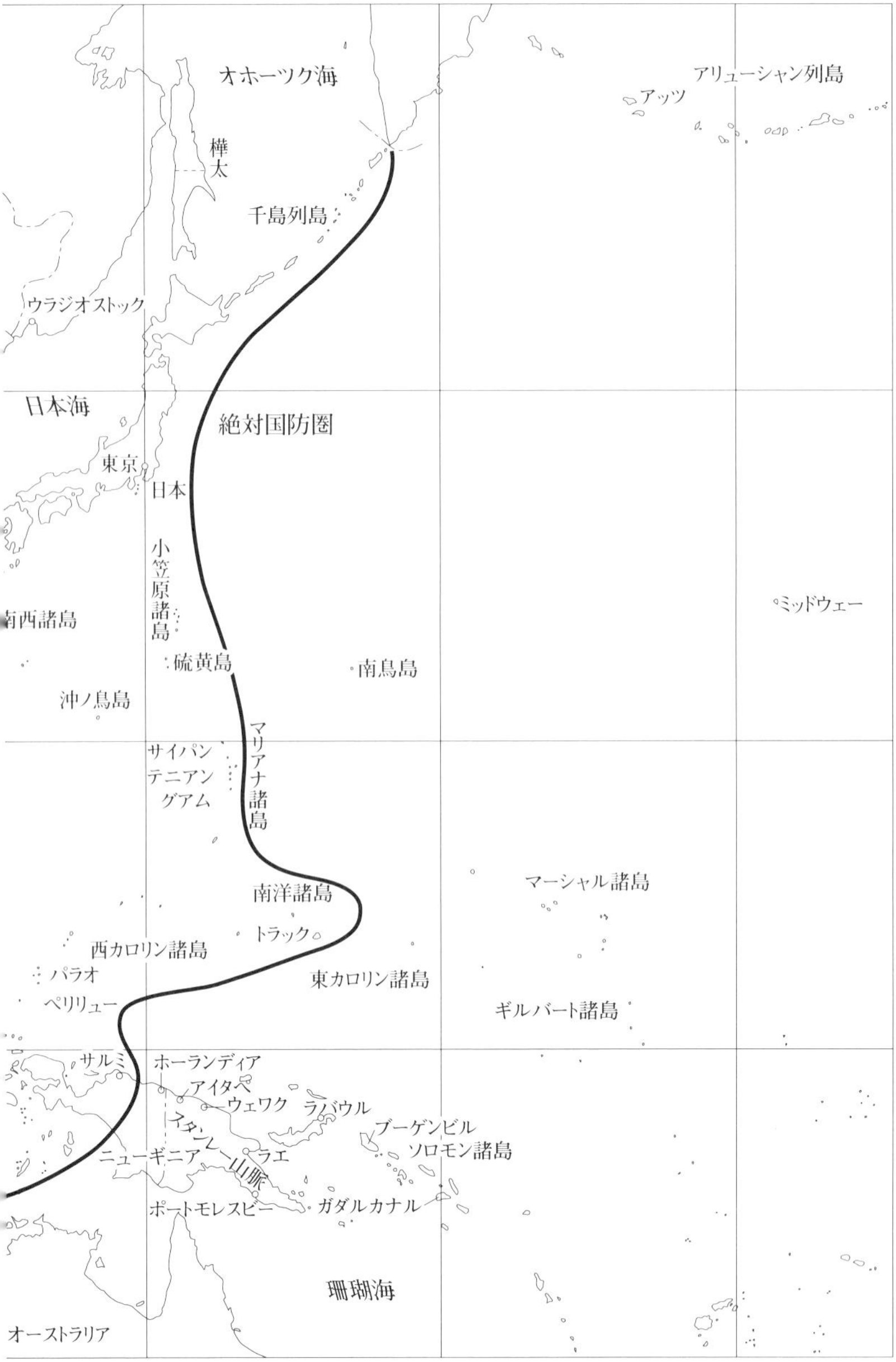
オホーツク海
アリューシャン列島
アッツ
樺太
千島列島
ウラジオストック
日本海
絶対国防圏
東京
日本
小笠原諸島
南西諸島
ミッドウェー
硫黄島
南鳥島
沖ノ鳥島
マリアナ諸島
サイパン
テニアン
グアム
マーシャル諸島
南洋諸島
トラック
西カロリン諸島
パラオ
東カロリン諸島
ペリリュー
ギルバート諸島
サルミ
ホーランディア
アイタペ
ウェワク
ラバウル
ブーゲンビル
スタンレー山脈
ソロモン諸島
ニューギニア
ラエ
ポートモレスビー
ガダルカナル
珊瑚海
オーストラリア

ハイラル
満州国
奉天
北京
大連
京城
延安
中華民国
南京
東シナ海
重慶
雲南
ミイトキーナ
インパール
台湾
香港
ビルマ
仏領インドシナ
ルソン
マニラ
フィリピン
タイ
南シナ海
マレー
スマトラ
ボルネオ
セレベス
絶対国防圏
ジャワ
インド洋

—— 絶対国防圏

凡例

・引用史料はなるべく原文のままとしたが、適宜、句読点と濁点を補った。
・引用文中の［ ］は筆者によるものである。
・適宜、ルビ、傍点を付した。また、改行は必ずしも原文にしたがっていない。
・旧字体は、なるべく新字体に改めた。
・引用文献のサブタイトルは、適宜、省略した。
・御下問・奉答に関する史料は、前後の文脈を尊重するため、なるべく対話形式にした。この点、中尾裕次編『昭和天皇発言記録集成』下巻（芙蓉書房、二〇〇三年）の形式にしたがった。原本が公開されている場合には、請求番号等を明示した。また、寺崎英成、マリコ・テラサキ・ミラー編著『昭和天皇独白録　寺崎英成・御用掛日記』（文芸春秋、一九九一年）など、史料批判を必要とする史料も多い。原本と巻末の参考文献一覧を必ず参照されたい。
・文中には、現在からみれば、不適切な呼称・用語もあるが、そのままとした。
・原文には、傍線が引かれているものもあるが、削除した。
・引用文中のアラビア数字は、適宜、漢数字に改めた。

序論

一九四五(昭和二〇)年八月六日、広島に原爆が投下され、八月九日にはソ連が参戦し、長崎に二発目の原爆が投下された。日本は八月一〇日と八月一四日の二度にわたり御前会議を開催し、昭和天皇の「聖断」によって、ポツダム宣言を受諾した。八月一五日正午、昭和天皇の玉音放送によって、多くの国民は降伏の事実を知ることとなる。

一般的にいって、戦争末期の政治史は、「終戦か継戦か」といった対立図式で、「終戦派」と「継戦派」の対立を軸に語られることが多い。いわゆる「終戦派」が東条内閣末期に台頭し、彼らの「終戦工作」が成功していくという図式である。(1) すなわち、一九四四年七月七日にサイパンが陥落すると、水面下で「終戦工作」が行われ、「終戦派」による東条内閣の打倒が成功する。(2) 翌年、ドイツが降伏すると、「終戦派」は秘密御前会議を開催し、ソ連を仲介とした「終戦外交」を試みた。さらに、原爆が投下され、ソ連が参戦すると、「終戦派」は、この外圧を利用して、「聖断」によって「継戦派」を封じ込めた、と。(3)

このような政治史理解を前提に、従来の先行研究の関心は、次の二つの論争に集中している。第一の論争は、昭和天皇の「聖断」の評価に関する論争である。「聖断によって戦争が終わった」、もしくは「遅すぎた聖断」であるという論争が行われている。(4) 第二の論争は、原爆投下の歴史的評価に関する論争である。「原爆投下によって戦争が終わった。原爆投下は不必要であった」、もしくは「(原爆投下ではなく)ソ連参戦によって戦争が終わった。原爆投下は必要であった」という論争が行われている。(5)

第一の昭和天皇をめぐる論争の背景には、元老なき後の天皇の政治的役割をどのように考えるのかという問題が存在している。いわゆる、文字通りの能動的権力者であったのか、それとも受動的君主であったのかという問いである。(6) 昭和天皇を受動的君主として位置づける研究は、戦争が「聖断」という異例の方式で終わったことを強調する傾向がある。この場合、政治的関与を自制してきた昭和天皇は、「聖断」によって本土決戦を回避し、国民の生命を救ったということになるだろう。(7) 他方、昭和天皇を主体的に戦争に関与した能動的権力者として位置づける研究は、昭和天皇の「聖断」はより早い段階でも可能であったと主張する。そして、むしろ「聖断」が遅れたことで、戦争の被害が拡大したという。(8)「意志なき君主」か「意志ある大元帥」か、あるいはその中間かというラインで昭和天皇像が描かれ、その結果として、戦争末期の政治史像が大きく異なってしまうのである。(9)

第二の原爆投下の歴史的評価をめぐる論争の背景には、原爆投下という軍事的外圧をどう考えるのかという問題が存在している。この原爆投下論争に明確な決着をつけることは難しい。なぜなら、広島への原爆投下（八月六日）、ソ連の参戦（八月九日）、長崎への原爆投下（八月九日）、第一回御前会議（八月一〇日早朝）といった重要な出来事が連続して起こっているため、その相互の因果関係がきわめて不透明であるからである。(10) 原爆投下が日本を降伏させたとする説（原爆要因説）は、「終戦派」は原爆という「外圧」と「聖断」を有効に利用して「継戦派」を封じ込め、戦争を終結させたと主張する。(11) 一方、ソ連の参戦が日本を降伏させたとする説（ソ連要因説）は、「継戦派」はソ連の参戦に強い衝撃を受け、「聖断」を覆すための倒閣やクーデターに踏み切ることができなかったという。(12) 日本降伏の原因は、原爆投下か、それともソ連参戦か、あるいはその両方か（ダブル・ショック説）という形で、現在にいたるまで論争が続いている。(13)

ここで従来の研究に対しては以下のような問題点を指摘できよう。第一に、戦争末期の政治史を、外交面の和戦をめぐる対立として描くことが適当かという問題である。たしかに、戦争の最後の局面においては、「終戦論」と「継戦論」が激しく対立したが、このような対立図式を東条内閣期まで遡及して当てはめてもよいのだろうか。第二に、従来の研究は、天皇の政治的関与の有無を論じる立場から天皇と軍部との関係を分析してきたため、陸海軍内部の対立と妥協の諸側面において天皇が果たした有形無形の役割については看過しがちであった。第三に、従来の研究は、降伏の原因を「原爆投下かソ連参戦か」という枠組みで論争してきたため、軍事的圧力を中心とした議論に傾きがちであった。

本書は、第二次世界大戦末期の日本の政治史を戦争終結研究の観点から分析しようとするものである。戦争は、いつ、なぜ、どのようにして終わるのであろうか。一般的に、戦争は始めることよりも終わらせることの方が難しいといわれている。戦争を終わらせ平和を回復することは現代につながる問いであろう。本書の視角は以下の三点である。第一に、「終戦」なり「継戦」なりは、それ自体が目的ではなく、政治的手段にすぎないという点である。ゆえに、各政治勢力の政治・軍事・外交・経済に対する主張の変化を分析し、それがどのような対立と妥協を生みだし、その結果はどのように各政治勢力にフィードバックしたのかを明らかにする。さらに、外交政策の分析にあたっては、①戦争目的、②軍事的勝算、③戦争終結の条件、④方法、⑤時期、の五点に細分化して分析を行う。たとえば、戦争中に戦争目的が変化・再定義されることは、よくみられる現象である[14]。第二に、機能不全に陥った制度の運用に着目する点である。陸軍と海軍との対立に巻き込まれた昭和天皇はどのような発言を行ったのであろうか。この点は実はきわめて微妙な問題である。というのは、戦後の日本には、陸軍史観と海軍史観という二つの相容れない歴史解釈があり、相互に敗戦責任を転嫁して批判し合っているからである。第三に、軍事的圧力がどのように認識されたのかという点である。たとえば、原爆投下という悲惨な出来事を例にとってみても、現在の研究者の原爆認識とその当時の軍事指導者の原爆認識とでは相当な乖離があるだろう。これは、当時の戦局や世界情勢に対する認識についても同様のことがいえる。

本書は四章構成をとっている。第一・二章では東条内閣が総辞職にいたる過程を、第三・四章では降伏にいたる過程を取り上げ、日本が経済・政治・軍事・外交の順に「無理」を行おうとし、国内に政治対立が生じる模様を明らかにする。また、第一・二章においては、天皇・陸軍・海軍がそれぞれ戦争遂行の手段をめぐって対立する過程を分析し、第三・四章では、天皇は国体護持を求め、陸軍は死中に活を求め、海軍はより良い負け方を求めて対立する過程を考察する。

（1）当時は「時局収拾」という用語が使用されていた。また、「終戦」と「降伏・敗戦」との間にもニュアンスの違いがあるだろう。「終戦外交」「終戦工作」といった用語が多用されるのは降伏後のことである。「終戦」がいかに記憶されたのかについては、佐藤卓己『八月十五日の神話』（筑摩書房、二〇〇五年）、川島真・貴志俊彦編『資料で読む世界の8月15日』（山川出版社、二〇〇八年）がそれぞれ問題提起を行っている。

（2）この点、「終戦工作」とは違った視点で反東条運動を分析した研究として、雨宮昭一『戦時戦後体制論』（岩波書店、一九九七年）があり、「反東条連合」を総力戦体制による社会変化に対する反動と位置づけている。また、古川隆久『戦時議会』（吉川弘文館、二〇〇一年）は、戦争末期の政治史像を、「革新派」の失敗と、それに対抗する議会勢力を軸に再構築している。

（3）首相の鈴木貫太郎の「終戦工作」や「腹芸」を高く評価する研究として、平川祐弘『平和の海と戦いの海』（新潮社、一九八三年）、小堀桂一郎『宰相鈴木貫太郎』（文芸春秋、一九八二年）、馬場明「「大東亜戦争」終結と鈴木貫太郎」（『国学院大学紀要』二六号、一九八八年）、波多野澄雄「鈴木貫太郎の終戦指導」（軍事史学会編『第二次世界大戦（三）――終戦』錦正社、一九九五年）があり、海軍の「終戦工作」を再評価する研究としては、工藤美知尋『東条英機暗殺計画』（PHP研究所、一九八六年）、樋口秀実『日本海軍から見た日中関係史研究』（芙蓉書房出版、二〇〇二年）、柴田紳一「重臣岡田啓介の対米終戦工作」（『政治経済史学』五〇〇号、二〇〇八年）、手嶋泰伸「鈴木貫太郎内閣の対ソ和平交渉始動と米内光政」（『日本歴史』七三五号、二〇〇九年）が挙げられる。近年は、陸軍の「終戦」への意図も積極的に評価される傾向があり、柴田紳一「参謀総長梅津美治郎と終戦」(『国学院大学日本文化研究所紀要』八九輯、二〇〇二年)は参謀総長梅津美治郎が「終戦」に果たした役割に注目している。最新の研究としては、山本智之『日本陸軍戦争終結過程の研究』(芙蓉書房出版、二〇一〇年)があり、従来の「陸軍＝戦争継続一枚岩」という通説に疑問を提起し、陸軍内部を主戦派・早期講和派・中間派の三つに分類し、多数派の陸軍・中間派が講和路線を支持したことが戦争終結に結びついたとしている(二五四―二五八頁)。このように、「終戦工作」の中身そのものについては、今後とも研究課題であり続けるだろう。纐纈厚『日本海軍の終戦工作』(中央公論社、一九九六年)は、「終戦工作」の目的は、「戦後保守勢力の温存という、きわめて高度な政治工作」であったとして批判的である(一九六頁)。

(4) 吉田裕・森茂樹『アジア・太平洋戦争』(吉川弘文館、二〇〇七年)二七四頁。同書は「天皇は軍部に押さえられたお飾りでもないが、だからといって全能の専制君主でも独裁者でもない」、「これらの議論は「和平派」を無条件降伏論者と同一視し、それ以外は徹底抗戦論から条件つき降伏論まですべて継戦派としてひとまとめにするという乱暴な分類をしがちである」と問題提起をしている(二七五頁)。

(5) 中沢志保「ヒロシマとナガサキ――原爆投下決定をめぐる諸問題の再検討」(『国際関係学研究』二三号、一九九六年)四七―四九頁、森山優「原爆投下問題」(鳥海靖・松尾正人・小風秀雅編『日本近現代史研究辞典』東京堂出版、一九九九年)三〇七―三〇九頁。米国内においては、原爆要因説は「正統主義派」と呼ばれ、ソ連要因説は「修正主義派」と呼ばれる。近年の原爆投下論争と「新正統派」の分類に関しては、東郷和彦『歴史と外交』(講談社、二〇〇八年)を参照されたい。

(6) 村井良太「昭和天皇――「立憲君主」の使命を追い求めて」(佐道明広・小宮一夫・服部龍二編『人物で読む現代日本外交史 近衛文麿から小泉純一郎まで』吉川弘文館、二〇〇八年)九一頁。

(7) 古典的な研究としては、栗原健『天皇――昭和史覚書』(原書房、一九八五年)が挙げられる。柴田紳一「昭和天皇の「終戦」構想」(『国学院大学日本文化研究所紀要』九一輯、二〇〇三年)は、昭和天皇の「終戦」構想を「一般的希望段階」(第一段階は一九四二年から一九四四年、第二段階は一九四五年一月から六月)と「具体的実行段階」(一九四五年七月以降)に分類している。なお、「聖断」の問題は、よく知られているように、開戦の問題とも密接な関係がある。たとえば、升味準之輔『昭和天皇とその時代』(山川出版社、一九九八年)は、「徹底抗戦の怒号と炎のなかで終戦工作は、成功に辿りついた。木戸・鈴木ら終戦派の功績は、最大級の賞賛を受けてよい。しかるに、ここで意外なジレンマに直面する。すなわち、聖断によって終戦ができたのならば、なぜ聖断によって開戦を阻止できなかったのか」としている（二一四頁）。

（8） 藤原彰『昭和天皇の十五年戦争』（青木書店、一九九一年）一五七頁、山田朗・纐纈厚『遅すぎた聖断——昭和天皇の戦争指導と戦争責任』（昭和出版、一九九一年）二四三頁、山田朗『昭和天皇の軍事思想と戦略』（校倉書房、二〇〇二年）三六六頁、ハーバート・ビックス（吉田裕監修・岡部牧夫・川島高峰訳）『昭和天皇』下巻（講談社、二〇〇二年）一四二—一四五頁。日本側の「遅すぎた聖断」論者はソ連要因説に立っているが、米国では「遅すぎた聖断」論は原爆要因説に近く、原爆投下の責任は「遅すぎた聖断」にあるとする。この点、鳥居民『原爆を投下するまで日本を降伏させるな』（草思社、二〇〇五年）は、このような「原爆投下を招いたのは昭和天皇が戦いをつづけようとしたからだ」という議論を批判する（九頁）。また、伊藤之雄「昭和天皇と戦争責任」（『調研クオータリー』二〇〇六年冬号、二〇〇六年）は、「降伏に時間がかかったのは、昭和天皇だけの責任ではなく、当時の大方の考え方のためだった。仮に45年2月ごろに昭和天皇が早期講和を言っても、陸軍内の反発でできなかっただろう」として、「遅すぎた聖断」論に懐疑的である（一八八頁）。

（9） このような研究動向に対して、山田朗「近現代天皇制・天皇研究の方法試論」（『人民の歴史学』一六五号、二〇〇五年）は、「「大元帥」と「立憲君主」の二項対立図式の克服とも密接に関連するが、政治家としての昭和天皇を研究する場合、「決定者としての天皇」と「調整者としての天皇」のバランスに配慮しながら、検討を進める必要がある」と指摘している（二一〇頁）。

（10） 本来であれば、原爆投下の問題は、国際法との関連から議論されるべきであろう。ただし、この点についての研究は多くはないようである。松井康浩『原爆裁判』（新日本出版社、一九八六年）、筒井若水『違法の戦争、合法の戦争』（朝日新聞社、二〇〇五年）を参照されたい。論理学的なアプローチについては、三浦俊彦『戦争論理学——あの原爆投下を考える62問』（二見書房、二〇〇八年）がある。

（11） 原爆要因を重視する説としては、Lawrence Freedman and Saki Dockrill, "Hiroshima: A Strategy of Shock", in Saki Dockrill, ed., *From Pearl Harbor to Hiroshima* (London: Macmillan Press, 1994)、麻田貞雄「原爆投下の衝撃と降伏の決定」（細谷千博・入江昭・後藤乾一・波多野澄雄編『太平洋戦争の終結——アジア・太平洋の戦後形成』柏書房、一九九

七年）がある。後者は、米国の原爆投下論争に多大な影響を与えている。

（12）ソ連要因を重視する説としては、藤原彰「日本の敗戦と原爆投下問題」（『一橋論叢』七九巻四号、一九七八年）、長谷川毅『暗闘――スターリン、トルーマンと日本降伏』（中央公論新社、二〇〇六年）がある。なお、ソ連参戦が陸軍に与えた影響を重視する西島有厚『原爆はなぜ投下されたか』（青木書店、一九八五年）は、ソ連参戦がなかった場合のシナリオを想定し、「御前会議における「聖断」には法的拘束力がなく」、「和平派には、天皇聖断方式という奥の手があったとすれば、継戦派のほうにも陸相辞職という奥の手があったのである」（前掲『原爆はなぜ投下されたか』一四五頁）と主張している。

（13）いわゆるダブル・ショック説に立つ研究としては、Sumio Hatano, "The Atomic Bomb and Soviet Entry into the War: Of Equal Importance", in Tsuyoshi Hasegawa, ed., *End of Pacific War: Reappraisals* (Stanford, CA: Stanford University Press, 2007) がある。

（14）フレッド・イクレ（桃井真訳）『紛争終結の理論』（日本国際問題研究所、一九七四年）一三五頁。戦争終結の理論研究については、ゴードン・クレイグ、アレキサンダー・ジョージ（木村修三・高杉忠明・村田晃嗣・五味俊樹・滝田賢治訳）『軍事力と現代外交――歴史と理論で学ぶ平和の条件』（有斐閣、一九九七年）、Leon Sigal, *Fighting to a Finish* (Ithaca, NJ: Cornell University Press, 1988), Dan Reiter, *How Wars End* (Princeton, NJ: Princeton University Press, 2009) を参照されたい。

第一章　統帥権独立の伝統の崩壊
――軍部大臣の統帥部長兼任

はじめに

戦争の敗色が濃くなった一九四四（昭和一九）年二月二一日、陸軍大臣東条英機（首相、陸相）は参謀総長を、海軍大臣嶋田繁太郎は軍令部総長をそれぞれ兼任（併任）した。陸軍大臣が陸軍の参謀総長を兼任し、海軍大臣が海軍の軍令部総長を兼任するという異例の事態は、それまでの統帥権独立の伝統に反したものであった。

戦前の日本には、統帥権の独立という伝統があった。統帥権とは、軍隊を指揮・統率する権限を指し、天皇大権の一つである(1)。すなわち、天皇を輔佐（輔翼）する陸軍の参謀本部（陸軍統帥部、大本営陸軍部）と海軍の軍令部（海軍統帥部、大本営海軍部）は、通称、統帥部といい、戦時においては大本営とも呼ばれ、内閣（陸軍省・海軍省）から独立していた(2)。換言すれば、統帥権の独立とは、内閣が軍の作戦計画に干渉できないことである。すなわち、戦前の日本では、統帥部（統帥）と内閣（国務）とが、政治的に対等の関係で並立し、国内には二つの政府があったと考えることもできよう。敗戦直後の一九四五年九月二八日、憲法学者の宮澤俊義（東京帝国大学教授）は、「我国ノ制度ハ統帥、国務ノ二元的対立ヲ続ケ殊ニ国務ハ統帥ニ干渉スルコトヲ得ズ、常ニ圧迫ヲ受ケ所謂 Double Government ノ様相ヲ呈シ居レリ」と述べ、「ダブル・ガバメント」と呼んでいる(3)。軍隊の統帥権の問題は天皇の責任に触れかねない微妙な問題であるため、統帥部の動きは、内閣の動きに比べて語られることが少ない。

統帥部（戦時には大本営）が巨大な権力をふるったのは、軍事情報を完全に独占していたからである。軍事作戦に関する軍事機密は、国民はおろか議会や内閣にも秘密にされ、軍事情報を一手に掌握する参謀本部・軍令部の参謀（戦時には大本営参謀）が国家の運命を握った。当時の感覚では、戦争に勝つためには、軍事情報が漏れることを防ぐ必要があった。国民の多くは、日本の勝利と大本営の発表を信じて、軍の方針に従ったのである。

軍は統帥権を乱用して政治に介入し、国民はそれを止めることができなかったともいわれている(4)。そして、その統帥権は、天皇が握っていた。したがって、統帥権をどのように解釈するのかという問題は、天皇の政治的役割を考える上で避けて通れない問題である(5)。建前上は、陸海軍の最高司令官は天皇であり、その人事権も天皇が握っていた。しかしながら、実際の運用にあたって、元老なき後の政治状況の中で、天皇がどのような役割を果たしたのかについては、現在にいたるまで論争が続いている。

東条陸相と嶋田海相は、なぜ統帥権独立の伝統を破ったのだろうか。軍人が軍の特権を自ら破壊したのである。戦時においては、軍人以外が軍を批判することは、天皇の統帥権に干渉することとなるため、きわめて難しかった。ところが、東条陸相と嶋田海相が統帥権独立の伝統を破ると、両者の関係は逆転する。重臣や議会、国民は、統帥権の独立を楯として、公然と東条と嶋田を批判することが可能となった。逆説的ではあるが、東条陸相と嶋田海相は、統帥権独立の伝統を破り、戦時内閣を瓦解させ、戦争終結への道を開いたことになるのである。

従来の研究は、統帥権独立の伝統が破られたことを国家総力戦の問題と関連づけて理解してきた。総力戦の段階においては、国力を無視した作戦は成り立たない。したがって、内閣の側にある陸軍大臣・海軍大臣が、それぞれ統帥部長である参謀総長・軍令部総長を兼任することで、内閣と統帥部を一体化し、国力と軍事作戦との調整を図ろうとしたというのである(6)。

本章は、この兼任に至る政治的経緯を、内閣・統帥部間の対立だけではなく、見方を変えて、陸海軍の対立とも関連づけて理解しようとするものである。よく指摘されることだが、戦前の日本においては、前述の二つの政府だけではなく、日本陸軍と日本海軍という二つの軍隊が存在し、それぞれ対等の関係で並立し、人事・物動・予算等もそれぞれ別々であった。実際の戦闘においても、一部の例外を除けば、航空戦においては陸軍と海軍の航空隊はそれぞれ別個に戦い、地上戦においても陸軍と海軍の部隊はそれぞれ別々に陣地を構築して戦った。

一般的に、陸海軍の対立は、海軍が陸軍の暴走に対するブレーキの役割を果したと考えられることが多い。だが、本書は、この時期、前述の統帥権の独立の伝統に、陸海の競合関係が複雑に蔦のようにしっかりと絡まり合って、軍以外に対しては両者が支え合い、政治の流れを形成したと考えている。陸海軍からの要求は、時間とともに前進することはあっても、後退することはきわめて稀である。その原因の一つは、陸海軍にとって、他の国内勢力や他国に譲歩することは、たいていの場合、陸軍が海軍に、もしくは海軍が陸軍に譲歩することと同じ意味を持つからである。そして、ひとたび、陸海セクショナリズムを刺激する政治問題となった場合、陸軍が海軍に、あるいは、海軍が陸軍に譲歩する形をとることはほとんどない。陸海対等という枠組みの中で政治的決着が行われるのである。

本章は、この時期、軍内部で秘かに論じられていた統帥部（大本営）の改革論に着目し、国家総力戦の段階において、統帥権独立・陸海並立という二つの旧弊がどのような歪みを生み出していたのかを論じ、東条内閣瓦解の遠因を探る。一般的に、軍部は統帥権の独立を背景に政治進出したと説明されることが多いが、その軍部もまた統帥権に対しては深い悩みを抱えていた。なぜ東条陸相と嶋田海相は、統帥権独立の伝統を破ってまで統帥部長を兼任するという政治的賭けを行ったのだろうか。

第一節　一九四三年九月三〇日の御前会議──絶対国防圏の設定

一九四三年二月一日、陸海軍はガダルカナル島から撤退した。その約二ヶ月後、海軍の連合艦隊は、艦隊決戦に備えて温存していた航空母艦の飛行機（母艦機）までも、日本から遠く離れたソロモン上空に投入する（「い」号作戦）。そして、この作戦の最中の四月一八日、連合艦隊司令長官山本五十六は、ソロモンのブーゲンビル島上空で戦死した。さらに五月二九日にはアッツ島の守備隊が玉砕し、日米の軍事的均衡が崩れ始めた。日米戦争においては、陸海軍の戦略思想が一致せず、海軍が戦線を拡大し、陸軍がそれに引きずられる形となった(7)。このような国力の限界を越えた作戦（軍事）は、徐々に日本の軍需生産（経済）を蝕み、慢性的な物資・船腹の不足を生み出した。

日本には外交上の誤算もあった。すなわち、独伊と三国同盟・単独不講和条約を締結し、ドイツの不敗を前提にして戦争を始めていたのである。開戦前の大本営政府連絡会議では、「独伊と提携して先づ英の屈服を図り米の継戦意志を喪失せしむる」とされている。その戦争終結構想は、ドイツの力でイギリスを打倒し、米国との引き分けをねらうというものであった(8)。戦後、昭和天皇は、「政府の見透では日米戦争は勝負は五分五分、うまく行つて日本が勝つても二分の勝で完勝は到底見込が立たぬ、之に反して独乙は完勝するであらうと云ふ事であつた」と述べ、日本の見通しの誤りを認めている(9)。

このドイツ不敗の前提が崩れ、九月三日にイタリアが脱落すると、日本は、英米の戦争目的をふまえて、自国の戦争目的を再定義した(10)。すなわち、「大東亜宣言」（一一月六日）を発表して、英米の大西洋憲章と相通じる、民族の独立自主や平等互恵の原則を掲げた。これはアジア各国の対日協力を取りつけるためだけではなく、日本が戦争に負けた場合でも、戦争目的だけは達成した形になることをねらったものといわれている。敵国と似通った戦争目的を掲げることは、対外的には外交交渉の余地を生み出すとともに、国内的には戦争目的の達成を終戦の口実とすることができた。東条内閣の重光葵外相は、「大西洋憲章なる戦争目的と一致するに於ては、茲に戦争の終結に関する鍵をも握《ママ》み得るであろう」と期待していたという(11)。

他方、この年、米国は、カサブランカ会談（一月二四日）やカイロ会談（一一月二二日）において日本の無条件降伏を要求するとともに、ソ連に対して軍事援助を行い、あわせて対日参戦を要求した。これに対し、ソ連のスターリンは、一一月二九日、テヘラン会談において、ドイツ降伏後の対日参戦をほのめかした。また、米国は、このような外交的駆け引きと並行して、原子爆弾の開発を秘密裏にすすめた。

日米戦争の軍事的な特徴は、航空機生産の優劣が航空戦の勝敗を左右し、航空戦の勝敗が戦争の勝敗を決したことである。換言すれば、制空権を確保した側が戦争の主導権を握ったといってよい。そして、日米の軍事的均衡が崩れ始めた段階において国内問題となったのは、軍事と経済の関係をいかに調整するかという問題であった。具体的には、船腹をめぐる内閣と統帥部の対立、航空機配分をめぐる陸軍と海軍との対立という二つの対立軸が形成された。第一に、米国の潜水艦作戦によって日本の保有船腹量は徐々に低下していったが、内閣は軍需生産のために船腹を必要とし、統帥部も軍事作戦のための船腹を必要としていた。限られた船腹を軍需生産（航空機生産や造船）にまわせば、軍事作戦は困難であり、限られた船腹を軍事作戦にまわせば、軍需生産の目標を達成することは困難であった。そして、統帥部と内閣が対立した際、日本には統帥権独立の伝統があり、内閣が統帥部の作戦計画に容喙することは、建前上は許されなかった。第二に、航空機の原料であるアルミニウムは限られていたが、陸軍も海軍もそれぞれ航空機が不足し、かつ、陸軍統帥部と海軍統帥部の軍事戦略も分裂していたため、海軍機（陸軍機）の生産を増やすために陸軍機（海軍機）の生産を減らそうという動きが生じたのである。換言すれば、軍事戦略が分裂していたため、陸軍も海軍も国力の半分で戦争をしていると感じ、米国との戦いに勝つためには、国内における友軍との資材争奪戦に勝つ必

要があると考えたのである。(12)

八月一三日、日本軍は中部ソロモンのブーゲンビル島からも撤収することとなり、撤退後の軍事戦略について、陸軍と海軍は軍事戦略を統一する必要が生じた。(13)翌一四日から一七日にかけて、陸軍の参謀本部と海軍の軍令部は合同して兵棋研究を実施し、前方と後方のどちらを重視するのかを議論した。この席上、前方のラバウルに対し、新たに一個師団（第一七師団）を投入するかどうかが検討された。ラバウルには、ソロモン・ニューギニア方面の航空作戦の中心となる陸海軍の航空基地があり、このラバウルを放棄するかどうかは大問題であった。八月二一日には参謀本部・軍令部の課長以上が集まり、次の二案を検討した。

A案　国家総力ヲ投入シテ南東現戦線ヲ死守スル案（換言スレバ現戦線デ決戦スル案）

C案　極力敵ヲ撃破シテ持久ヲ策シツヽ某時機計画的反撃ヲ企図スル案（換言スレバ現戦線デハ持久戦、後方要線ニ於テ決戦スル案）(14)

A案は国力の全てを投入した前方決戦・ラバウル確保案であり、C案は長期的国力を重視した後方決戦・ラバウル放棄案である。陸軍の参謀本部はC案であり、海軍の軍令部の考えは「Aニ近キC案」であった。限られた戦力・国力を、いつ、どの戦域で使用するのかという時期と場所の問題が生じていた。A案の立場に立てば、日米の生産力の差は拡大する一方であり、なるべく早期に現戦線で決戦した方がよいという主張となる。他方、C案の立場に立てば、国力の全てを現戦線ですり潰してしまった場合、戦争の長期継続が不可能となり、前方が突破された時には総崩れになりかねないという主張となる。日本が、進むに進めず、引くに引けずのジレンマに陥った原因は、開戦以降、国力の限界を超えて前方に戦線を拡大しながら、後方にあるサイパンやフィリピンの防備を軽視していたからである。陸軍の参謀次長秦彦三郎は、「ラボールハ結局時間ノ問題ナリ。只今後ガ堅マッテ居ラヌ。大変ナリ。後ヲ堅メルコトヲ重視スルヲ要ス」と述べ、C案を主張して、後方に兵力を送ることを主張した。他方、海軍の軍令部次長伊藤整一は「前ヲ持久ス、後ハ堅マラヌ。前ヲ出来ルダケ持ツ、後ヲ堅メル余裕ヲモツコト肝要ナリ」と述べ[15]、「Aニ近キC案」を主張して、前方への兵力投入を主張した。海軍が「Aニ近キC案」という微妙な表現を使用しているのには理由があった。すなわち、日本海軍は、マーシャル・ギルバード方面での艦隊決戦を計画し、日本に有利な戦場である同方面で艦隊決戦を行えば、必ず米海軍に壊滅的打撃を与えることができると考え、多数の航空母艦と戦艦を温存していた。そして、その艦隊決戦のためには連合艦隊がラバウルの後方にあるトラックにいる必要があった。ラバウルが陥落すれば連合艦隊はトラックにいられなくなり、艦隊決戦もできなくなるため、連合艦隊はどうしてもラバウルを出来るだけ長く確保したかったのである[16]。

このように統帥部内でA案とC案との調整が行われている間、内閣の側にある陸軍省は、国力の限界と補給を重視する立場から、さらなるC案を強硬に要求していた。陸軍大臣東条英機と陸軍省軍務局長佐藤賢了は、フィリピン周辺まで思い切って後退する意見であった[17]。しかしながら、既に述べたように、戦前日本には統帥権独立の伝統があった。すなわち、東条英機（首相兼陸相兼軍需相）といえども、統帥権独立の伝統の建前からいえば、陸海軍の作戦計画に干渉できる権限はなかったのである。東条陸相は、「陸軍大臣トシテハ参謀総長ニハ色々ト云ッテオルガ、之モ形式論カラスレバ統帥権ノ問題ニナルノデ気ヲツケテキル」と統帥権の独立に配慮を示した[18]。陸軍大臣は参謀総長に国力の限界を主張し、陸軍の参謀総長は海軍の軍令部総長に国力の限界を説いた。経済と軍事との関係をどう調整するかという点で、陸軍大臣と軍令部総長とが間接的に対立し、これが後の兼任の伏線となるのである。そもそも軍令部と接触する機会が少ない東条陸相にとってみれば、海軍の軍令部とその背後にある連合艦隊の艦隊決戦思想は理解できなかったに違いない。

この時期の昭和天皇の軍事思想はどのようなものであったのだろうか。八月二四日、参謀本部作戦課長真田穣一郎は、昭和天皇と軍令部総長永野修身、参謀総長杉山元とのやり取りを次のようにメモしている。

〔天皇〕　来年ノ春迄持ツト云フガ持テルカ。

〔参謀総長〕　杉山第一ノ通リ答フ〔事前に奉答内容を準備していたと考えられる〕。

〔天皇〕　後ロノ線ニ退ルト云フガ、後ロノ線、之レガ重点ダネ。

（杉山）左様デ御座居マス、後ロノ線ガ重点デ御座居マス。数千粁《キロメートル》ノ正面ノ防備、之レハ来春迄ニハ概成シカ出来ヌ。ソレ迄ノ間ハ持久出来ナケレバナリマセヌ。

（永野）RR〔ラバウル〕ガナクナルトGF〔連合艦隊〕ノ居所ハナクナル、有為ナル戦略態勢ガ崩レル・・・《ママ》、RR〔ラバウル〕ニハ出来ル丈永ク居リ度イト存ジマス。

（陛下）ソレハ御前ノ希望デアラウガ、アソコニ兵ヲ置イテヰテモ補給ハ十分出来ルノカ？　ソレナラバシッカリRR〔ラバウル〕ニ補給ノ出来ルヤウニセネバイケナイネ。ソレカラソコヘF〔敵〕ガ来タラ海上デF〔敵〕ヲ叩キツケルコトガ出来ルナラバ良イガ、ソレガドウモ少シモ出来テヰナイ。

（永野）以前ハFM〔航空〕ガ十分働カナカッタガ、最近ハ大分ヨクナリマシタ。

（陛下）コノ間陸軍ノ大発ヲゴ衛《ママ》シテ行ッタd×4〔駆逐艦四〕隻ハ逃ゲタト云フデハナイカ。

（永野）魚雷ヲ撃チ尽シテ退避シマシタ。〔八月一七日第一次ベララベラ沖海戦〕

（陛下）魚雷丈ケデハダメ、大砲デモモット近ク近寄ッテF〔敵〕ヲ撃テナイノカ？

（陛下）後ロノ線ニ退リテ今後特別ノ事ヲ考ヘテヰルカ。

（永野）d〔駆逐艦〕モ増加スルシ、魚雷艇モ増ヘマス。

（陛下）電波関係ハドウカ。「ビルマ」「アンダマン、スマトラ」ハドウスルカ？

〔永野〕大体ハ同時ニ研究シマシテ具体的ニハ何レ更ニ研究ノ上申上ゲマス。

（要スルニ陛下ノ思召ハ）現戦線ハ果シテ来春迄持久出来ルノカ。B〔海軍〕ハ言フ事ハ希望デアッテ能否ハ如何。持久ハ出来ナイトスレバ、ソノ時ニ後ロノ線ハ固マルノカ。南西方面ハ良イカ。[19]

昭和天皇は的確な質問を行っている。この時の両総長の説明は、ラバウルを中心とする前方で米軍の進攻を翌年の春までくい止め、その間に後方防備の「概成」を行うというものであった。だが、昭和天皇は、この説明に納得がいかなかったようで、「［ラバウルは］来年ノ春迄持ツト云フガ持テルカ」と述べている。「現戦線ハ果シテ来春迄持久出来ルノカ」、「後ロノ線ハ固マルノカ」というのが昭和天皇の不安であった。さらには、「アソコニ兵ヲ置イテキテモ補給ハ十分出来ルノカ？」と述べ、前線への補給についても鋭い質問をしている。さらに、昭和天皇は、「海上デF［敵］ヲ叩キツケルコト」を要求した。海軍が艦隊決戦に備えて戦力を温存しておきながら、なかなか艦隊決戦を行わないことに苛立っていたのである。[20] 戦後、昭和天皇は、いわゆる『昭和天皇独白録』の中で、「私に［は］「ニューギニア」の「スタンレー」山脈を突破されてから［一九四三年九月］勝利の見込を失った。一度何処かで敵を叩いて速かに講和の機会を得たいと思った」と述べている。[21] もしこの記述が正しいとするならば、陸海軍双方の軍事情報を掌握する昭和天皇は、この時点で勝利の自信を失っており、米軍に何らかの形で一撃を与えることで講和のきっかけをつかもうとしていたのだろう。

九月一日、参謀本部作戦課と軍令部作戦課の間で、一個師団（第一七師団）をラバウルに派遣することが合意された。[22] これは前方への兵力投入を意味していた。通常であれば、参謀本部と軍令部の両作戦課において合意が形成された事項はそのまま実行に移される。ところが、東条陸相は杉山参謀総長に対して「参謀総長ノ責任ニ於テ第十七師団派遣ヲ決意セラルルコトニハ反対セザルベシ。但シ目下政府ノ検討中ナル船舶徴用問題ハ本件ニ依リ拘束ヲ受ケズ」と船舶問題を持ち出し、一個師団のラバウル派遣を阻止しようとした。東条陸相といえども、統帥権独立の建て前からいえば、軍の作戦計画には干渉できないが、内閣側に発言権のある船舶問題を持ち出すことで軍の輸送手段を奪うことができた。この東条陸相の反対に対し、海軍の軍令部は、「陸軍ガ之ニ応ゼザルニ於テハ、先般来両統帥部ニ於テ研究セル作戦協定ヲ破棄スベシ」と軍事作戦の問題を持ち出して態度を硬化させ、東条陸相と永野軍令部総長との間に挟まれた杉山参謀総長は苦しい立場に置かれた(23)。さらに、海軍の永野総長は、陸軍の杉山総長に対して「君の方の若い幕僚も師団主力を投入せよといっているらしいが、若いものと意見が違うじゃないか」と参謀本部内の上下の不一致を追及した(24)。第一七師団派遣問題は紛糾し、陸軍省と軍令部の間に挟まれた参謀本部の課長以下は困りきっている状態となった(25)。東条陸相が船舶問題を持ち出すのにも理由があった。同時期、統帥部は陸海合計で五〇万トンを超える船舶増徴を内閣に要求していた。前日の九月二日、陸軍省軍務局長佐藤賢了が作戦当局者に対し、「この要求量を呑めば、ただちに全熔鉱炉が吹きやめになり、国力造成上重大な結果になることは明らかである」と詰め寄っているような状況であった(26)。

結局、この問題は、東条陸相と軍令部が政治的に妥協することで決着がついた。東条陸相は第一七師団のラバウル派遣を認めたが、そのかわりに、「戦略単位ノ兵力ハ之カギリ、ラボールニ出サヌ様ニ海軍デ要求セヌコトニスル」ことを軍令部に申し入れた(27)。そして、東条陸相は、今回は前方に兵力を投入する代償として、次回からは後方に兵力を投入することを海軍の軍令部に約束させた。政治的には東条陸相の勝利であり、内閣側の要求が、軍の作戦計画に反映される結果となった。九月一五日、両総長は今後の作戦計画を上奏し、「為シ得ル限リノ手段ヲ尽シマシテ「ラバウル」方面ノ持久ニ努メマス」と述べた(28)。その結果、ラバウルを中心とするソロモン・東部ニューギニア方面は、「確保」する地域から「持久」する地域へと改められた。

ここでいう「持久」とは、一見聞こえは良いが、要するに長期的には「確保」しないことであり、直接的な言い方をすれば、前方の作戦地域の将兵を見捨てて、時間稼ぎの捨て石にすることであった。参謀本部・軍令部の作戦当局者にとっては苦渋の決断であり、彼らが前方に執着する理由の一つでもある。参謀本部（大本営陸軍部）の参謀であった瀬島龍三少佐は、「情義」と「戦理」の相克・矛盾に悩み、「靖国神社にぬかずき、自らの心を整理して業務に専念した」という。[29]他方、これらの見捨てられた戦場では多くの餓死者を出しており、見捨てられた将兵の作戦当局者への憤りは深かった。昭和天皇も「将兵ハ非常ニ勇敢ニ働イタガ、餓死ヲシタ」と述べ、「御前方ハドウ考ヘテヰルカ」と作戦当局者を叱責している。[30]餓死者の多さは、第二次世界大戦における日本陸海軍の特徴の一つともいわれ、その数は栄養失調に起因する戦病死を含めると数十万人を超えるといわれている。[31]

ラバウルを「持久」するという決定は、九月二五日の大本営政府連絡会議で次のように決定された。

要領

一、万難ヲ排シ、概ネ昭和十九年中期ヲ目途トシ米英ノ進攻ニ対応スベキ戦略態勢ヲ確立シツツ、随時敵ノ反攻戦力ヲ捕捉破摧ス

帝国戦争遂行上、太平洋及印度洋方面ニ於テ絶対確保スベキ要域ヲ、千島、小笠原、内南洋（中西部）及西部「ニューギニヤ」、「スンダ」、「ビルマ」ヲ含ム圏域トス。戦争ノ終始ヲ通ジ圏内海上交通ヲ確保ス[32]

この圏域は、いわゆる「絶対国防圏」として知られている。ここで重要なことは、絶対に「確保」する地域の決定は、同時に、「確保」しない地域の決定を意味していたのである。この時、ラバウルだけではなく、ソロモンや東部ニューギニアも「持久」する地域となった。さらに、戦域の問題だけではなく、時期の問題にも変化があった。昭和天皇が「現戦線ハ果シテ来春迄持久出来ルノカ」、「ソノ時ニ後ロノ線ハ固マルノカ」と「来年春」を一つの目安にして心配していたことは既に述べたが、この「要領」では、「概ネ」という微妙な表現が付加された上で、「来年春」が「概ネ昭和十九年中期」と微妙に変化している。要するに、統帥部は「来年春」まで戦線を維持する自信がなかったのである。昭和天皇が、この語句の変更の真意を理解していれば、より一層の不安を抱いただろう。実際、後述するように、昭和天皇の不安は的中し、米軍の進攻速度は予想以上に速く、後方の防備が固まらないうちに前方が突破され、総崩れとなる。

陸海軍間で作文上の妥協が成立したとしても、陸海軍双方の戦略思想が一致していない以上、その解釈が異なることはよくあることである。そこで、九月三〇日には、前述の大本営政府連絡会議の決定を権威づけるため、昭和天皇臨席の下で御前会議が開催された。この御前会議は、各大臣の説明資料や発言記録は残っているが、その記録中には昭和天皇の発言は記されておらず、発言の有無や内容は不明である。確実なことは、昭和天皇が、この御前会議で、経済と軍事に関するいくつかの矛盾する説明を聞かされていることである。たとえば、この御前会議において、商工大臣岸信介は、「今次ノ陸海軍船舶ノ増徴ノ下ニ於テ、来年度ニ於ケル大規模ノ生産目標ヲ達セントスルコトハ極メテ重大且困難ナル問題ナリ」と述べ、軍が民から船舶を増徴する中では増産が難しいと認めつつも、その対策については、「強キ決意ノ下ニ全力ヲ挙ゲテ協力スルトキハ其ノ実現ハ決シテ不可能ニハ非ズ」と「決意」を述べた。さらに、御前会議においては、米潜水艦が日本の船を次々と沈めているにもかかわらず、問題の船腹については、軍令部第一二課が提出した資料に基づき、翌年四月以降には船舶の保有量が増えるものとされた(33)。戦争計画において、現実と計画との辻褄が合わなくなると、軍人や官僚の生み出した数字が一人歩きすることはよくあることである。それは最悪の事態を回避したいという願望の表れでもあったが、逆にいえば、最悪の事態の予兆でもあった。

この九月三〇日の御前会議において、枢密院議長原嘉道は、軍需生産について次のように質問した。

枢密院議長　明年度飛行機四万機生産を目途にするとあるが、現在の生産能力はどれほどか。

総理大臣　陸海軍計年産一万七、八千機程度である。

枢密院議長　政府として四万機の努力目標を確実に引受けられるか。

企画院総裁［鈴木貞一］　非常な決意でやっている。

商工大臣　四万機以上を作る決意でやっている。

枢密院議長　独、米の例もあり、国力、生産力にも限度がある。計画倒れにならぬようにしてもらいたい。なお、

参謀総長　絶対に確保すべき圏域とはどんな意味か。現在の線は捨てる気か。

枢密院議長　戦況の推移について詳細説明す。

軍令部総長　四万機あれば絶対国防圏を確保する自信があるのか。

絶対確保の決意はあるが、勝敗は時の運である。独の対「ソ」戦の推移を見ても、所期の通りにはいっていない。今後どうなるか判らぬ。戦局の前途を確言することはできぬ。註［原注］海軍が今後の作戦見透しに関して自信のない悲観的な説明をしたので、議場はにわかに緊張した。

総理大臣　今次戦争は元来自存自衛のため、やむにやまれず起ったものであり、御詔勅の御言葉の通りである。日本は独の存在の有無に関せず、最後まで戦い抜かねばならない。今後の戦局の如何に拘らず、日本の戦争目的完遂の決意には何等の変更はない。註［原注］軍令部総長のあとをうけて強気に述べた。(34)

戦後、昭和天皇が、一九四三年九月に「勝利の見込を失った」と述べていたことはすでに指摘したが、この九月三〇日の御前会議の内容は、昭和天皇を落胆させるのに十分なものであった。常識的に考えても、東条首相の説明にある「年産一万七、八千機程度」の生産能力が、翌年度には倍増して四万機になるとは考えにくい。また、原枢相が「政府として四万機の努力目標を確実に引受けられるか」と念を押すと、岸商工相は、「四万機以上を作る決意でやっている」と答えるのが精一杯で、具体的な対策や方法を明示できなかった。さらに、原枢相が「現在の線は捨てる気か」と直接的な表現をすると、海軍の永野総長は「絶対確保の決意はあるが、勝敗は時の運である」と悲観論を述べ、会議の空気がにわかに緊迫したのである。最後に、東条首相兼陸相の強気な発言によって、なんとか御前会議の空気を取り繕うことはできたが、このように合理的悲観論と観念的強硬論が入り交り、対策が「決意」の表明によって置換される内容では、昭和天皇の心中は穏やかならぬものがあったとみて間違いない。

昭和天皇の戦局に対する失望は、相反する報告をする参謀本部と軍令部に対する怒りに転化していく。御前会議の後、昭和天皇の激しい言葉が、参謀本部作戦部長の真田穣一郎少将の日記に記録されている。

［天皇］両総長ノ考ニ相違カアルトスレバ、今迄ヤッタ会議ハ何カト云フ意見カ、軍令部総長カラモットキイテ見タイ。何ノ為メニアレ丈ヤッタノカ。

この昭和天皇の発言を聞いた陸軍側は「大変ナ陛下ノ御言葉ナリキ」と受け止めた。(35) 昭和天皇にこれほどまで不快感をあらわにされると、作戦当局者の心労も相当のものがあったであろう。しかしながら、このような「両総長ノ考ニ相違」がある状況は、敗戦まで一貫して続いていく。さらに、参謀本部と軍令部で戦略思想が異なるだけではなく、中央の参謀本部と現地の第八方面軍も戦略思想が一致しなかった。昭和天皇が「後ロノ線、之レガ重点ダネ」と後方重視の方針を確認したことはすでに述べたが、ラバウルに派遣された陸軍の第一七師団は、現地軍（第八方面軍）の判断によって、絶対国防圏の圏外にあるブーゲンビル島に投入された。(36) 中央の参謀次長秦彦三郎は、現地軍の参謀副長有末次少将に対し、「ブーゲンビル島に兵力を投入するよりも、第八方面軍としてはラバウルの防衛に主力を注ぐべきではないか」と述べたが、現地軍を代表する有末少将は「ブーゲンビルを棄てると、ラバウル周辺の飛行場が使えない。第八方面軍としては、結局ブーゲンビル、ラバウルを一体として防備を固め、航空作戦を容易にし、地上作戦として敵を叩くのはブーゲンビルとしたい」と反論したという。(37) 一一月一日、米軍がブーゲンビル島中部のタロキナに上陸すると、タロキナの奪回には、第六師団の歩兵二三連隊の主力が向かった。さらに、第八方面軍は、歩兵第二三連隊の攻撃に策応した背面攻撃を計画して、第一七師団の歩兵第五四連隊第二大隊を基幹とする第二剣部隊をラバウルからタロキナに逆上陸させた。歩兵二三連隊は、肉弾と精神力で米防御戦を突破し、米飛行場を一時的に使用不能にしたが、最終的には、米軍の圧倒的な火力におされて退却した。この退却に対し、現地の第八方面軍や中央の参謀本部は罵声を浴びせ、連隊長は責任を問われて更迭された。第八方面軍司令官今村均大将は、「徒ニ敵勢ヲ過大視シ孤立最後ノ一人迄奮戦スルノ気迫ヲ欠キ命令ナクシテ守地ヲ撤シ或ハ補給ノ苦難ニ屈シテ物欲上ノ犯行ヲ見ル等反省三思ヲ要スル」との訓示を発した[38]。陸軍中央は、あまりにも精神主義的であったため、米軍の戦力を過小評価し、補給の重要性を十分に理解していなかったのである。

海軍の連合艦隊も、一一月五日から、絶対国防圏の圏外にあるブーゲンビル島上空に、第一航空戦隊の母艦機を投入した（「ろ」号作戦）。既に述べたように、連合艦隊はマーシャル・ギルバード方面での艦隊決戦に備えて航空母艦の航空兵力を温存していたが、前述の第一七師団の派遣問題の際に、軍令部が参謀本部に対し、交渉の切り札として第一航空戦隊の母艦機の投入を提示していたという経緯があった[39]。軍令部に勤務していた弟宮の高松宮は「之デ如何ニヨク見テモ明年二月マデハ整備訓練ヲナシ得ザルベシ。カクテ南東方面デ徒ラニ飛行機ヲスリツブシテシマウコトニナル」と貴重な母艦機の消耗を憂慮していた[40]。不幸にも高松宮の予感は的中する。このブーゲンビル島沖航空戦の失敗は、日本海軍の空母の母艦機はほぼ全滅し、米空母や戦艦を一隻も撃沈できなかったのである。このとき日本海軍の機動部隊を一時的に無力化した。一一月二一日、米海軍がギルバード諸島のタワラ・マキンに進攻した際、日本海軍は母艦機の不足を理由に艦隊決戦をすることができず、タワラ・マキンの守備隊を見殺しにするほかなかったのである。米海軍は、日本海軍の戦力が低下したことを察知し、後述するように、マーシャル、トラック、ひいてはサイパンに向かって進攻速度を速めることになる[41]。

このブーゲンビル島沖航空戦では過大な戦果が前線から報告された。一一月五日、ラバウルにある第一一航空艦隊の草鹿任一司令官は、第一次ブーゲンビル島沖航空戦の戦果を「大型空母一、中型空母一、大巡二、大型駆逐艦又ハ巡洋艦二ヲ轟撃沈ス」と日記に書いた[42]。その翌日の一一月六日、昭和天皇は、「空母（バンカーヒル、インデペンデンス）二、巡×二、d〔駆逐艦〕又はC〔巡洋艦〕×2轟沈」という報告を受けた。また同日の『朝日新聞』は、「空母二隻を轟撃沈、巡艦等四隻を屠る、海鷲赫々たる大戦果」と報じた[43]。その三日後の一一月九日には、昭和天皇は、「撃沈、B〔戦艦〕×3、C×2、C又はd×2、T〔輸送船〕×2〜4。撃破、B×1、C×3、d、T数隻」という第二次航空戦の報告を受け、「真珠湾以来の大戦果」と喜び、側近の侍従武官らと祝杯を挙げたのである。[44]

第二節　大本営の改革構想

前節では陸海軍の対立を分析したが、それと並行して、陸海軍の軍事戦略を一致させるため、参謀本部（陸軍統帥部、大本営陸軍部）と軍令部（海軍統帥部、大本営海軍部）を統合しようとする動きも盛り上がりをみせていた。軍事作戦が優先される日本の軍事制度の下では、陸海の対立の源流は、統帥部内の陸海不一致にあった。換言すれば、統帥権独立の伝統によって、統帥部が内閣から独立していたことの弊害は大きかったが、その統帥部が陸軍の参謀本部と海軍の軍令部に分かれていたことはその弊害をさらに大きなものとした。参謀本部と軍令部は、両者の間で軍事戦略を一致させることなく、参謀本部は陸軍省に、軍令部は海軍省にそれぞれ軍事作戦上の要求を行い、軍事作戦の機微に接することのできない陸軍省と海軍省が物資の取り合いをするという状況が続いていたのである。つまり、軍需生産の実態を掌握していない参謀本部・軍令部が「お互［い］に良い子になり適当に妥協」するため、軍需生産の「実行者たる陸海軍省」が「喧嘩して」しまうことになった。[45] しかも、陸海軍省は、統帥部の作戦計画に干渉できなかった。さらに、参謀本部と軍令部は相互に秘密主義をとり、陸海軍省には戦況の一部を知らせる程度であったため、陸軍省は軍令部の作戦計画を、海軍省は参謀本部の作戦計画を知ることができなかった。換言するならば、陸軍の参謀本部と海軍の軍令部が対立していたことは、陸軍省・海軍省の対立となり、ひいては、商工省（のち軍需省）や軍需会社の内部に陸海の対立が持ち込まれ、日本の戦時経済を著しく阻害したのである。

一九四三年八月上旬、参謀本部作戦課の瀬島龍三少佐と軍令部作戦課の源田実中佐は、陸海軍統合の研究案を協同で提出した。その研究案は、「国力ノ増勢ハ遽《ママ》ニ期待シ得ズ、外作戦ノ推移ハ彼我戦力増強速度差ヨリ今後真ニ楽観ヲ許サズ。況ヤ世界全般客観情勢タルヤ必ズシモ我ニ有利ナラズ」という悲観的な見通しを述べ、「両軍枢要ノ職ニ在ル者真ニ国家ノ危局ヲ慮《おも》ヒ小異ヲ捨テテ大局ニ就ク」ことを要請した。そして図1（次頁）のような大本営の新たな編制案を提案した。[46] 瀬島・源田案の特徴は次の三点に集約することができる。第一に、参謀本部（大本営陸軍部）と軍令部（大本営海軍部）の統合と、それによる「国防用兵ノ大綱」の一元化である。大本営幕僚部総長は一名となっており、大本営内の陸海の壁は完全に取り払われている。第一課に「綜合作戦班」が設置されていることも注目に値する。逆にいえば、日本軍には「協同作戦」はあっても、「綜合作戦」というものは存在しなかった。第二に、陸上作戦班、航空作戦班はあるが、海上作戦班がないことである。航空機が戦争の主役となったことで、海軍の戦艦はほとんど価値がなくなり、航空機の護衛のない艦隊は役に立たなくなっていた。第一課の航空作戦班の業務内容を見る限り、海上作戦は航空作戦班の業務の一部となっている。第三に、補給と情報が重視され、陸海の諜報部門も統合されていることである。逆にいえば、それまでの日本軍は補給と情報を軽視する風潮が強かった。この瀬島・源田案では、補給や情報を扱う第三部、第四部が存在するにもかかわらず、第一課（作戦課）の中に補給班や通信班を設けている。作戦課は軍事作戦に関する機密を独占しつつ、大本営内の他の部局には機密の漏洩を恐れてそれを十分に伝えていなかった。作戦課の十数人の参謀が、他の部局を指導するような立場に立ち、ひいては日本の運命を背負うような形になったのは軍事情報の独占によるところが大きかった。瀬島・源田案では、このような実情を反映して、作戦上の機密に接し得る作戦課の中に補給や情報を担当する班が置かれたのである。

瀬島参謀の戦後の回想によれば、瀬島は、この案を持って陸軍部内の根回しを行ったという。当時、参謀には計画を起案する権限があり、その起案した文書を持って、上司を一人ずつ説得する慣例があった。瀬島がまず最初に行った先は直属の上司である作戦課長真田穣一郎のところであった。真田課長は、丹念にこの案を読んだ上で一言、「賛

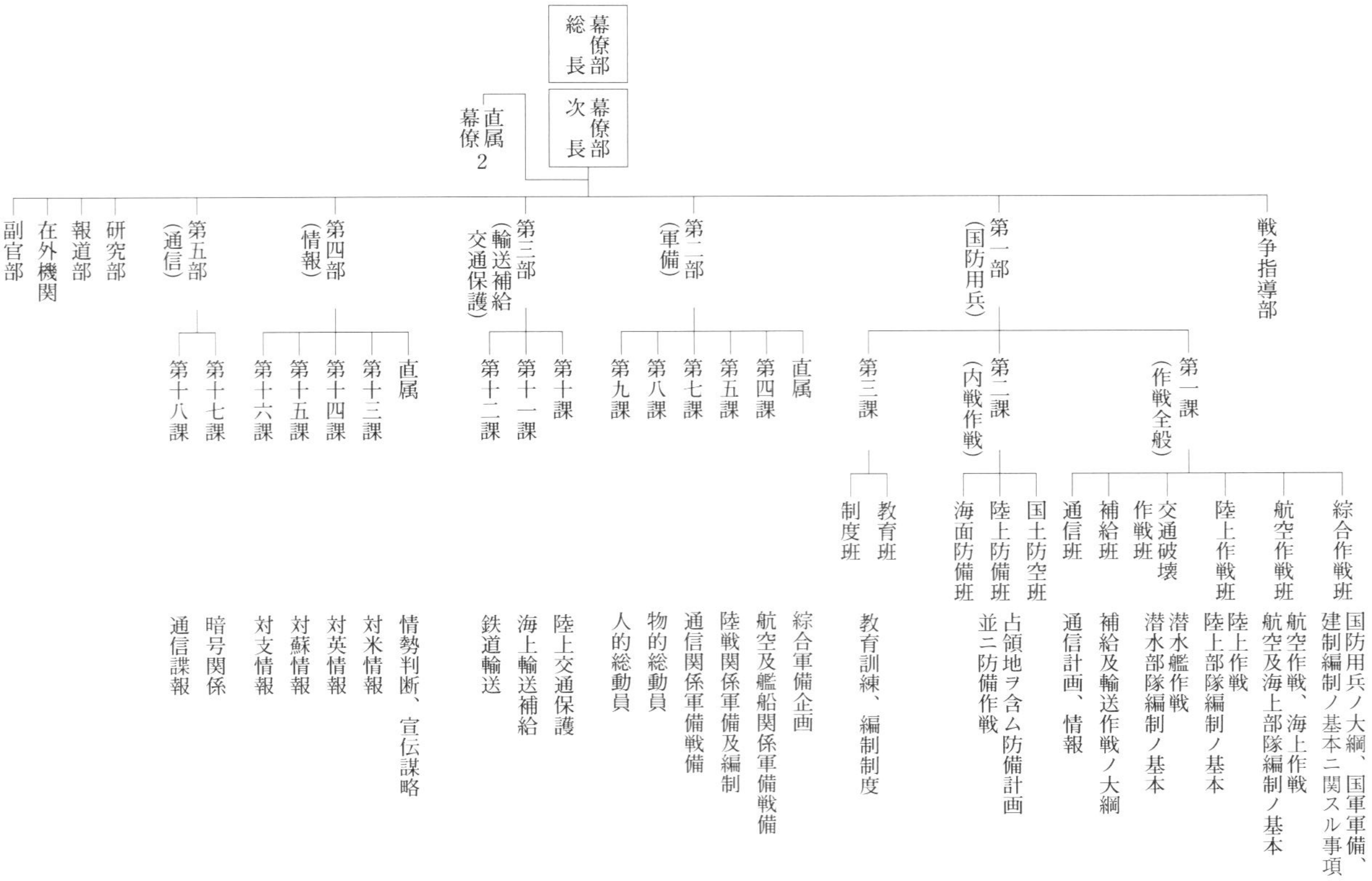

図1　大本営幕僚部編成案

成です」と言って直ちに捺印したという。次に、瀬島は作戦部長綾部橘樹のところに行き、綾部部長からも捺印を得ることができた。ところが、その次に行った参謀次長秦彦三郎からは捺印を得ることができなかった。秦次長は「憲法上の問題、陸軍省（大臣）との関係」などを理由に、「反対ではなかった」が、捺印を保留したという。さらに瀬島は、秦次長の了解を得て、参謀総長杉山元に瀬島・源田案の説明を行ったが、杉山総長は、次長の署名、捺印がないことを理由に捺印を保留したという。そこで瀬島は、杉山総長の了解を得て、東条陸相の秘書官にこの案を渡して、東条の了解を求めた。だが、その回答は「総理大臣の立場としては、海軍側の状況の確認を要する」というものであったという。そして、数日後、瀬島は、秦次長と真田課長から「極めて重大な問題」であり「今後は上層部で取り扱うこととした」という指示を受けたという。(47)

陸軍省軍務局軍事課にも陸海軍の統合を主張した軍人がいた。後に松代大本営の建設を推進して天皇の動座を計画し、終戦前後にはクーデター計画の中心的人物となる井田正孝少佐である。八月二五日、軍事課の竹下正彦少佐、加登川幸太郎少佐、井田正孝少佐、島貫重節少佐らは、瀬島少佐らと会合し、「日本ノ態勢大転換」について話し合った。この話し合いの中では、竹下少佐の親戚にあたる阿南惟幾陸軍大将の擁立説も出たようだ。この阿南大将を中心とする井田少佐、竹下少佐らのグループは皇国史観で知られる平泉澄（東京帝国大学教授）の影響下にあった。九月一〇日、井田少佐は、陸軍次官に意見書を提出し、「日本の癌」は陸海軍の対立であるとし、「皇国を破滅の一途に追い込みつゝあるものは、実に陸海軍そのもの」と述べ、「神の日本に与へ給へる猶予時間」である三ヶ月以内に陸海軍統合を断行すべきであると主張した。さらに、井田少佐は、陸軍の部課長の集まる会議でも陸海軍統合の演説をし、「東条総理がこれ［陸海軍統合］をやらないのならば、辞職すべきだ」と東条を批判した。一〇月一四日には、陸海軍の佐官クラスの懇談会が開催され、陸軍の竹下少佐、瀬島少佐、白石通教少佐、井田少佐、島貫少佐、海軍の源田中佐などが陸海軍統合問題について話し合った。(48)

　一方、海軍の源田参謀も、瀬島・源田案を持って海軍部内の根回しを行った。源田参謀は、作戦班長の佐薙毅大佐（戦後、航空幕僚長）に意見を述べ、佐薙班長は、①航空兵力の統合と、②統帥部の統合を柱とする海軍案を起案した。この佐薙案は、八月二八日から一〇月二一日にかけて海軍の軍令部と海軍省の中で回覧され、軍令部に勤務していた高松宮もこの案を見ている。九月一六日、作戦課の佐薙班長と源田参謀は、上司である永野修身軍令部総長と伊藤整一軍令部次長の前でこの案について説明を行った。この時、伊藤次長は、「合同シタカラト云ツテ海軍勢力ヲ増サザル限リ巧ク行クマイ」と否定的な発言をし、永野総長は、制度よりも人の問題に懸念を示し、「現在ノ人デ幕僚長トシテ自信ノアル人ガアルデアロウカ」、「幕僚長ヲ二人トスルナラバ可ナリ」と述べ、幕僚長を一人とすることに反対した。また、海軍省軍務局も、「A〔陸軍〕ノ無規道《ママ》ナル我儘ヲ其ノ都度抑制シ来レルハA〔陸軍〕B〔海軍〕両軍ノ併立ニ依リテノミ之ヲ達シ得タリ」と述べ、陸軍の「我儘」を阻止するためには、陸海の並立が必要であると主張していた[49]。海軍省軍務局は、参謀本部作戦課ほどは戦局を悲観しておらず、陸軍への不信感が先立ったのである。これは、海軍は陸軍と比べて政治力が乏しく、陸海が統合した場合、陸軍にイニシアティブを握られる可能性が高かったからである。海軍の源田参謀は、陸軍の瀬島参謀に対し、海軍省首脳部が反対であり、その理由は「陸軍に呑み込まれてしまう」からだと連絡している[50]。

　海軍では軍令部作戦課だけが大本営の一元化を主張していたが、それは海軍の作戦に勝算を見いだすためには、陸海軍の航空兵力を統合する必要があったからである。もちろん、大本営の一元化が成功する可能性は低かったが、そうでもしない限り勝算が立たないほど追い込まれていたのである。これは一種の賭けでもあった。ところが、このような現状必敗を前提とした大本営の改革論にも限界があり、それは「敗戦」を公然と口にすることができないという建て前であった。もちろん、戦局の現状をある程度知り得た軍令部の中には、大井篤中佐（第一部長直属部員）のように、「軍令部参謀本部共ニ其ノ作戦課ガ現体制ヲ以テシテハ今次戦争ニ勝ツ手ナシト云ヒ、若シ統帥部ノ合一ヲ得テ真ニ円滑ナル海陸作戦ノ協同ヲ得バ此ノ間概ネ勝算ヲ発見スベシト謂フニ於テハ、他ニ必勝策ヲ案出シ得ザル小官トシテ飽迄合一ニ反対スルコトハ不可能ナリ」として、作戦課に同調する意見もみられたが、海軍の主流を占める意見とはならなかった[51]。

また、制度の問題は、人の問題とも密接に関連していた。海軍側には陸軍を統制できる人材がいなかった。大本営幕僚部総長を一人にする場合、その人事こそが陸海の力関係を決するので、海軍側から大本営幕僚部総長を出す必要があったが、開戦当初ならともかく、勝ち戦から負け戦の転換点において、これから起こる負け戦の責任を陸軍の分まで引き受けようとする人物がいるはずもなかった。永野軍令部総長は、大本営幕僚部総長への就任を陸軍側から打診されたが断ったといわれている[52]。

軍令部と海軍省は、「XY作業研究会」という名称の研究会を組織し、航空兵力の統合問題（X作業）と大本営の一元化問題（Y作業）を研究した。しかし後者に対する反対論が強かったため、前者のみが実行に移されることになった。その結論は、海軍が空軍となり、陸軍の航空兵力を海軍に編入するという「海軍の空軍化」であった。実際、航空機が主力兵器となったことで、海軍は序々に空軍化しつつあった。「XY作業研究会」では、「海軍」の名称を「空軍」に変更するかどうかという問題や、空軍になった後の主導権を海軍がどのように確保するのかといった問題が検討された。「海軍の空軍化」は、陸軍から航空機を取り上げることを意味していた。海軍も陸軍の反対は予期していたようで、「海軍の空軍化」が実現できない場合の次善の策として、航空機の陸海保有比率を一対三にすることや、航空機の原料であるアルミニウムの配分比率を一対二にすることなどを考えていた[53]。この「海軍の空軍化」構想は、政治経験の少ない作戦畑の海軍軍人が中心となっていたため、海軍の中には、その政治感覚に疑問を持ち、実現性を疑問視する人物もいた。当時、政界など各方面に太いパイプを持っていた海軍大学校の高木惣吉海軍少将は次のように書き留めている。「この重大問題が航空技術、作戦、事務的接衝（ママ）だけで解決すると思ってるところに軍務、軍令の甘いところがある。陸軍の利害と面目の双方に関係がある場合は容易ならぬ政治問題である。私を無視してもいいが、そんな心掛けで海軍の航空戦備が強化できると考えたら世の中は簡単である」[54]。そして、事態は高木少将の予想通りに進行していく。

戦局が危機的な状況にあるにもかかわらず、国内で陸海軍が対立していては、戦局の挽回はできない。そこで、いわゆる呉越同舟のような状況がみられた。陸軍と海軍が真に協力して一体とならなければ、戦争に負けることは理解されていた。しかし、陸軍と海軍とでは軍事戦略思想が根本から異なっていたため、その進むべき方向性を一致させることはできなかった。陸軍と海軍は、それぞれ陸軍（海軍）の軍事戦略の採用こそが国家を救い得る唯一の道と考え、海軍（陸軍）の軍事戦略の採用は国家を破滅に追いやるものと考えていた。その結果、国家を破局から救うために自軍の要求を貫徹しようとする動きが大きな政治運動となって、統帥部から内閣へ、内閣から宮中へと波及していくことになる。

第三節　昭和天皇の発言とその政治的影響

一九四四年一月二一日、連合艦隊は、マーシャル方面での艦隊決戦に備えて温存していた第二航空戦隊をラバウル方面に投入する。前述のブーゲンビル島沖航空戦で第一航空戦隊を消耗し、第二航空戦隊もラバウルに投入したことで、マーシャル方面での艦隊決戦は不可能となった。一月二四日、連合艦隊は、主力艦隊をトラックから後退させることを決意した。

一月三〇日、米機動部隊は、マーシャル諸島に来襲した[55]。軍令部と連合艦隊は、反撃するための母艦航空兵力をもはや持たなかったため、マーシャル諸島の守備隊を見殺しにするしかなかった。昭和天皇はこの方針に不満であった。昭和天皇から永野総長に対し、「『マーシャル』ハ日本ノ領土ナレバ之ヲトラレテホッテオクコトハ如何」と「オ叱リ」があった。(56) 二月一日、昭和天皇と両総長との間で次のようなやり取りがあった。

〔天皇〕　マーシャル列島ニ対スル補給、S〔潜水艦〕等ニ依リ補給スルト云フガ、アレニ対シテ逆上陸シテハ如何。

軍令部総長　只今ノ処GF〔連合艦隊〕デハソウ云フコトニツイテハ何モ報告アラズ。只、マーシャルノFM〔航空〕ハツブレ人ハ居ルガ、ソノ人ヲ何ントカ救出シテFM〔飛行機〕ニ乗セテ働カセ度イト考ヘテヰルヤウデス。

〔天皇〕　何ントカ出来ヌカ。

〔軍令部総長〕　只今デハ大鳥島ト「ナウル」ノ╫〔飛行場〕カラFM〔航空〕ヲ以テスル作戦ハ出来ヌコトハアリマセヌガ両ヶ所トモ相当巨リ〔距離〕アリテ〈●〔戦爆〕連合ノ作戦ハナカナカ出来マセヌノデ上陸作戦ハナカナカ出来ヌト見エマス。

〔天皇〕　後方要線ヲシッカリ固メルコトハ良イガ実行ガドウモオクレルカラ後手ニナラヌ様ニ今度ハドウカ一ツヤッテ呉レ。

B　〔軍令部総長〕　アラユル手段デ。

A　〔参謀総長〕　既定計画ヲ大イニ促進シテヤリマス。マリアナ、小笠原、硫黄島ハ一番後廻シノ筈ノ処、之ヲ優先トシテ急ギマス。(57)

昭和天皇はマーシャルへ「逆上陸シテハ如何」と発言し、海軍の永野総長が「〔連合艦隊から〕何モ報告アラズ」と明確な奉答を避けると、「何ントカ出来ヌカ」と同趣旨の発言を繰り返した。窮地に陥った永野総長は、「出来ヌコトハアリマセヌ」が、「ナカナカ出来ヌト見エマス」というきわめて苦しい返答をしている。さらに、昭和天皇は「後方要線ヲシッカリ固メルコトハ良イカ実行ガドウモオクレルカラ後手ニナラヌ様、今度ハドウカ一ツヤッテ呉レ」と後方をなるべく早く固めるよう督促した。

米軍の進攻速度は予想以上に速く、日本陸海軍は、航空機の配分問題を早期に解決する必要が生じていた。この発言の翌日、昭和天皇の手許に弟宮の高松宮から手紙が届いた。その手紙の内容は、前年九月から半年近くも揉めている航空機配分論争への「御指導」を要請するものであった。高松宮は海軍大佐として軍令部の作戦課に勤務しており、陸軍よりも海軍に多くの航空機を配分すべきだと考えていた。高松宮は、この手紙の中で「速に御手許にて御指導相成らざれば益々紛糾の虞れあり」と陸海対立の激化を憂慮している。(58)このとき、海軍の永野総長は、陸軍の東条陸相に対して直接交渉を申し込んでいた。陸軍省の佐藤軍務局長は、「これは嶋田海軍大臣と東条陸軍大臣との話し合いでなく、軍令部総長と東条大臣との接衝だから筋も違っている。私は永野・東条両人をぶっつけずに済ましたいと随分苦心したが、どうしても駄目だった。破局を防ぐためには、時日を延ばすより外に仕方がなかった。そうしているうちに二月初め、マーシャル群島が失陥した。これは実に大変なことであり、また一九［一九四四］年度の物動計画を決めるためにも、何時までもアルミニゥムの配分決定を遷延することを許さないので、どうしても永野・東条両者の会談をやらなければならなくなった」と回想している。(59)

当初、軍令部が参謀本部に対して主張したのは、「海軍の空軍化」ではなく、航空機の配分比率の問題であった。最初から「海軍の空軍化」を主張すれば、陸軍の「面子」をつぶし、むしろ逆効果を招くとして、陸軍が空軍独立案や大本営一元化案を提案してきた際の切り札として、「海軍の空軍化」案は温存されていた。また、比率による解決は、「比率ノ如何ハ別トシ比較的実現ノ可能性アルベシ」とやや楽観的に考えられており、陸軍も海軍機の優秀性は認めるだろうという自信を持っていた。(60)軍令部が、計画上の数字よりも、陸軍との相対的比率を重視したのは、陸海軍省の物動計画においては、架空の数字が作文されることが多かったからである。したがって、現実に少しでも多くの海軍機を生産するためには、陸軍機を少なくし、限られた資材を海軍に優先的に配分する必要があった。軍令部の要求する海軍機二万六〇〇〇機を実際に生産するためには、陸軍機を一万三〇〇〇機まで抑制するしかなかった。[61]これは、海軍の軍令部が、陸軍の参謀本部の作戦計画と所要兵力量に干渉することを意味していた。当然、この干渉に対し、参謀本部側は強く反発した。陸軍側にしてみれば、海軍のために「平地ニ波瀾ヲ起」こされた形となった。[62]陸軍はソロモン方面だけで戦争を行っていたわけではなく、ニューギニアや中国大陸、対ソ戦のためにも多くの航空機が必要であった。さらに、陸軍省は、前方要域の崩壊を見越して後方要域の防御を重視しており、軍令部は前方で航空機を無駄に消耗しているという不信感を持っていた。参謀本部が軍令部に譲歩しようとしなかったのは、参謀本部の背後に陸軍省の意向があったからである。海軍の軍令部は三万二〇〇〇機（うち四三〇〇機は陸軍より委譲）を、陸軍の参謀本部は小型機が多いことを理由に海軍より多い三万一〇〇〇機を要求し、その結果、陸軍省と海軍省は、資材調達の見込みが立たないまま軍需会社にそれぞれ膨大な数の航空機を発注した。

二月二日、昭和天皇から相談を受けた天皇の政治顧問の木戸幸一内大臣は、「陛下より種々積極的に御指導に相成は必しも策の得たるものにあらず」と助言し、積極的な介入には反対した。これは、この問題に介入した場合、敗戦の責任が昭和天皇に及びかねなかったからであろう。海軍の高松宮は、木戸内大臣に面会して、「海軍の空軍化」を説き、「目下の実情は事務的の理論闘争は既に云ひ尽され居り、此上は政治的の解決の途が残り居る」として、昭和天皇の「御指導」を再び求めた。[63]この高松宮の再三の主張が、どの程度まで昭和天皇に届いたかわからない。なぜなら、昭和天皇と高松宮との間には、木戸内大臣という第三者が存在するからである。木戸内大臣は、意識的にも無意識的にも、昭和天皇に届く情報を取捨選択することができた。情報の受け手である昭和天皇も、明治憲法を立憲的に運用するため、皇族軍人からの私的な情報よりも、責任ある地位にある国務大臣や総帥部長からの公的な助言を重んずる必要があった。

陸軍の東条首相兼陸相には内閣総辞職という切り札が残されており、海軍側は、内閣総辞職を覚悟してでも海軍の要求を貫徹するかどうかで迷っていた。海軍省軍務局の第二課長矢牧章は、東条は議会で予算通過後に、「内閣総辞職」を「手段」として「海軍ヲ圧迫、一挙ニ解決セントスル」と判断していた。軍需省の総務部長石川信吾海軍少将も、「予算通過後、内閣放出ノ手段ニテ海軍ヲ脅ス」と予想し、「海軍之ニ対スル肚ヲ定メ置クコト大切」と述べていた(64)。東条は、航空機配分問題は統帥事項であるという建て前をとっていたが、実際には交渉の決裂による内閣総辞職をほのめかすことができた。その場合、海軍首脳部は、内閣更迭か要求貫徹かの二者択一をせまられることになる。敗色が濃い段階での内閣更迭は、敵国や同盟国に自国の弱点を露呈することにもなり、戦時下においては一種のタブーであった。

航空機の配分問題論争に重要な役割を果たしたのは昭和天皇であった。二月九日、昭和天皇は両総長に対して次のように発言した。

二月九日　総長奏上後　御言葉

昭和十九年生産飛行機配分ニ関シ海陸軍意見対立シ為ニ内閣更迭スルガ如キコトアラバ対外的ニ不利ニツキ互譲精神ヲ以テ取纏メル様ニナセト軍令部総長ニ向ッテ御言葉ヲ賜フ(65)

昭和天皇は、対外的な影響を理由に、内閣更迭を回避するよう要求したのであった。この発言が、海軍首脳部の東条に対する態度に決定的な影響を与える。海軍側は閣内不一致による内閣総辞職を避けなければならず、それは東条首相兼陸相に妥協せざるを得ないことを意味した。前日までの陸軍と海軍の主張は完全に釣り合っていたが、昭和天皇が政治決定の枠組みを決めたことで、両者のバランスは微妙に変化した。軍令部第一部長直属部員の藤井茂大佐は、この昭和天皇の発言が信じられず、「総長ハ御言葉ヲ本日拝ストモ、ソノ御言葉ハ木戸ノ内奏ニ基キ仰出サレタルコトニシテ、聖上ノ真意ニアラズト拝察ス」と述べ、これは木戸内大臣の意見に過ぎないとまで主張した[66]。

翌日の二月一〇日、宮中において陸相、海相、参謀総長、軍令部総長による四巨頭会談が開催された。陸軍省の佐藤軍務局長は、永野総長と東条陸相の直接交渉では「決裂の危険」があるので、「[大本営政府]連絡会議から外相・蔵相・企画院総裁を除いた変形のものとした」と回想する。また、昭和天皇は臨席せずに中立の立場をとった。午前一〇時に始まった会談の冒頭、海軍の永野総長は、「同じ日本人の男の子も、山で育てれば金太郎となり、海辺で育てれば浦島となる」と述べた上で、海洋作戦は、海で育てられた海軍航空隊でなくてはならないと主張したが、陸軍の杉山総長は、「それじゃ、あなたに航空機を全部あげたら、この戦勢を挽回できるか」と反論し、そのうえ東条陸相が永野総長と衝突して、会議は険悪な雰囲気となった[67]。午後、東条陸相は、官僚的な論理を持ち出した。すなわち、「御前会議で御決定に相成ったる方針を変更するの意思なりや否や」と述べ、御前会議決定を変更するのかと詰め寄ったのである。第一節で述べたように、前年九月三〇日の御前会議において、後方における持久戦思想の強い「絶対国防圏」構想が、御前会議で決定している以上、これを変更することはできないというのである。すでに決定したことを根拠に、相手方の主張を崩していくやり方は東条の政治手法の一つであった。海軍が「然らず」と答えると、午後四時半頃、東条は妥協案を提出し、会談は午後六時に終わった[68]。その結論は、航空機の原料である二一万五〇〇〇トンのアルミニウムを陸海軍で均等に分配し、陸軍から海軍にわずか三五〇〇トンのアルミニウムを譲るというものであった。その結果、大型機の多い海軍機の機数（二万五一三〇機）は、陸軍機の機数（二万七一二〇機）を下回ったのである。つまり、陸軍機が海軍機を上回ったのである。この数字は、太平洋上で苦戦している連合艦隊や前線の海軍将兵にとっては、到底受け入れられるものではなかった[69]。

総力戦段階における航空機の配分問題は、アルミニウムをめぐる単なる経済問題ではなく、日本がどのような軍事戦略をとるのかという軍事問題であった。しかしながら、統帥部で問題を解決できず、内閣にまで対立が波及した結果、内閣総辞職を回避するため政治的な妥協が行われた。それは、海軍の政治力の弱さを象徴する出来事でもあり、高松宮は、後に「航空ノ問題ハ海軍ガ下手ダッタ」と語り、その失敗を率直に認めている(70)。連合艦隊の古賀峯一司令長官は上京して、二月一七日、嶋田海相と永野総長に面会し、ラバウル、ソロモン方面では海軍機は米軍機の一〇分の一で戦っていること、均等配分では前線の士気が保てないことなどを訴え、「人間はいくら勇士でも鉄や石で出来てる訳ではない」と抗議した。これに対し、永野総長は、「今更問題をむし返すと陛下に御心配をかける」として天皇の存在を持ち出したが、怒った古賀長官は、「速かに御前会議を開いて事実上の練り直しをやり、戦争の出来るようにして貫いたい」と詰め寄った(71)。

二月一七日、米軍はラバウルの後方にあるトラックを奇襲攻撃し、トラック基地を壊滅させた。その損害は、沈没艦船四〇数隻、飛行機損耗二七〇機、輸送船二隻、海没約一一〇〇名という膨大なものであり、陸海首脳部は顔色を失った。特に、民需用の船腹が二〇〇万トンに満たない中、二〇万トン以上の船腹を喪失したことは、日本の軍需生産にとって大打撃であった。軍事的にも、トラック基地が壊滅したことで、連合艦隊は、トラックの前方にあるラバウルから全航空兵力を引き揚げざるを得ない状況におかれた。第一節で、昭和天皇が「［ラバウルは］来年ノ春迄持ツト云フガ持テルカ」と心配していたことはすでに述べたが、その心配は不幸にして的中したのである。

船舶の不足は、統帥部と内閣との対立を引き起こしていた。二月一八日、陸軍省の佐藤軍務局長は、軍が民から一五万トンの船舶を増徴した場合には鋼材生産が三一〇万トンにまで落ち込み、二〇万トンの場合には二九〇万トンにまで落ち込むと述べた。前年の九月三〇日の御前会議では、普通鋼鋼材の生産目標が年間五〇〇万トンとされており、「鋼材四〇〇万屯以下ニテハ絶対ニ不可」という佐藤軍務局長の主張はもっともなことであった。他方、海軍側は、「絶対国防圏確保ノ為ニハ最早背水ノ陣ニシテ、之ガ為ニハ本年上半期ニ一切ノ力ヲ出シテ乗ルカ反ルカノ決戦ヲ企図スベキ所マデ来テ居リ、此際国力ノ最低限等［ヲ］云々スベキ秋ニ非ズ、至急四巨頭会談ニ依リ腹ヲ決定セラレ度」と国力の全部を投入した即時決戦を主張した[72]。

二月一八日、トラック空襲の悲報を受けた東条首相兼陸相は、「少し考へることがある」といって部屋にこもり、午後六時、陸軍省の幹部である冨永恭次次官、佐藤軍務局長、西浦進軍事課長らを集めた[73]。そして、東条は午後一〇時、木戸内大臣を訪問し、参謀総長の兼任と内閣の改造について相談し、木戸内大臣を通じて昭和天皇の意向を探ろうとした。翌一九日、木戸内大臣から昭和天皇の意向を聞いた東条は、午後二時、昭和天皇に拝謁し、参謀総長の兼任と内閣の改造について奏上した。午後五時半、東条は木戸内大臣に電話で連絡し、「杉山総長は承知せり」と参謀総長も兼任に同意した旨を連絡した[74]。

ところが、杉山参謀総長は同意していなかった。午後七時半、陸軍の最高人事を決定するための三長官会議が開かれ、東条陸相と杉山参謀総長、山田乙三教育総監は次のように激しく言い争った。

東条　未曾有のこの戦争に常道を変えてでも勝つ道があるならやらねばならぬ。

杉山　それはいけない。君がそんなことを強行するなら陸軍の中は治まりませんぞ。

東条　そんなことはない。もし、文句をいうものがあれば、取替えねばならぬ。文句は一切言わさぬ。

——座が白けてしまう——

次官　もし総長が不同意で、大臣が奏請されたら、総長は単独上奏されますか。

杉山　する。

東条　陛下は私の気持は既に御承知である。総長が単独上奏されるなら、私は貴方の考えを覆さねばならぬ。なんとか御同意願いたい。

山田　統帥、軍政分立で進んで来たのは伝統である。首相の言うことは変則である。大臣はなんとか考え直してもらいたい[75]。

陸軍上層部は、兼任を断行しようとする東条陸相と、兼任に反対する杉山参謀総長、山田教育総監との間で意見が割れた。だが、東条は事前に昭和天皇と木戸内大臣に対する宮中工作をすませていたため、「陛下は私の気持は既に御承知である」と昭和天皇の支持をほのめかして二人の反対を押し切った。東条は、この後すぐに参内し、午後九時、陸軍最高人事についての内奏をすませ、昭和天皇の「御聴許」を得ることができた。(76) 二月二一日、昭和天皇は杉山参謀総長に対し、「今御前モ言フ通リ十分気ヲツケテ非常ノ変則デハアルガ、一ツ之デ立派ニヤッテ行ク様ニ」と述べ、兼任を支持した。(77)

一方、嶋田海相も、二月一九日午後三時二〇分、東条陸相から参謀総長兼任の説明を受けると、軍令部総長の兼任を決意し、東条に陸軍の奏請を一両日待ってくれるよう頼んだ。しかし海軍の永野総長は兼任には不賛成であった。そこで、嶋田海相は、皇族の海軍長老として海軍の人事に影響力を持っていた伏見宮博恭王元帥を訪問した。伏見宮は、「この非常の難局に際しては、かえって良かろう」と兼任を支持し、嶋田海相は伏見宮の支持を背景に、永野総長や海軍首脳部から同意を取りつけた。(78) 海軍は陸軍とは異なり、昭和天皇の意向もさることながら、皇族の伏見宮の意向が大きく働いていた。

二月二一日、東条陸相は参謀総長を、嶋田海相は軍令部総長をそれぞれ兼任した。四巨頭体制から二巨頭体制に移行し、新たな陸海軍の「協調」体制が試みられたのである。この二巨頭体制の特徴は、内閣更迭を回避しつつ、陸海軍の「協調」を図るという点にあった。この兼任の目的について、東条は「陸海軍がシッカリ手を組んで行くには是非必要なことだからそうしたい」と述べているし、嶋田も「AB〔陸海〕、統帥、軍政、一糸乱レヌ態勢」と述べている。(79) この陸軍大臣の参謀総長就任は、陸軍省と参謀本部の関係だけでなく、陸軍と海軍の関係にも大きな変化を及ぼすものであった。従来、陸軍省は軍令部に直接交渉できず、参謀本部を介して軍令部と間接的に対立する構図となっていたが、東条は参謀総長を兼任すれば、参謀本部中堅層に直接命令できるばかりか、軍令部総長との直接交渉もできる。事実、この兼任によって、サイパンへの兵力輸送などを迅速に行うことができた(80)。陸海統合を目指す東条は、総長着任後の訓示の中で「第二ノ処置ヲスル」とも述べ、次なる構想もあった(81)。すなわち、三月七日、陸軍省の佐藤軍務局長から指示を受けた軍事課の高崎正男中佐は、非公式に海軍側に大本営幕僚総長制を提案した。陸軍省の構想は、参謀本部や軍令部とは別に大本営幕僚部を設置し、そこに大本営幕僚総長（陸海軍大将一名）と大本営総参謀（陸海軍将官各一名、佐官各五名、軍務局長・作戦部長兼勤）を置くというものであり、大本営幕僚総長には次のような権限を与えるというものであった。

第一章　大本営幕僚総長

第一　大本営幕僚総長ハ大本営総幕僚部ヲ統督シ帷幄ノ機務ニ奉仕シ統帥及軍政百般ニ亘リ陸海両軍ノ協同ニ関スル事項中特ニ重要ナル事項ヲ参画奏上シ勅裁ヲ経テ之ヲ陸軍幕僚長、海軍幕僚長、陸軍大臣及海軍大臣ニ伝達スルヲ任トス

第二　大本営幕僚総長ハ大本営陸軍部、大本営海軍部諸機関竝陸海軍ヨリ大本営ニ在ル者ニ対シ前号ノ目的達成ノ為必要ナル資料ノ説明又ハ提出ヲ求メルコトヲ得(82)

この陸軍省の提案に対して、海軍省軍務局長の岡敬純は、「例ヘバ両第一次長ヲ首班トスル審議機関ヲ設ケ、重要連絡事項ハ此ニ於テ審議ノ上両総長ノ決裁ヲ受クル案ナラザレバ実現ノ可能性尠《すくな》シ」と難色を示した。次頁の図2を参照されたい。この図は海軍省軍務局が三月一六日に作成したものである。陸軍が提案した大本営幕僚総長制は第一案にあたり、大本営幕僚総長が両総長よりも上位に位置している。また第二案のように、大本営幕僚総長が、両総長と並立の関係にある制度も検討されていた。海軍側は、第三案に近い形で、第一次長を中心とする大本営総参謀部（連絡機関）の設置を構想していた。また、「第三案採用セラレザル場合ニハ第一案トシB［海軍］ヨリ幕僚総長ヲ出ス」として、大本営幕僚総長が海軍軍人であれば、必ずしも第一案に反対ではなかった(83)。海軍の高松宮

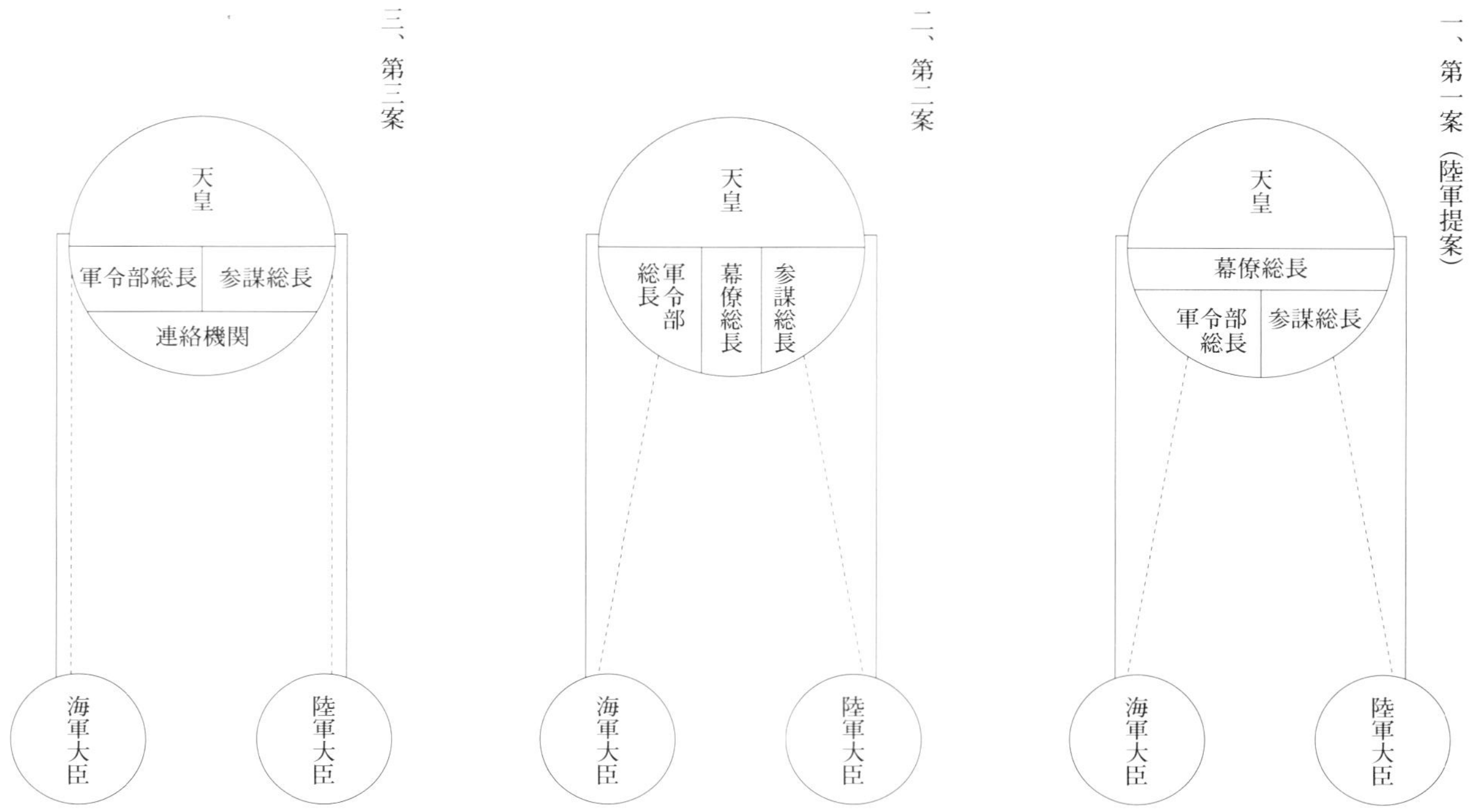

図 2　国家機密　大本営幕僚総長案（1944 年 3 月 16 日）

は日記に、「東条総理大臣ガ総幕僚長トナリ、軍政・統帥ヲ一手ニマトメ、両総長ノ上ニツク件、陸軍省ヨリ軍ム局ニ話アリ」と書き留めており、陸軍の提案は、東条が自ら大本営幕僚総長に就任する意向であったようだ。(84) また、高松宮は、「島田《ママ》ガ充分海軍ノ総意ヲ総理ニ伝ヘテ居ラヌ。島田《ママ》ガイカンカラ東条ト直接取引ガ有効ダト思フ」と語っており、海軍の第三案の真意は、軍令部・海軍省の課長以下が嶋田を排して東条と直接交渉をすることにあった。(85)

嶋田海相兼軍令部総長は、このような動きを快く思わず、「今後これについてはとやかく研究するな」と研究の中止を厳命した。(86) その理由の一つは、軍令部・海軍省の課長以下が嶋田海相を経ずに東条との直接交渉を画策していたことにあった。そしてもう一つの理由は、海軍の総力を賭けた決戦が近づいていたため、制度の改革をしても決戦までには間に合わないという点にあったと考えられる。海軍省軍務局の課員とは異なり、嶋田は軍令部総長として作戦上の機密に接していたのである。

軍部大臣が統帥部長を兼任したことの評価は二つに分かれる。戦後、昭和天皇は「「マリアナ」の防備も彼が参謀総長を兼ねてから後、督促してやっと出来たが、時已に晩かった」と述べている。(87) 参謀本部のロシア課長の林三郎も、「統帥権の独立を紊すものであるとか、東条首相は幕府的存在になったとか、首相兼陸相という繁忙な人の参謀総長就任は、統帥の事務化であるとか等々の非難があった。しかし他面においては、大本営内における事務の捗《はか》どり方が非常に早くなった点で、支持する声もまた少くなかった。そのほか真に統帥と国務との緊密化をはかるには、何よりも先ず陸海軍の対立を少くする方向へ最大の努力を傾注すべきであるとの意見も強かった」と回想する。(88) その一方で、第二章で分析するように、海軍部内には、嶋田海相に対する不満が蓄積し、それが反東条的色彩を帯びていった。海軍の中でも政治感覚に優れ異色の存在であった高木惣吉少将は、連合艦隊や前線の将兵の声を代弁し、各種の政治工作を水面下で行っていくのである。

おわりに

対外戦争を遂行する上で、天皇、陸軍、海軍は、それぞれ、国内における他勢力との「もう一つの戦争」を戦わなければならなかった。そして、統帥部内における参謀本部（陸軍統帥部）と軍令部（海軍統帥部）の軍事戦略をめぐる対立は、軍需生産をめぐる対立となって統帥権の壁を越え、東条内閣に波及し、さらには皇族の高松宮をも巻き込んで宮中へと流入した。しかしながら、昭和天皇が、政治的な判断から、東条内閣更迭を回避するように指示したため、統帥部の内閣に対する軍事的要求は、内閣更迭回避という政治的要求となって内閣から統帥部へと逆流した。昭和天皇は、閣内で陸相と海相が対立して決裂し、閣内不一致による内閣総辞職となるのではないかと憂慮していたのである。このような昭和天皇の意向もあり、陸軍大臣、海軍大臣、参謀総長、軍令部総長の四者は、内閣を存続させるため、軍事面における政治的妥協を行わざるを得なかった。その結果、日本の軍事戦略は陸海の両論併記的なものとなり、航空機の原料であるアルミニウムも、陸海に均等配分されることとなった。これは、太平洋上で苦戦していた連合艦隊、海軍航空部隊の対陸軍感情を著しく悪化させるとともに、海軍中央に対する不信感をあおるものであった。そして、昭和天皇の意向が伝わることのない海軍の予備役将官、佐官級の軍人らは、陸海対等ではなく、海主陸従の軍事戦略のみが国家を救い得る唯一の方策と考え、陸軍に対して「妥協的」な軍令部総長・海軍大臣に対して激しい不満を抱いた。このように、陸海の対立とその相互作用は、昭和天皇の意向が誘因となって、海軍内部に上下の対立を生み出したのである。

以上を前提とした上で、本章において明らかになったことをまとめておく。

第一に、兼任制は、統帥権独立・陸海並立という二つの旧弊を緩和する試みであった。実際、この兼任によって、陸軍大臣と軍令部総長の直接交渉が可能となった(89)。そして、統帥部・内閣を一体化させ、陸海軍の「協調」を実現させることで、事務折衝にかかる時間を短縮させることもできた。さらに東条も嶋田も、昭和天皇の意向にそって、内閣更迭を回避しようとする点では一致していたため、陸海の対立が内閣総辞職に発展することを防止することもできた。しかしながら、この兼任制によっても、陸海並立の弊害を解消することはできず、一元的な陸海統合作戦を行うこともできなかった。日本陸軍と日本海軍は、それぞれ後方持久戦と前方早期決戦を主張して並立し、国力の半分で別々に米軍と戦争をしたようなものであった。この軍事戦略の食い違いは、開戦時にまでさかのぼり、開戦前の大本営政府連絡会議において、陸軍の持久戦思想と海軍の決戦思想とが両論併記の形で決定されていたことにその源流があった。戦局が有利なときには表面化しなかった陸海の対立も、戦局がひとたび悪化すると、宮中を巻き込んだ政治問題へと発展せざるを得なかった。一九四三年後半、陸海一元化ができなければ国が亡びるというところまで戦局が悪化すると、戦局打開運動は制度改革運動となった。戦局の実情を知る一握りの大本営参謀は、表面上は必勝の信念を維持していたが、内心では、実際の敗戦より二年も前に、最悪の事態に気がついていた。この中央の歪みのしわ寄せは、前線の将兵に過酷な要求を課すことにつながっていく。

第二に、陸海軍間の問題と統帥部・内閣間の問題については、昭和天皇の意向が、結果的にその政治的落着点を左右した。陸海軍航空機の配分問題では、軍令部の高松宮が海軍に重点を置くよう昭和天皇に「御指導」を要請し、一方、内大臣木戸幸一は陸海軍の争いに巻き込まれることをおそれて「御指導」に反対した。昭和天皇は、木戸内大臣の助言にそって、陸海の配分比率の問題には触れずに、陸海の対立が政変を惹起しないよう内閣更迭回避を要求した。その結果、海軍首脳部は、内閣更迭を回避するために東条と妥協せざるを得ず、航空機の配分比率が陸海均等となったことで、海軍部内に上層部への不信感がひろがった。また、兼任制にも昭和天皇の意向が影響した。陸軍の人事を決定する陸軍三長官会議において、参謀総長杉山元と教育総監山田乙三は、東条陸相の参謀総長兼任に反対したが、東条は昭和天皇の意向を背景に押し切った。実際、昭和天皇は杉山総長に対し兼任制を容認する発言を行っている。

第三に、軍事的外圧は、軍事的均衡が崩れ始める段階において、軍事面においては軍事制度改革運動を生み出し、経済面においては架空の数字を生み出した。そして、大本営の一元化構想も兼任制も失敗すると、その焦点は徐々に制度から人事の問題へと移行した。また、軍需生産の数字が実態とかけはなれたものとなっていくと、軍は必勝の信念に依拠し、天皇は軍への不信感をつのらせた。日本の航空機生産能力は、多く見積もっても年間三万五〇〇〇機前後（実際は二万六〇〇〇機）であったにもかかわらず、陸軍が所要兵力量として三万一〇〇〇機を要求し、海軍が三万二〇〇〇機を要求して譲らなかったため、日本は年間五万二二五〇機（陸軍二万七一二〇機、海軍二万五一三〇機）の生産能力があるという建て前になった。しかも、陸海軍はこの水増しされた数字を前提として、軍事作戦を計画・立案していく。

最後にその後の展開について述べておくと、終戦直後、昭和天皇は敗戦の四原因の一つとして「陸海軍の不一致」を挙げている[90]。そして、陸軍と海軍も、敗戦後は、敗戦の原因を互いに転嫁し合った。日本の公刊戦史である『戦史叢書』も、陸軍と海軍とで別々に編纂された[91]。天皇、陸軍、海軍の三者の不一致は、この時期の日本の軍事組織の最大の欠陥であったということができるだろう。

（1） 防衛学会編『国防用語辞典』（朝雲新聞社、一九八〇年）は、「統帥とは通常、高級指揮官が軍隊を指揮運用するの意に用いられた。統帥権は、軍隊を指揮統率する権能であり、明治憲法第一一条において天皇の大権と規定されていて天皇は大元帥として陸海軍を自ら統帥するという、天皇親率のたて前が確立されていた。この統帥権の行使に当たり、国務大臣の輔弼《ほひつ》や議会の拘束を受けず、独立して運用されることを統帥権の独立と称した」とする（二五三頁）。

（2） 陸海軍大臣とその随員は大本営に入る。加藤陽子『模索する一九三〇年代』（山川出版社、一九九三年）は、一九三七年一一月、大本営の設置にあたって、軍政系統の権限が強化されたとする（二九六―二九七頁）。ただし、大本営の実態については、「参謀本部に大本営陸軍部の看板を、軍令部に大本営海軍部の看板をそれぞれ並べただけで、大本営会議がしばしば開かれたわけでもなく、同一場所で勤務したわけでもなく、大本営という実態は何もなく、端的にいえば有名無実の存在であったとの説も強い」（百瀬孝『辞典・昭和戦前期の日本　制度と実態』吉川弘文館、一九九〇年、二六二頁）。広義に解釈するならば、大本営は統帥部と陸海軍省の双方を指すと解釈することもできるが、当時、大本営陸軍部は参謀本部を、大本営海軍部は軍令部を指す用語として使用されていたことを考慮し、本書では狭義の意味でこの用語を使用する。以下、用語の混乱を避けるため、参謀本部（大本営陸軍部・陸軍統帥部）、軍令部（大本営海軍部・海軍統帥部）で統一する。ただ、厳密にいえば、戦時機関である大本営陸軍部と平時機関である参謀本部・軍令部は必ずしも同一ではない。たとえば、戦史を担当する部門などは大本営に入らない。

（3）　江藤淳編『占領史録』三巻（講談社、一九八二年）七四頁。船木繁『日本の悲運四十年――統帥権における軍部の苦悩』（建帛社、一九九七年）も「政府と統帥部の二元組織」として「二つの政府、二つの軍隊」としている（一七二、一八八頁）。S・P・ハンチントン（市川良一訳）『軍人と国家』上巻（原書房、一九七八年）も、「二重政府」とする（一三〇頁）。この点については、纐纈厚『近代日本政軍関係の研究』（岩波書店、二〇〇五年）を参照されたい。

（4）　司馬遼太郎『「昭和」という国家』（日本放送出版協会、一九九九年）では、統帥権を指して、「われわれをひどい目に遭わせたのは、この三文字に尽きる」とし、統帥権を拡大解釈する「魔法使い」が「日本という国の森」を「魔法の森」にしたと主張している（一二、一九頁）。これに対し、加藤陽子『戦争の論理』（勁草書房、二〇〇五年）は、統帥権独立は「明治憲法の持つ多元性容認の側面に則って初めて成立していた」として、「昭和戦前期の〈魔法の杖〉として貫徹できたとは思われない」と否定的である（一四四頁）。また、戸部良一『逆説の軍隊』（中央公論社、一九九八年）は、天皇の統帥大権が「スムーズな降伏を可能ならしめた重要な要因であったことは疑いない。ただし、それと同時に、軍がこの大権を利用して、さまざまな機会に政治に横車を押し、自己の組織的利益を強引に追求してきたことも忘れるべきではない。軍のファナティシズムに不当な権威と権力を与えたのも、統帥大権であった」とし、「統帥権独立は、軍の政治関与を防止するためにつくられながら、やがてその政治関与・政治介入を支える制度へと変貌し、最後にはその軍の解体・終焉を助ける役割を果たした」とする（一五頁）。この時期において、統帥権の解釈や運用がいかに変化していったのかという問題は、なお研究の余地が残されているように思われる。

（5）吉田裕『アジア・太平洋戦争』（岩波書店、二〇〇七年）は、「通常、統帥権の独立を楯にして、統帥部は首相や国務大臣に対して、重要な軍事情報を開示しない。陸海軍もまたお互いに対して情報を秘匿する傾向があった。こうしたなかにあって、天皇の下には最高度の軍事情報が集中されていたのである」と指摘する（四五―四六頁）。この指摘と同様に、本書も戦争全体を見渡せる立場にあったのは、昭和天皇だけであったと考えられる。

（6）従来の研究は、この兼任問題を、①国務・統帥の対立、もしくは②東条派・反東条派の対立という枠組みの中で理解してきたといえるだろう。前者の視点からの論考としては、寺村安道「昭和天皇と統帥権独立の否定」（『政治経済史学』四三一号、二〇〇二年）があり、「東条は首相兼陸相の地位に在ったが、国務と統帥の調和に苦悩し、参謀総長兼任という異例な人事の断行を以て対処した」とする（一五頁）。また、保阪正康「陸軍大臣の参謀総長兼任という事態」（保阪正康『昭和陸軍の研究』下巻、朝日新聞社、一九九九年）も、「東条は首相・陸相として国務の最高責任者であった。しかし、統帥には口を挟むことはできない。そのことに心底から苛立っていた。国務と統帥が別では戦争はできない。統帥権独立は現実には意味を成さないというのである。東条はこのとき、自ら統帥の最高責任者の地位について、国務と統帥の二つをにぎろうと考えたのだ」と同趣旨である（五三二頁）。他方、後者の視点からの論考としては、纐纈厚『日本海軍の終戦工作』（中央公論社、一九九六年）があり、「岡田［啓介］に代表される反東条の動きが浮上してくると、東条は内閣および戦争指導体制の強化を企画して、これに対抗しようとする」と述べている（一一五頁）。また、野村実「太平洋戦争下の「軍部独裁」」（三宅正樹編『第二次大戦と軍部独裁』第一法規出版、一九八三年）も、東条と嶋田が「統帥部長を兼任する処置に出たのは、第五回目の重臣会合の影響があったのではないかと思われるふしがある」として、重臣の反東条運動を理由に挙げている（二五頁）。本書は、前者に肯定的で、後者はそれほど大きな要因ではなかったと考えており、同時に、陸海の対立にも着目するものである。最近の研究では、柴田紳一「東条英機首相兼陸相の参謀総長兼任」（『国学院大学日本文化研究所紀要』九八輯、二〇〇六年）が、重臣の岡田啓介の動きと関連させて、その影響を論じている。

（7）田中宏巳『マッカーサーと戦った日本軍』（ゆまに書房、二〇〇九年）は、「南太平洋方面における海軍が、攻勢終末点といった兵理などを完全に無視していたことは、盧溝橋事件後の中国大陸における陸軍の暴走に引けを取らない」とする（三〇頁）。

（8）　秦郁彦「戦争終末構想の再検討」（軍事史学会編『第二次世界大戦（三）――終戦』錦正社、一九九五年）二二頁。

（9）　寺崎英成、マリコ・テラサキ・ミラー編著『昭和天皇独白録　寺崎英成・御用掛日記』（文芸春秋、一九九一年）五四頁。

（10）　戦争終結理論についての古典的研究であるフレッド・イクレ（桃井真訳）『紛争終結の理論』（日本国際問題研究所、一九七四年）は、「闘いを終わらせるために、国家やその他のグループが、その戦争目的を変えるのは日常茶飯事といってよい。この変更をもたらすものが軍事的見通しの再評価であるが、国家政策への合理的アプローチという言葉が示すほど、再評価と目的変更の関係は直接的ではなく、論理的でもない」とする（一三五頁）。

（11）　伊藤隆編『続・重光葵手記』（中央公論社、一九八八年）四四三頁。入江昭『日米戦争』（中央公論社、一九七八年）は、日米両国の戦時外交・戦後構想の対立・共通点に着目し、「大東亜宣言とか、あるいは対華新条約とかにおいて、日本の理想とする原則を掲げ、戦争目標を定義したことは、それが現実とは程遠いものではあったにしても、一九四三年以降の日米関係の発展上、一つの重要な伏線を敷くものであったといえる。つまり対米戦はかかる原則のための戦いであるとすることによって、戦争の特殊的性格や具体的な日米係争点を表面に出さず、より普遍的なものとして捉えることが可能になる。そして将来、日米戦争の終結に当っても、両国政策の原則においてかなりの一致が見られるということになれば、再び和解を図ることも正当化され得るわけである」とする（一五〇―一五一頁）。波多野澄雄『太平洋戦争とアジア外交』（東京大学出版会、一九九六年）も、重光外相は、「民族の独立自主や平等互恵の思想は、日本の伝統思想に由来するのではなく、欧米の「デモクラシー」の精神に発するものであることに十分な理解があった」が、戦時下の国内情勢を考慮し、「国内的にはあえて大東亜宣言と英米の戦争目的とは異質なものであるとする全く逆の論理を展開した」のではないかとしている（一九八頁）。

（12）　日本は、一九四三年一一月一日、企画院、商工省を廃止して、軍需省を新設し、航空機生産行政の一元化を図った。軍需省の人事は、軍需大臣東条英機（首相兼任）、軍需次官岸信介（兼国務大臣）、総動員局長椎名悦三郎、総動員局総務部長石川信吾海軍少将、航空兵器総局長官遠藤三郎陸軍中将、航空兵器総局総務局長大西瀧治郎海軍中将という顔ぶれで、陸海軍人と官僚が混在するものとなった。だが、陸海軍を一元化することなしに、軍需生産を一元化することは難しく、陸海軍関係者はその効果に否定的である。種村佐孝『大本営機密日誌』（芙蓉書房、一九七九年）は、「企画院を廃して軍需省が新設せられたけれども、依然として陸海軍はそれぞれ航空本部を擁して対立し、航空兵器行政の合一は求められず、むしろ屋上屋を架したような感を抱かしめるのみだった」としている（一九三頁）。また、遠藤三郎『日中十五年戦争と私』（日中書林、一九七四年）も、「軍需省に統合するのは陸海軍航空の生産部門のみで、技術部門は依然陸海軍がそれぞれ別個に握っております。これではあまり変りばえが致しません。限りある資材と限りある工業力を以て飛行機の大量生産を望むならば、機種を出来るだけ統合整理し、部品等も統一すべきは常識でありますのに、技術部門を陸海軍が別個に持っておったのでは、どうしても機種が多くなり部品も雑多となり大量生産を阻害致します。その上航空戦力の急速発揮に最も必要なことは、生産部門の統合もさることながら寧ろ航空部隊の指揮運用の統一にあります」としている（二九四頁）。また、この軍需省の運営方法をめぐって、岸は東条と対立したという。岸は、「軍需省内において鉄だけについて、次官のほかに鉄管理の大臣をつくるといって、藤原銀次郎さんをそれに当てたんです。私はそのときに辞意を表した」と回想する（岸信介・矢次一夫・伊藤隆『岸信介の回想』文芸春秋、一九八一年、六七頁）。三輪芳朗『計画的戦争準備・軍需動員・経済統制――続「政府の能力」』（有斐閣、二〇〇八年）も軍需省設置の効果には否定的である（二六四、五二三頁）。また、発注量の調整や発注の一元化を達成することもできなかった。この点については、村井哲也「東条内閣期における戦時体制再編」（『東京都立大学法学会雑誌』四〇巻一号、一九九九年）を参照。

(13) ニミッツ率いる米海軍は、ソロモン・ギルバード・マーシャルからサイパン・硫黄島・沖縄を経由するラインで日本本土を目指し、マッカーサー率いる米陸軍は、ソロモン・ニューギニアからフィリピン・沖縄を経由するラインで日本本土を目指して進攻した。このニミッツ・ラインとマッカーサー・ラインについては、前掲『マッカーサーと戦った日本軍』を参照されたい。同書は、「戦後日本の中で、ニューギニア戦や第一八軍に対する評価がほとんど聞かれない一因は、米海軍との戦いを中心軸にして太平洋戦争を見る傾向が強く、陸軍が単独で戦った戦場を異例と見るからであろう。日米双方ともに、太平洋の戦いが海軍の戦いであるという先入観が強く、陸軍を通して太平洋戦争を見る視点が欠落している」と指摘する（一七頁）。

（14）防衛省防衛研究所所蔵『真田穣一郎少将日記』一九巻（中央・作戦指導日記・六四）九〇頁、防衛庁防衛研修所戦史室『大本営海軍部・連合艦隊（四）』（朝雲新聞社、一九七〇年）四二五頁。

（15）防衛省防衛研究所所蔵『中澤軍令部第一部長ノート　作戦参考（第一）』（一・日誌回想・三八一）八二頁、防衛庁防衛研修所戦史室『大本営陸軍部（七）』（朝雲新聞社、一九七三年）一四八頁。前掲『大本営海軍部・連合艦隊（四）』四二五頁。

（16）前掲「太平洋戦争下の「軍部独裁」」一〇頁。

（17）佐藤軍務局長は、トラック空襲後、マリアナ・カロリンを放棄してフィリピンまで後退する主張を東条大臣に述べたという（佐藤賢了『佐藤賢了の証言』芙蓉書房、一九七六年、三四〇頁）。

（18）高松宮宣仁親王『高松宮日記』六巻（中央公論社、一九九七年）五四六頁。

（19）前掲『真田穣一郎少将日記』一九巻、九三―九四頁、前掲『大本営海軍部・連合艦隊（四）』四二八頁。判読が困難な箇所が多く、後者を参考にした。

（20）山田朗『大元帥・昭和天皇』（新日本出版社、一九九四年）二五五―二六〇頁。

（21）前掲『昭和天皇独白録』一〇二頁。

（22）防衛省防衛研究所所蔵『軍令部第一課長山本親雄日誌』（一・日誌回想・五七一）。

（23）「東条メモ」（伊藤隆・広橋真光・片島紀男編『東条内閣総理大臣機密記録』東京大学出版会、一九九〇年）二七一―二九頁。

（24）前掲『大本営陸軍部（七）』六〇頁。

（25）前掲『高松宮日記』六巻、五七七―五八〇頁。なお、両作戦課の戦略思想には、次のような違いがあった。「海軍ノ今後ノ防備思想ハ航空兵力ノ増強ニノミ依リテ為シ得ルト云フノニ対シ、ヤハリ局地ニ兵力ヲハリツケルコトニ重点アリ、ソノタメ船舶モ増徴スルノダト云フノデアル。勿論、地上兵力ナクテハ話ニナラヌノダガ、火力、装備少ク、頭数ノミアッテモ糧食ダケノ補給ニムダヲスルワケデ、之デ飛行機ノ生産ガヘッテハツマラヌ」（同書、五六一頁）。

（26）前掲『大本営陸軍部（七）』一三六頁。

（27）前掲『高松宮日記』六巻、五八八―五八九頁。

（28）前掲『大本営海軍部・連合艦隊（四）』四九三頁。出典は、防衛省防衛研究所所蔵『上奏関係綴（写）其の六』（中央・作戦指導上奏・一七）六〇四頁。

（29）瀬島龍三『幾山河』（産経新聞社、一九九六年）二四五―二四七頁。

（30）中尾裕次編『昭和天皇発言記録集成』下巻（芙蓉書房出版、二〇〇三年）二三九頁、前掲『真田穣一郎少将日記』一九巻、一〇六頁。

（31）日本軍の餓死者の数を推定することは容易ではない。藤原彰『餓死した英霊たち』（青木書店、二〇〇一年）は、「病死者、戦地栄養失調症による広い意味での餓死者」は、全体の六〇パーセント強として、一四〇万人前後を戦病死者とし、そのほとんどが餓死者と推定している（一三八頁）。秦郁彦「第二次世界大戦の日本人戦没者像」（『軍事史学』四二巻二号、二〇〇六年）は、「約二三〇万人の戦没者のうち、広義の餓死者が約六〇万人、海没死者が約四〇万人、空没死者が約四万人」と試算している（二六頁）。戦後、ニューギニアの第一八軍司令官安達二十三は、自決するに際して、その遺書の中で「打ち続く作戦に疲憊の極に達せる将兵に対し更に人として堪え得る限度を遥かに超越せる克難敢闘を要求致候。之に対し黙々之を遂行し力竭きて花吹雪の如く散り行く若き将兵を眺むる時、君国の為とは申しながら其断腸の思いは唯神のみぞ知ると存候」と書いている（田中兼五郎編『第十八軍司令官安達二十三中将に関する資料集』防衛弘済社、一九七九年、一二頁）。幼年学校時代から職業軍人として教育を受けてきた安達司令官ですら見るに忍びないような戦場であり、徴兵によって戦場に送りこまれた一般兵士にとっては言語に絶する戦場であった。

（32）前掲『大本営陸軍部（七）』一八五頁。絶対国防圏のラインを地図上に描くことは難しい。これは当時から絶対国防圏の解釈が異なっていたからである。それほど日本陸海軍の軍事作戦思想は分裂していた。マーシャルやラバウルは絶対国防圏に入らず、絶対国防圏の「前衛線」と位置づけられる（中尾裕次「夢に終わった絶対国防圏」『陸戦研究』五一〇号、一九九六年、二二頁）。また、陸軍の主担当地域であるニューギニア方面にラインを引くことも難しい。山本智之「参謀本部戦争指導課の終戦研究における「絶対国防圏」認識」（『戦略研究』一号、二〇〇三年）は、参謀本部内の戦争指導課と作戦課が、絶対国防圏認識をめぐって対立していたと指摘する（八六頁）。この点、戦後、真田穣一郎（当時、参謀本部作戦課長）は、「国防圏決定当時「ホランジャ」は国防圏内に入っていましたか。綾部閣下［綾部橘樹作戦部長］の御記憶は入ってないとの事ですが」という質問に対して、「国防圏決定当時「ホーランジャ」は国防圏内に入っていました。但し、「ニューギニア」西北部で絶対確保を要請せられたのは「ヘルヴィンク」湾周辺の航空基地群でありまして、「ホーランジャ」は「ヘルヴィンク」湾の前方拠点と兼ねて18Ａ［第一八軍］との連絡拠点として勉めて確保するよう要求せられたと記憶します」と回答している（佐藤元英・黒沢文貴編『ＧＨＱ歴史課陳述録　終戦史資料』下巻、原書房、二〇〇二年、九四八頁）。「努めて確保」が「確保」なのか「持久」なのか判然としない。防衛庁防衛研修所戦史室『東部ニューギニア方面陸軍航空作戦』（朝雲新聞社、一九六七年）の「南太平洋方面作戦経過概況図（付図第一）」は、ホランディアやラバウルを絶対国防圏に含めておらず、トラック諸島―エンダービー諸島―メレヨン島―ヤップ島―パラオ諸島―サルミ―ミミカ―アル諸島―タニンバル諸島―チモール島のラインを絶対国防圏のラインとし、これらの島々を絶対国防圏の内側に位置づけている。前掲『マッカーサーと戦った日本軍』も、ホーランディアを絶対国防圏に含めない（二七二頁）。

(33)　参謀本部編『杉山メモ』下巻（原書房、一九六七年）四八七―四八八、四九一―四九二頁。

(34)　前掲『大本営陸軍部（七）』二〇七―二〇八頁、前掲『杉山メモ』下巻、四七〇―四七一頁。

(35)　前掲『昭和天皇発言記録集成』下巻、二四八頁、防衛省防衛研究所所蔵『真田穣一郎少将日記』二二巻（中央・作戦指導日記・六七）四三頁。

(36)　第一七師団からは第一七歩兵団司令部や歩兵八一連隊（第一大隊欠）もブーゲンビルに投入された（歩兵第八十一連隊誌編纂委員会編『歩兵第八十一連隊誌』非売品、一九八五年、三六〇頁）。のちに、第一七歩兵団を基幹として、独立混成第三八旅団が編成され、北部ブーゲンビルの防衛にあたった。九月二四日に上海を出発した第一七師団の第一梯団は一〇月五日にラバウルに到着したが、同日、その一部である歩兵五三連隊第三大隊は、さらに前方にあるブーゲンビル島の北部に派遣されている。現地軍の構想によれば、歩兵五三連隊第三大隊だけでなく、後から到着する第一七師団の歩兵八一連隊などもブーゲンビル島の北部に投入する予定であった（歩兵第五十三連隊史編集委員会編『歩兵第五十三連隊史』非売品、一九八一年、三一七―三一八頁）。

(37)　防衛庁防衛研修所戦史室『南太平洋陸軍作戦（三）』（朝雲新聞社、一九七〇年）五一二頁。

(38)　防衛省防衛研究所所蔵『第八方面軍司令官今村均大将訓示（昭和一八年一一月九日）』（南東・全般・三〇二）。

(39)　防衛庁防衛研修所戦史室『大本営海軍部・連合艦隊（五）』（朝雲新聞社、一九七四年）一〇八―一〇九頁。

（40）前掲『高松宮日記』七巻、五〇―五一頁。

（41）この「ろ」号作戦の戦略的失敗は大きい。吉田昭彦「「ろ」号作戦についての一考察――作戦実施の要因と事後の作戦に及ぼした影響」（『軍事史学』二九巻三号、一九九三年）は、その影響を、①日本の母艦航空戦力の量的・質的低下、②過大な戦果見積もり、③Z作戦計画（ギルバート・マーシャル諸島における決戦計画）の消滅、④米海軍への自信の寄与、としている（一一―一四頁）。

（42）オーストラリア国立戦争記念館所蔵『草鹿任一海軍中将日誌』（AWM82, 2/329）。

（43）野村実編『城英一郎日記』（山川出版社、一九八二年）三四〇頁、『朝日新聞』一九四三年一一月六日。

（44）前掲『城英一郎日記』三四一頁。

（45）稲葉正夫編『現代史資料（三七）大本営』（みすず書房、一九六七年）五一八頁。

（46）源田中佐・瀬島少佐「大本営陸海軍部ノ合一ニ関スル研究案（昭和一八年八月上旬）」（防衛省防衛研究所所蔵『ＸＹ研究資料』一・全般・二〇九）。

（47）前掲『幾山河』二五一―二五二頁。第一五課「危局突破ノ為差当リ措ルベキ機構制度ノ改正案（昭和一八年九月二〇日）」（防衛省防衛研究所所蔵『昭和一八年戦争指導関係史料綴』中央・戦争指導その他・二一）によれば、参謀次長直属の戦争指導課も、「陸海最高幕僚長」を設置するという案や「陸海軍幕僚長ト軍部大臣ノ兼任」案などを構想していた。後者から統帥権独立の伝統に固執しない柔軟な姿勢がうかがわれる。そして、仮に陸軍大臣と参謀総長の兼任制が実現した場合には、「陸海軍一方ノミニ兼任ヲ適用スルノ不可ナルコト」として、海軍大臣と軍令部総長の兼任制を示唆している。

（48）「同台クラブ講演集」編集委員会編『昭和軍事秘話』下巻（同台経済懇話会、一九九一年）五七、六六―六八頁、永江太郎「大東亜戦争時に於ける陸・海軍統帥部の統合問題」（『防衛研究』三号、一九九〇年）一二三、一二六頁、東京大学法学部附属近代日本法政史料センター所蔵「竹下正彦日記」（『竹下正彦関係文書』リール三）。阿南待望論については、柴田紳一「「陸相阿南惟幾の登場」（『国学院大学日本文化研究所紀要』九九輯、二〇〇七年）を参照。

（49）佐薙大佐「大東亜戦争完遂ノ為海陸軍航空兵力ノ統合及中央統帥機関ノ強化ニ関スル件仰裁」、海軍大学校研究部「ＸＹニ関シ軍令部主務部員起案ノ趣旨説明ニ対スル総長・次長意見」、海軍省軍務局「所見」（前掲『ＸＹ研究資料』）。

(50) 前掲『幾山河』二五一―二五二頁。
(51) 大井［篤］部員「統帥部合一ニ関スル意見」(前掲『XY研究資料』)。
(52) 前掲『大本営海軍部・連合艦隊（五）』二九八頁。
(53) 山岡［三子夫］大佐「X作業、其ノ一（海軍ノ空軍化)」、海軍省軍務局「航空戦力増強ニ関スルAB［陸海］兵力調節ノ件（昭和一八年八月一六日)」(前掲『XY研究資料』)、前掲『大本営海軍部・連合艦隊（五）』二九四頁。
(54) 高木惣吉『高木惣吉日記』(毎日新聞社、一九八五年）一六七頁。
(55) この米海軍の進攻作戦の背後には、軍事戦略をめぐる英米間、米軍部内の対立があった。糸永新「米海軍の対日戦争指導――中部太平洋攻勢の着手と推進」(『軍事史学』二七巻四号、一九九二年）によれば、「中部太平洋攻勢は、第二次世界大戦の遂行方針に関する米英の妥協の産物であり、結果的にこの新攻勢に対する日本側の対応を後手後手に回らせた元凶は英国だった」という。また、海軍の中部太平洋攻勢に反対した陸軍のマッカーサーの意見も、「既に英側との合意済みの中部太平洋攻勢であったので彼の反対意見は無視」されたとし、米軍の戦略は「場当たりの戦略」であったとする（一一―一三頁)。
(56) 前掲『高松宮日記』七巻、二五九頁。
(57) 防衛省防衛研究所所蔵『真田穣一郎少将日記』二六巻（中央・作戦指導日記・七一）七〇―七一頁、前掲『昭和天皇発言記録集成』下巻、二四八、二六〇―二六一頁。
(58) 木戸幸一『木戸幸一日記』下巻（東京大学出版会、一九六六年）一〇八二―一〇八六頁。
(59) 佐藤賢了『佐藤賢了の証言』(芙蓉書房、一九七六年）三三四頁。
(60) 海軍省軍務局「所見」、海軍省軍務局「航空戦力増強ニ関スルAB兵力調節ノ件」(前掲『XY研究資料』)。
(61) 海軍航空本部総務部長「第三段作戦戦備計画資料の件回答」(防衛省防衛研究所所蔵『海軍航空関係資料、其の一』五・全般・一)。
(62) 防衛省防衛研究所所蔵『真田穣一郎少将日記』二五巻（中央・作戦指導日記・七〇）五五頁、前掲『大本営海軍部・連合艦隊（五）』二一七頁。

(63) 前掲『木戸幸一日記』下巻、一〇八二―一〇八六頁。
(64) 防衛省防衛研究所所蔵『中澤軍令部第一部長ノート　作戦参考（第三）』（一・日誌回想・三八五）五八頁。
(65) 前掲『中澤軍令部第一部長ノート　作戦参考（第三）』一〇九頁。
(66) 前掲『中澤軍令部第一部長ノート　作戦参考（第三）』一〇七頁。
(67) 前掲『佐藤賢了の証言』三三四―三三五頁。参謀次長秦彦三郎は大本営や陸海軍省の一元化案を準備して会議にのぞんでいた。にもかかわらず、それを切り出せなかったのは、会談の雰囲気が予想とは違ったものであったからだろう（軍事史学会編『機密戦争日誌』下巻、錦正社、一九九八年、四八九頁）。
(68) 前掲『東条内閣総理大臣機密記録』五二九頁。
(69) 前掲『大本営海軍部・連合艦隊（五）』二三一―二三三頁。
(70) 伊藤隆編『高木惣吉　日記と情報』下巻（みすず書房、二〇〇〇年）七三〇頁。
(71) 前掲『高木惣吉日記』一七一―一七二頁。
(72) 前掲『杉山メモ』下巻、五三六―五三七頁。
(73) 前掲『東条内閣総理大臣機密記録』五三一頁。
(74) 前掲『木戸幸一日記』下巻、一〇八九―一〇九〇頁。前掲「陸軍大臣の参謀総長兼任という事態」も参照。
(75) 防衛庁防衛研修所戦史室『大本営陸軍部（八）』（朝雲新聞社、一九七四年）九七頁。
(76) 前掲『東条内閣総理大臣機密記録』三九八頁。
(77) 前掲『昭和天皇発言記録集成』下巻、二六五頁。いわゆる『昭和天皇独白録』には、「参謀総長を兼ねた事、大東亜省を設けた事は、私は賛成出来ない事であつたが、その外の事例へば支那との約束を守る考でゐた事などは良い事であつた」という記述があるが、史料批判を必要とする（前掲『昭和天皇独白録』八九頁）。昭和天皇が兼任に反対するようになったのは、東条内閣末期のことと考えられるだろう。
(78) 前掲『大本営海軍部・連合艦隊（五）』二五七―二五八頁。戦後、嶋田は、「大臣総長一人二役ハ、戦況逼迫ニ伴ヒ陸海軍間ノ物資争奪其ノ他ノ摩擦紛糾ノ度加ハルベキ時ニ当リ、諸懸案ヲ急速ニ解決シ陸、海軍間ノ意志疏通ヲ増進シ又海軍トシテハ省部間ノ緊密ヲ一層加大シ作戦ノ要求ヲ速ニ実現具体化スルヲ計リ同時ニ軍令部総長交迭《ママ》ヲ円満ニ行ヒ以テ全戦局ニ利セントノ大局上ノ見地ヨリ之ヲ行ヒタリ」と回想している（防衛省防衛研究所所蔵『昭和二十二年九月嶋田海軍大将手記』一・日誌回想・一九六）四九―五〇頁。

(79) 前掲『中澤軍令部第一部長ノート　作戦参考（第三）』一三三頁。

(80) マリアナの第三一軍は、中部太平洋方面艦隊司令長官の指揮下に入り、海軍が統一指揮するという形で、きわめて不十分ながらも日本初の統合軍が編成された（前掲「大東亜戦争時に於ける陸・海軍統帥部の統合問題」、一一五頁）。この点については、屋代宣昭「絶対国防圏下における日本陸海軍の統合――サイパン島における作戦準備を中心として」（『戦史研究年報』四号、二〇〇一年）も参照されたい。

(81) 前掲『高松宮日記』七巻、三三四頁。

(82) 防衛省防衛研究所所蔵『官房軍務局保存記録施策関係綴』（五・航空本部・七三）。

(83) 前掲『官房軍務局保存記録施策関係綴』。大本営陸軍部と大本営海軍部から独立した第三の組織を設置するという構想が、後に大本営参軍部案として浮上する。前掲『現代史資料（三七）大本営』によれば、大本営参軍部は参軍と参軍幕僚から構成され、参軍には陸（海）軍大将一名を親補し、陸海軍大臣の人事権を制限するという構想であった。軍事戦略をめぐる論争から陸海軍のセクショナリズムを排することが目的であったと思われる（五一二―五一七頁）。

(84) 前掲『高松宮日記』七巻、三三四頁。

(85) 前掲『高木惣吉　日記と情報』下巻、七三〇頁。

(86) 山本親雄『大本営海軍部』（白金書房、一九七四年）二四九頁。

(87) 前掲『昭和天皇独白録』八九頁。

(88) 東条英機刊行会・上法快男編『東条英機』（芙蓉書房、一九七四年）三九三頁。一方、高山信武『参謀本部作戦課』（芙蓉書房出版、一九八五年）は、「彼は総理の重職にありながら、陸軍大臣を兼務し、しかも戦局極めて窮迫した事態におよんで自ら望んで参謀総長までも兼務するに至った。その結果一刻を争う大本営命令あるいは参謀総長指示事項等の決裁を受けるため、幕僚がいかに苦慮したか、想像を絶するものがあった」と否定的である（一八二頁）。この点については、前掲

「東条英機首相兼陸相の参謀総長兼任」も参照されたい。

(89) 終戦直後の八月下旬、東条は、「日本には憲法上統帥権独立と云ふ特殊事情がある。殊に戦時に於ては軍人大臣と雖も作戦上の(統帥事項)ことについては其内容に立ち入って十分知ることを許されぬ実情であった。殊に事、海軍側の状況に於て然りである」と回想している(前掲『東条内閣総理大臣機密記録』五六〇頁)。

(90) 前掲『昭和天皇独白録』八四頁。

(91) 庄司潤一郎「『戦史叢書』における陸海軍並立に関する一考察――「開戦経緯」を中心として」(『戦史研究年報』一二号、二〇〇九年)一七頁。

第二章　東条内閣の総辞職

はじめに

一九四四年（昭和一九）七月七日、絶対国防圏の一角であるサイパン島が陥落し、七月一八日、東条内閣は総辞職する。サイパン島の陥落は本土がB29の爆撃圏に入ったことを意味し、この時点で日本が戦争に勝つ見込みがなくなった。[1]そのため、国内では反東条運動（終戦工作）が活発となり、昭和天皇も東条への支持を撤回し、継戦派の東条内閣は倒れたといわれている。和戦の対立を軸としてこの時期の政治史を理解すれば、和平派が継戦派を打倒したことになる。その結果、「反東条運動＝終戦工作」と解釈されることが多いのである。[2]

いわゆる反東条グループとしては、皇族の高松宮、重臣（首相経験者）の近衛文麿、岡田啓介、米内光政、海軍反主流派の高木惣吉少将、国務大臣の岸信介、議会勢力などが知られている。東条内閣の閣僚でありながら倒閣運動に加担した岸信介は、戦後、「サイパンが陥落したあとでは、B29の本土への爆撃が頻繁に行なわれて、軍需生産が計画通りできなくなるし、私は軍需次官としての責任は全うできなくなった。だからもうできるだけ早く終戦する以外に道はないと思ったけれど、軍はなお沖縄決戦までもっていってしまったわけです」と回想している。[3]岸は早期終戦を目指して東条内閣を打倒したというのである。

この反東条運動は、本当に「終戦」を目指したものであったのだろうか。戦争の終結は、東条内閣の崩壊から一年以上も後のことである。この間、フィリピン戦や東京大空襲、沖縄戦、原爆の投下などによって、多大の犠牲者を生み出したことはよく知られている。なぜ日本はもっと早く戦争を終わらせることができなかったのか。仮に、戦争を終わらせようとする和平派が東条内閣を打倒したのであれば、なぜ次の小磯内閣で戦争を終わらせようとする動きがみられないのだろうか。

また、昭和天皇は、本当に東条への支持を撤回していたのだろうか。従来の通説では、昭和天皇が東条英機に対し、①大臣・総長の兼任制の廃止、②嶋田繁太郎（海相、軍令部総長）の更迭、③重臣の入閣の三条件を要求し、これが内閣総辞職の原因となったといわれている。東条首相はこの三条件を実現できずに内閣を投げ出したというのである。(4)たしかに、これは東条内閣に対する不信任とも受け取ることもできる。ところが、いわゆる『昭和天皇独白録』は、次のような意外な記述を残している。

東条は改造内閣に関し、色々方針を述べてゐたが、結局何が改造の重点であるかゞ、良く判つてゐなかつたらしい、彼は重臣を閣僚に入れて責任をとらせ度い希望であつたが、私はその事をさ迄重要な事と思つて居なかつた。東条は米内に対し、国務大臣になることを交渉したが米内は、海軍大臣なら引受けるが、政治の事は何もしらぬから国務大臣として首相を援ける力はないと云つて断つた。これなどは米内の人格をよく表はしてゐる。改造の重点は首相の持つてゐる多くの兼職を解いて他人にやらせる事にあつたのだ。彼は万事、事務的には良いが、民意を知り、特に「インテリ」の意向を察する事が出来なかつた。高松宮も屢々内閣を更迭すべきだと云つて来た。東条内閣がかく評判が悪くなつたに不拘、私が進んで内閣を更迭しなかつたのは、田中〔義一〕内閣の苦い経験である。東条にも多少の「ファン」があるから、倒閣は宮中の陰謀だと云はれる事を避け度かつたのが第一。次に東条を退けても、彼よりも更に力のある人物が得られるならば、格別、その見込が無かつたことが第二。更に東条は従来大東亜の各地の人々と接触して来てゐるので、之を無視して内閣を更迭すれば、大東亜の人心収拾が出来なくなりはせぬかと考へたのが第三。この三つの理由で私は内閣を更迭する事を避けた。木戸［幸一、内大臣］も大体同意見であつた。それで木戸が内閣を倒したといふやり方をも避けたのである。(5)

昭和天皇は「私は内閣を更迭する事を避けた」と回想しているのである。さらに、昭和天皇は、終戦直後の一九四六年二月一二日、側近に対して、「軍務局や憲兵が、東条の名に於て勝手なことをしたのではないか。東条はそんな人間とは思わぬ。彼程朕の意見を直ちに実行に移したものはない」と語っている。(6)昭和天皇が、東条英機を信任していたのかどうか、現在においても、大きく意見がわかれるところであろう。

ところで、戦争終結の枠組みを考える上では、戦争中の内閣更迭が、いつ、どのような理由で行われ、それが戦争終結にどのような影響を与えるのかという問題は興味深いテーマである。たとえば、イタリアの場合、反ムッソリーニ・グループのバドリオ元帥が国王と提携して、一九四三年七月二五日、ムッソリーニを監禁し、約一ヶ月後に戦争が終わった。他方、ドイツの場合、一九四四年七月二〇日、ヒトラー暗殺計画が失敗して反ヒトラー・グループが粛清され、ベルリンが陥落するまで徹底抗戦した。日本にも、東条暗殺計画があったといわれ、その決行日は、偶然にもヒトラー暗殺未遂事件の日と同日であった。(7)戦局が不利になると、政治・軍事指導者に対する様々な不満が蓄積し、国内政治が不安定となり、政治変動を引き起こすのである。

本章は、反東条運動は必ずしも和平運動ではないのではないかという疑問からスタートし、東条内閣瓦解の原因を明らかにする。その際、和戦をめぐる対立だけではなく、戦局打開策をめぐる対立、政治主導権をめぐる対立という二つの側面にも注目する。すなわち、この時期、各政治勢力は、国体の危機、戦局の危機、自勢力の危機という三つの危機に対処する必要があった。逆にいえば、各政治勢力は、自勢力の政治的発言権を確保し、その政策を実現に移すことが国家を救うことになると考え、他勢力との国内における「もう一つの戦い」を繰り広げたのである。

第一節　昭和天皇と内大臣木戸幸一

一九四四年一月六日、天皇の政治顧問として常侍輔弼の任にあたっていた内大臣木戸幸一は、新年にあたって、今後の戦争の見通しについて考えた。この時の木戸内大臣は、ドイツが降伏した場合には東条内閣の存続は「相当困難」と予想していた。内大臣には、内閣総辞職の場合、重臣会議を開いて重臣と協議の上、後継首相を奏薦する慣例があったので、木戸はこの重臣会議において大体の外交方針を決定するのも「一策」であると考えた。外交・内政の双方が行き詰まる中、後継内閣は、宮中の意にそった内閣であることが望ましかった。さらに、木戸は、イタリア降伏時のバドリオ元帥のような「所謂バドリオの輩」が「続出」するのではないかと降伏論を警戒し、外交交渉のタイミングは「独乙の崩壊と同時とせず、而かも米英蘇が一致して日本に当らざる以前」であり、その交渉方法はソ連の仲介を前提とし、その最低講和条件は「ABCDの包囲体制の打破」であると心に描いたのであった。要するに、ドイツ降伏後・ソ連仲介・大義名分確保による講和論であるといってよい。この木戸の講和論の特徴は、「大東亜戦」の戦争目的を「ABCDの包囲体制の打破」と再定義し、それを「目的を達成し得れば一応の結末に到達したるものと云ふことを得べし」と講和の口実にしている点にある。その木戸の戦後構想は、太平洋問題を処理する「日蘇支米英」の委員会を組織し、日本の占領地域を非武装・永世中立国化し、「自由、互恵、機会均等」の経済政策の原則を適用するというものであった。このような考え方の背後には、「アングロサクソンたる米英に対するに、大体東洋的なる蘇支と提携」するという、西洋の英米に対抗するために東洋の中ソと提携するという思想が色濃くにじんでいた。日本が孤立し、「有色人種として世界より総攻撃」されることだけは避けたかったのである。ただし、ここで木戸のいう「大東亜」には例外があり、満州や朝鮮は含まれていなかった(8)。

木戸内大臣がドイツと戦争に見切りをつけ始めていた頃、昭和天皇も戦争の行く末について強い不安を感じていた。三月二七日、参謀本部の後宮淳次長が上奏した後、昭和天皇は侍従武官長の蓮沼蕃に対して次のように語っている。

［天皇］　次長ノ話ヲ聞クト世界全般ノ情勢漸次悪化シ来ル所「我国トシテハシッカリ頑張ラネバナラヌ、頑張リ通セバ何トカナル」ト言フガ如ク聞ユル。勿論頑張ルコトニ不同意ハ無イガ、国ヲ最後ノ土壇場迄追込ムコトハ戦後ノ国ガ回復ヲ困難ニスベシ。戦争ノ終末ヲ如何ニスルカニ就テハ十分考ヘ居ルカ。

［武官長］　軍トシテハ戦勝ヲ獲得スルニ至ル迄戦ヒ貫ク決意ヲ有スルコトハ当然ナルモ、総理大臣トシテハ戦争ノ終末ヲ如何ニスベキカニ就キ常ニ苦慮シアルコトト存ゼラル。シカシ現在ノ状勢ニ於テハ直チニ責任ヲ以テ之ニ関シ御答ヘハ致シ難キコトト存ゼラル。何レ近ク世界状勢ノ転換ヲモ予期セラルル所、其時機トモナレバ某程度ノ見通シツクモノト考ヘラル(9)。

昭和天皇のいう世界情勢の「漸次悪化」とは、ヨーロッパ戦線においてドイツ軍が敗退していることを指している。日本はドイツの勝利を前提に、日米戦争へと踏み切っていたのである。昭和天皇は、戦争を悲観した上で、日本が「最後ノ土壇場」まで戦争を継続した場合、戦後の回復が困難になるのではないかと心配している。これに対し、天皇と軍との間で連絡者的役割を果たしていた侍従武官長は、「世界状勢ノ転換」の時期になれば、ある程度の見通しがつくのではないかと述べ、具体的な奉答を先送りしたのである。一九四四年は、昭和天皇と木戸内大臣が予想した通り、ヨーロッパにおいてドイツが敗退した年となった。ソ連軍は、四月二日にはルーマニアに進入し、英米軍も、六月四日にはローマに入り、六月六日にはノルマンディーに上陸し、八月二四日にはパリのドイツ軍を降伏させた。

一九四四年前半の日本の情勢は、経済面では航空機生産がピークに達しつつも船舶の不足が国力を蝕み、軍事面では中国大陸で勝利を収めつつも太平洋方面は航空機の不足によって危機的状態に瀕していた。大本営は、一月七日、ビルマ方面軍に対しインパール作戦を許可し、一月二四日には、支那派遣軍に対し一号作戦(大陸打通作戦)を下命した。[10] さらに、日本は従来の外交政策を転換し、ソ連に対しては、三月二〇日、北樺太の利権返還に応じるとともに、四月八日、独ソ和平の斡旋を申し入れ、毛沢東の延安政権に対しては、その呼称を改め、「中共」ではなく、「之を延安政権(仮称)」と呼称」することとした。このような宥和的態度は、「重慶と中共との合作並支に於ける米英ソの対日提携」を防止するためであった。支那派遣軍総司令官の畑俊六は、「対共態度は実に一八〇度の転回」とこの方針に驚き、諒解に苦しむとして、「ソ連に対する御機嫌とり」だろうと推測した。[11]

ここで各政治勢力の戦争に対する態度を見てみよう。昭和天皇は、東条個人を比較的高く評価しており、かつ、内閣総辞職が及ぼす対外的影響を考慮して、東条内閣の存続を希望していた。また、昭和天皇は「米軍ヲピシャリト叩ク事ハデキナイノカ」、「何処カデガチット叩キツケル工面ハナイモノカ」と米軍に一撃を与えることを期待し、後のサイパン戦においては「日本海々戦ノ如キ立派ナル戦果ヲ挙グル様作戦部隊ノ奮起ヲ望ム」と激励した。[12] これは、内心において、「一度何処かで敵を叩いて速かに講和の機会を得たい」と考えていたためであろう。さらに、昭和天皇は、「独逸との単独不講和の確約があるので国際信義上、独乙より先きには和を議し度くない」とも考えていたようであり、このような昭和天皇の軍事・外交に対する考え方は、何らかの軍事的・外交的好機をつかむことで講和に持ち込もうという点にその特徴があり、好機講和論とみなしてよい。[13]

東条と陸軍首脳部は、持久・防御的色彩の強い軍事戦略によって戦局を好転させ、「大東亜戦争」という大義名分の枠内での名誉ある講和を考えていた。「大東亜戦争」完遂論である。東条が議長をつとめた「大東亜会議」において、「大東亜戦争の完遂と大東亜建設の方針」が採択されている。日本陸軍は米陸軍と地上戦には自信があった。東条は、戦争に勝つためには言論を取り締まることが必要と考え、東条を批判する官僚、議員、新聞記者、民間右翼を陸軍に召集して激戦地に送り込み、国民に対しては憲兵隊を利用して取り締まった。東条は側近に対し、「始皇帝の焼本、学者を殺したことには非常に意味がある」、「之は今で云へば共産主義者の撲滅の如きものだろう」と述べており、このような言動が東条の評判を悪くした。[14]この点、昭和天皇も「彼は万事、事務的には良いが、民意を知り、特に「インテリ」の意向を察する事が出来なかつた」とみていた。[15]さらに、東条は、戦局が悪化するにつれ、士気を鼓舞する必要から、悲観的な報告よりも希望的な情勢判断を好む傾向にあった。「味方が苦しい時は敵亦然り」、「味方が苦しくて四分六分と思ふ時は実は五分五分だ」という戦争観を持っていたのである。[16]軍人として、ある程度の精神主義は仕方のないことであったが、それは時として合理主義的な思考を阻むこともあった。たとえば、五月一五日、インパール作戦を視察した秦彦三郎次長が陸軍首脳部の前で視察報告を行った際、「インパール作戦成功の公算低下しあり」という弱気な発言をすると、東条総長は「どこが不成功なのか何か悲観すべきことがあるのか」と部下の前で叱責し、「一座はすっかり白け切って」しまったという。[17]

陸軍の参謀本部の戦争指導班だけは、陸軍首脳部とは異なる考え方を持っていた。すなわち、戦争指導班は、三月一五日、「昭和十九年末ヲ目途トスル戦争指導ニ関スル観察」という文書を作成し、夏から秋にかけての早期決戦・妥協和平を主張している。戦争指導班は、日本の物的戦力のピークを一九四四年七、八月頃と正しく予想し、「日独共ニ座シテ「ヂリ」貧ニ堕センヨリハ決戦ヲ有利トスル」と結論づけた。そして、日独がこの決戦に勝利することで、独ソ和平の余地が生まれ、「妥協和平」のチャンスがあると期待したのである。また、この独ソ和平構想の前提には、日ソ提携論・日ソ同盟論であったようで、「日「ソ」不可侵条約、出来レバ日「ソ」同盟へ進展セシメ此ノ際「ソ」ヲ利シテ中共延テハ重慶切リ崩シニ波及セシム」という希望が述べられている。要するに、日独蘇が提携することで、世界の軍事バランスを再編成し、「「ソ」ヲシテ世界和平ニ導入セシムル」という意図であった。戦争指導班長であった松谷誠大佐は、六月二九日、東条総長に対してドイツ崩壊後のソ連仲介・国体護持による戦争終結を意見具申したが、東条の不興を買い、七月三日、松谷班長は支那派遣軍参謀に転任を命ぜられた。[18]

海軍の首脳部は、内心では米国に勝つ自信を失いつつあったが、海軍としては「自存自衛」の戦争に最善を尽くそうとし、決戦中心の積極作戦を続行していた。開戦時、避戦論者であった海軍次官沢本頼雄は、「已に開戦せる以上、全力を挙て戦勝の道に邁進せざるべからず、この際手を引けば、再起の機会なからむ」と考えていた。[19]「自存自衛」戦争論といってよい。その一方で、海軍首脳部は、内閣存続が対外関係上必要であると考え、海軍の陸軍に対する要求が内閣更迭に発展しないよう政治的に配慮し、海軍としての軍事的要求を犠牲にしていた。たとえば、軍令部員であった高松宮が、海軍次官沢本頼雄に対し、「一人二役は、部外、殊に陸軍に折衝する為のものなりと思ひしに、島田は少しも陸軍と交渉せず」と嶋田海相の態度を批判すると、沢本次官は「過度にぶつかれば、内閣瓦解の虞あり。また無理矢りに我主張を通すとしても、現在の陸軍は中堅以下にて協調を欠くこととなり、綜合戦力却て小となるをおそる」と反論している。海軍上層部のこのような態度の背景には、内閣存続をのぞんでいた昭和天皇の意向があった。高松宮は、この沢本次官の反論に対し、内閣の総辞職や陸軍の反対をおそれていては、「大事なる海軍の任務遂行が出来ぬ」と不満を述べた。高松宮にとっては、軍事的に海軍が戦争に勝つことの方が、政治的に内閣が存続することよりも重要であった。軍事上の要求と政治上の要求をどのように考えるのかという点において、両者の間に溝が生じていたのである。[20]

嶋田海相に対する海軍部内の不満を代弁していたのは、高木惣吉少将（のち海軍省教育局長）を中心とする海軍省の少将・佐官グループであった。[21] 彼らは、陸海均等では戦争に勝てないと考え、陸軍に「協調」する嶋田海相を更迭し、対陸軍強硬派の将官（豊田副武、米内光政等）を海相に擁立しようとした。「海相更迭→戦局挽回」論であったとみてよい。四月下旬、高木少将のブレーンであった矢部貞治（東京帝国大学教授）は、海軍省軍務局第二課長の矢牧章大佐らの意見を取り入れて、「戦争指導刷新論」という意見書を作成して関係者に配布した。「戦争指導刷新論」は、「太平洋戦局ハ今ヤ重大危局ニ直面ス。敵機動部隊ノ出動ヲ捕捉シテ之ニ殲滅的打撃ヲ与フベキ乾坤一擲ノ大決戦ヲ敢行シ、敵ノ再起ヲ少ナクトモ一ケ年乃至一ケ年半ノ間不能ナラシメ、同時ニ最モ活潑ナル外交政略戦ヲ展開シ、敵ヲシテ遂ニ戦意ヲ挫折スルニ至ラシムルコト現戦争完遂ノ唯一ノ方途ナリ。ソレガ為ニハ最モ急速ニ全国力ヲ決戦必勝ノ戦備確立ニ集中スルヲ焦眉ノ急務トシ、ソノ為ニ戦争指導態勢ヲ根本的ニ刷新シ人心ヲ一新スルヲ不可欠トス」と、「戦争指導の刷新→決戦における勝利→名誉ある和平」というシナリオを描いていた。そして、具体的方法として、陸軍機三〇〇〇機を海軍の指揮下に入れること、陸軍の工場を一時的に海軍機生産に使用すること、陸海の資材配分比率を六対一〇にすることといった、極端な海主陸従主義を主張し、現在の戦局はこの程度の「非常措置」を要請するとした。さらに、「戦争指導刷新論」は、海軍上層部が「政局ノ転換ヲ絶対ニ不可トナシ、不可欠ノ転換ヲモ荏苒遷延ニ委シ、或ハ又徒ラニ後継難ヲ説イテ現状維持」に陥っていると非難し、その態度を「敗戦的態度」と呼んだ。

このような彼らの不満は、海相の更迭に反対する東条首相にも向けられた。陸軍の東条首相が、内閣総辞職を回避するため、陸軍に「協調」的な嶋田海相を必要としていたからである。つまり、高木少将らの主張は、東条内閣打倒による早期和平の実現というよりも、戦局挽回のための海相更迭・東条内閣打倒というものであり、決戦に勝つことを何よりも重視していたのである。四月二二日、連合艦隊司令長官の豊田副武が高木少将に対し、「戦局ノ挽回ハ成算ガナイ」、「陸軍ノ飛行機ヲ振向ケルニシテモ最早間ニ合ハヌ」、「対独対米ノ外交的措置ハ即刻打タナケレバナラヌ」と戦局の実情を率直に語ると、高木は腹心の矢部貞治に対し、「決戦に臨んで政局の変更も困る」と従来の態度を方向転換させたばかりか、「逃げるわけではないが、このまゝいゝ加減な態度で応対してゐるのは良心が許さ」ないとして、今迄の意図を放棄したいとまでうち明けている[22]。このような認識は高木だけのものではなく、高松宮も、四月一日、「作戦上ノ見地カラ今東条ヲ替ヘルコトハ考ヘモノデハナイカ」と述べていた。これは、高松宮や高木少将らが、近い時期における決戦を察知し、航空兵力の統合が決戦までに間に合わないことに気づいたからであろう[23]。

海軍出身の重臣である岡田啓介や米内光政も、この高木少将らの動きと連携して海相更迭運動を行った。岡田大将は、二・二六事件の時に襲撃されて九死に一生を得た苦い経験があり、開戦時から日米の国力差を考えて戦争の前途を悲観していた。岡田大将は、対外的にはなるべく良い形で「戦局収拾」を行い、対内的には、「腹芸」によって実現可能性のある時期と方法で国家を救いたいと考えていた[24]。腹芸・戦局収拾論と考えてよい。岡田は、海軍には珍しく政治的感覚に富み、岡田貞外茂（軍令部作戦課）、瀬島龍三（参謀本部作戦課）、迫水久常（大蔵省総務局長）といった長男・親戚筋から戦争の実態に関する機密情報を入手し得る強みをもっていた。また、海軍大臣であった時には、米内を抜擢した経緯があり、海軍省で政策を担当していた矢牧章（軍務局第二課長兼調査課長）も岡田の影響下にあった。岡田は、米内光政と末次信正を現役復帰させ、米内大臣・末次総長のコンビで海軍を建て直したいと考え、六月三日、犬猿の仲にあった両者を呼んで和解させた。さらに、海軍部内に多大な影響力を持っていた伏見宮を二度にわたり訪問し、米内の現役復帰の必要性を説いた[25]。

一方、重臣の中でも近衛文麿だけは、東条と対立する陸軍皇道派のグループと連携して、別の動きをみせていた。近衛は、日本の敗戦と戦後の責任問題を見越して、なるべく良い形で降伏することによって戦後の皇室の立場を有利にしようと考えていた。対米降伏・国体護持論である[26]。そのため、降伏の時期についての考え方も、国民の生命や国家の降伏条件よりも、国体の護持の方に重点が置かれていた。近衛は、「せっかく東条がヒットラーと共に世界の憎まれ者になってゐる」のだから、東条に全責任を負わせるため、ある時期までは、「このまゝ東条にやらせる方がよい」と考えた。さらに、国民は戦争に負けているということを知らないので、「誠に申訳けないが、一二度爆撃を受けるなり、本土上陸をされ」ないと、国民が降伏を受け入れないのではないかともみていた[27]。そこで近衛は、戦争終結の方法として、天皇のイニシアティブによって陸軍皇道派を起用し、東条ら統制派を粛正することによって対米降伏に持ち込もうとする[28]。戦争継続を主張する東条派を粛正することは、日本側が自主的に軍閥を排除することにより、戦争の責任を東条派に押しつけ、連合国側に協力したという立場をかちとることができるかもしれなかった。ところが、皇道派と呼ばれた真崎甚三郎（予備役陸軍大将）、柳川平助（予備役陸軍中将）、小畑敏四郎（予備役陸軍中将）らのグループは、二・二六事件に関係があったと考えられていたため、二・二六事件で側近を殺されていた昭和天皇は、皇道派の起用を好まなかった。六月一五日、木戸内大臣から近衛の意見を聞いた昭和天皇は、皇道派の真崎大将を評して、「参謀次長の際、国内改革案の如きものを得意になり示す。中に国家社会主義の如き字句あり、粛正を求めたることあり」と否定的意見を述べ、翌日には「対ソ強硬論者の進出起用のソに与ふる影響は深き考慮を要す」として、対ソ強硬論者である皇道派の起用がソ連を刺激するとして反対した。この昭和天皇の発言を伝え聞いた真崎大将は、「予ガ国家社会主義者トハ何処ヨリ割出シテ出デ来ルモノニヤ」と憤激し、側近の木戸内大臣の讒言であろうと怒った。(29)

昭和天皇の入手する政治情報は、天皇の政治面を輔佐する役割を担っていた木戸内大臣が管理していた。木戸内大臣の最大の強みは、「雑音」を嫌う昭和天皇に対し、「世論」を昭和天皇の耳に入れることができたことである。「雑音」とは、統帥部や内閣といった公的な情報ルート以外からの情報であり、明治憲法を「立憲」的に運用しようとする昭和天皇は、この私的な「雑音」に左右されたと批判されることをおそれ、それを遠ざけた。(30)高松宮の言葉を借りれば、「内大臣ハ政治向キ、武官長ハ軍事、宮内大臣ハ宮中関係、侍従長ニハ側近ノコト〔ト〕云フ風ニ全クソレカラ少シデモ出タコトヲ申シ上ゲレバ御気色悪ク、自ラモ決シテ仰セニナラヌ」というように、政治に責任のない人間が政治問題についてふれると、昭和天皇は不快感をあらわにしたのである。(31)他方、天皇の政治向きの相談相手である内大臣が天皇に報告する「世論」は、公私を厳密に区分しようとする昭和天皇にとっても、無視し得ないものであった。一九四三年八月八日、木戸内大臣は、岡田大将の使いとして来た迫水久常に対し、内大臣の職責は「世論」を映す「鏡のようなもの」であって、個人的な意見では天皇に取り次ぐことはできないが、もし世論が東条内閣に反対ということになれば、天皇に取り次ぐと述べた。この発言に対し、迫水は、新聞は検閲で口を封じられており、議会は翼賛政治であり、「内心東条に反対しているものはいても、表に出せる状態でない」と反論すると、木戸は「世論というのは、そういう形の上のものばかりでもあるまい。たとえば重臣たちが、一致してあることを考えたとする、それも一つの世論ではないか」と意味深長な暗示をした。政治的に中立・公平であるべき内大臣が、政府や統帥部以外からの情報に基づいて天皇に進言するためには、形式上、「雑音」を「世論」に変換することが非常に重要であった[32]。

このような木戸の態度には当時から批判があった。近衛文麿の周辺で早期降伏を画策していた細川護貞は「何故御上がかく東条を御信頼遊ばさるゝやに就いては、一切真実を申し上ぐる者なき為ならん。新聞も木戸候も閣僚も、皆、政府の報告以外に申し上げざる為なり」と天皇の接する情報の偏りを憂慮していた。さらに細川は、木戸には「私心」があると批判し、東条の次に陸軍の寺内寿一を持ってくることで、「責任を多少なりともボカし、次いで和平内閣に持ち行かんとの下心」があるのではないかと疑った。ここでいう「責任」とは、木戸が開戦前に東条を首相として推薦し、戦争中は、「東条を弁護した責任」のことである[33]。東条の責任問題は、木戸内大臣の責任問題になりかねなかった。その木戸の東条に対する態度は、一九四四年四月頃から、東条内閣後の政局をにらんで徐々に反東条側にシフトしていった。三月には、「東条ノコトヲ彼是謂フガ一体私ニドウセロト云フノカ。奏請ノ責ヲ取レトイフノカ。ソレナラバ如何ナル人物デモ年月ヲ経レバ評判ハ悪クナル」という態度だったのが、四月には東条のことを「不熟慮断行」などといい「非常ニ悪ク」言うようになった。この態度の変化の理由については、木戸が戦局と東条に見切りをつけていったためであろうと思われる[34]。そして、木戸は、政変の場合にも政治的主導権を確保できるよう、反東条派の重臣と連絡する一方で、岸信介や松前重義、石川信吾らが画策する長州系の寺内寿一内閣樹立運動に加担していった[35]。

第二節　サイパンの陥落と反東条運動

六月一五日、米軍はサイパンに上陸した。これは、日本側の予想よりも数ヶ月早いものであったが、陸軍の第四三師団は、その約一ヶ月前の五月一九日にサイパンに到着していた。第四三師団の輸送が成功した時、東条総長は大いに喜び、軍令部作戦部長の中澤佑に対して「サイパンの防衛は、これで安泰です」と述べていた(36)。参謀本部の作戦部長真田穣一郎、作戦課長服部卓四郎も陸上戦に自信をみせ、「此ノ堅固ナル正面ニ猪突シ来レルハ敵ノ過失ニシテ必ズ確保シ得ベシ」と断言していた(37)。海軍の連合艦隊は、日本陸軍の陸上戦を信頼し、米輸送船団ではなく米機動部隊撃滅を目標として「あ」号作戦を実施した。昭和天皇も、この作戦に期待を寄せ、「日本海海戦ノ如キ立派ナル戦果ヲ挙グル様作戦部隊ノ奮起ヲ望ム」と激励した(38)。だが、このような敵を軽視した楽観的観測は、数日のうちに悲劇的な結末を迎える。陸上では米軍の火力に圧倒され、海上ではマリアナ沖海戦で空母三隻を失うという壊滅的損害を蒙ったのである。陸海軍首脳に与えた心理的影響は相当なものがあり、東条は東久邇宮に辞意を漏らし、連合艦隊司令長官豊田副武も辞職を申し出たほどであった。

軍令部（大本営海軍部）の首脳は、海軍の他の部課に対しても損害を隠蔽しようとした。「大鳳」や「翔鶴」の沈没は、厳重な親展電報で中央に報告された。海軍次官の沢本頼雄は、「軍令部は、損害をヒタ隠しとなし、大臣丈けに示し、海軍省側には誰にも示さざる」と怒り、海軍省軍務局第一課長の山本善雄は、「軍令部は血迷ったか何も見せぬ。修理するにしても予め準備せざるべからず。こちらにては大に建直しを計画しあるに係はらず、無知にて出来ず」と憤激した(39)。

日本国内の意見は、サイパンを奪回するか、放棄するかで二つに分かれた。サイパンが陥落した場合には、本土が

B29の爆撃圏に入り、軍需生産が困難となる。そこで、陸海の全航空戦力を投入し、二個師団を逆上陸させ、サイパンを奪回すべきであるという意見が台頭した。当初、軍令部も奪回作戦に積極的であったが、マリアナ沖海戦の損害が判明するにつれて、しだいに消極的となっていった。参謀本部も勝算のない作戦には反対した。事実、サイパンに二個師団を輸送するためには、米軍から一時的に制空権を奪う必要があったが、制空権確保の目途が立たず、二個師団が海没する可能性がきわめて高かった。また、仮に奪回作戦が成功したにしろ、航空兵力の消耗により、米軍の第二次攻撃には耐えられなかった。さらに、サイパン周辺のテニアンやグアムにも米軍は飛行場を建設することが可能であり、サイパンだけを確保すれば良いというわけでもなかった(40)。作戦上の打算性のみを考えた場合、軍令部と参謀本部の結論は妥当なものであったといえる。一方、高松宮や軍需省の大西瀧治郎中将、海軍省の高木惣吉少将などは、本土防空用の航空機や練習機をも投入した奪回作戦を主張した。サイパンが陥落した場合には本土がB29の爆撃圏に入り、戦争の継続が困難となるため、一か八かの決戦を主張したのである。作戦上の打算性よりも、サイパン確保の必要性を重視した主張であった。

サイパン陥落という戦局の転換点で、昭和天皇は政治的な動きをみせた。すなわち、六月二四日、東条参謀総長と嶋田軍令部総長は、サイパン奪回作戦を断念する旨上奏したが、昭和天皇はこの上奏を裁可せずに、この問題を元帥府に諮詢したのである。これは異例のことであった。六月二五日、昭和天皇の臨席の下、元帥府会議が開催され、昭和天皇と各元帥（伏見宮、梨本宮、永野修身、杉山元）の間で次のようなやり取りがあった。

（杉山元帥）昨九月三〇日決定線、遺憾。「サイパン」ヲ敵ニ与ヘタルトキノ国防態勢全般ノ作戦指導上ニ与ヘル影響極メテ大。何ントシテデモ敵ニ「サイパン」ヲ渡サナイト云フコトニ凡有力ヲ注ガナケレバナラナイ。他方、然ラバ戦略上ノ要求カラ之ヲ実行スル為メニ、確算アリトスルナラバ出来ル丈ケノ戦力ヲ投入シテ努力セナケレバナラヌガ、彼我航空勢力ノ関係ハソレヲユルサナイト思フ。昨日上奏申上ゲマシタ案ノ様ニ指導セラルヽコトガ適当デハナイカト存ジマス。

（永野〔元帥〕） 一、「サイパン」ノ戦略的価値ニツイテハ今更申上グル迄モアリマセン。二、昨日両総長ガ上奏イタシタ案以外ニ手ハナイ。・・・《ママ》ノ力ヲ発揮ノ為。三、之ヲ実行スルニ迅速ヲ要スル、就中航空、陸軍航空、海軍ノ航空モ統一指キ、両者一体トナリ十分ノ力ヲ発揮出来ル様ニ致サネバナラヌト思フ。

（杉山〔元帥〕） 両総長ヨリ新方策ヲ上奏シアルガ、我国防圏ハ健在シアリトスルモ敵ハ後方内部ニグン〳〵入ッテ来ル、縦深戦力ノ保持ガ必要ト思フ。

参謀総長ヨリ　本日ハ陛下ガ議長。

（杉山元帥） 国防圏、防備、敵ニ「サイパン」ヲトラレタコトハ戦争上、内地、台湾、比島ニ及ボス影響、B24、B25、作戦上カラハ奪回シタイ、払イ落スコトハ容易ナラズ。二千数百K〔キロ〕ノ輸送、二ヶD〔師団〕ノ輸送思ヒ半バニ過ク、又「ガタルカナル」ノ例、二ヶD出シテモ「グラマン」×二〇キガ現ニ「アスリート」飛行場カ《ママ》来テキル。制空、制海権、案ノ実行性ハナカナカナイ。結論、作戦上ハ奪回シタイガ現状上ハ努メテ確保ノ方針デ行カネバナラヌカラ原案ニ同意スル。

永野元帥　杉山ト同様今日ノ状況ニナッタコトハ遺憾デアル。「サイパン」奪回ニ成算ヲ度外視〔シ〕テ冒険ヲ行フコトモ一案デアル、ガ、ソノ貫〔敢〕行ガ出来ナイナラ今度ノ案モ次案デアル。傷イノハ内地ト南方トノ管ヲ叩カレルコトナリ。最小時間。航空ノ活動ハ陸軍、海軍、如何ナル場所ニモ之ヲ活用可能ナル如ク持行キ度。

梨本宮　両元帥ノ所言テ尽テヰルカラ私カラ更メテ云フコトナシ。

東《ママ》伏見宮　両元帥ノ申上ゲタコトデ□《〔可?〕》ナル。今後陸軍、海軍ノ航空ガ一層緊密ニナッテ敵ニ当ラレ度、対策トシテハ両総長ノ案デ可、慎重ニ研究セラレタコトト思フカラソレデ結構。

陛下　外ニ発言アルカ。
（杉山〔元帥〕）国防圏ノ対策、本土西南諸島ノ防衛ハ迅速ニ実行サレ度。奥地進攻ニ来ル、防備ハ従来一線ノ
　薄ッペラナ防備デヤッテ来タガ後方ニ縦深配備ヲトラレ度。
〔昭和天皇〕　元帥府トシテノ意見ヲ纏メテ呉レ(41)。

全ての元帥が統帥部の上奏を支持したのに対し、昭和天皇は「外ニ発言アルカ」と暗にサイパン奪回論を求めた。さらに、昭和天皇は、暗に、統帥部の意見とは異なる「元帥府トシテノ意見」を要求した。だが、昭和天皇の意に反し、元帥府も統帥部の上奏を支持したため、昭和天皇はサイパン放棄の上奏を裁可した。昭和天皇は、この日の夜、皇居内において蛍を眺めて気持ちを紛らわしている(42)。昭和天皇は、統帥部と元帥府の意見が割れた場合には、統帥部に再考を求め、可能であればサイパン奪回作戦を決行しようとしていたのだろう。昭和天皇は、日本側の損害は正確に把握していたが、同時に、戦果を過大評価する統帥部の報告にも接しており、奪回作戦には成算があると考えた。また、サイパン奪回論者の批判が、統帥部を信任する天皇に向かうことを回避するため、サイパン放棄の決定に際し、政治的中立性を確保する必要もあった。昭和天皇にとっては、統帥部と元帥府が一致してサイパン放棄を上奏したという形式が何よりも重要であった。

サイパン放棄の決定は、日本国内に衝撃を与え、政局は一挙に流動的なものとなった。本来であれば、軍の作戦方針を批判することは天皇の統帥権に干渉することと同義であったが、東条と嶋田が統帥権独立の伝統を破って統帥部長を兼任していたことは、公然と彼らを批判する絶好の口実となった。さらに、当時の風潮としては、強気な精神主義の方が、弱気な合理主義よりも好まれる傾向にあり、サイパン奪回という威勢のよいスローガンは、作戦当局者を難詰するのに都合がよかった。海軍省教育局第一課長の神重徳大佐は、「軍令部は意気地がありましェ《ママ》ん。サイパンを取り返す、是が非でも取り返して見せると決心もしないでおいて、やれ飛行機が足りないの、やれ油がどうのと泣

言ばかり並べてます」と非難した。そして、神大佐の周辺では、嶋田海相を自動車事故に巻き込み負傷させるというテロ計画が練られた[43]。六月二四日、神大佐の上司にあたる高木教育局長は、重臣の岡田啓介に対し、東条・嶋田では負け戦が続くと述べ、「是カラハ或ハ閣下方ノ非常ニ遺憾ニ御考ヘニナル事態ガ続発スルト想像シマスガ、夫レハ御赦シヲ願ヒタイノデアリマス」とテロを暗示した。岡田大将は、この発言に驚き、額に汗を浮かべて、「夫レハ飛ンデモ無イコトダ。今我々ハ湊川ノ大楠公ノ心境ヲ以テ善処シナケレバナラヌ秋デアル」と述べ、湊川の楠木正成の故事を引いて自重を説いた。だが、高木局長は、海軍の興廃と国家の興廃を同一視しており、「今日万一海軍敗レ去ッタトスレバ後ニ果シテ何ガ赤坂ヤ金剛山ニ残リマスカ」と述べ、考え方を改めなかった。この高木の脅迫は、重臣の岡田大将の政治工作を促進させ、六月二七日、岡田は東条に対して海相の更迭を要求した[44]。

サイパンを見殺しにしたことで東条・嶋田に対する批判が高まると、木戸内大臣はそれに同調して、重臣や皇族、議会、海軍中堅層の東条批判を煽るようになった。木戸は、重臣の近衛文麿に対し、反東条の「空気」を歓迎するとして、近衛も皇族を動かすよう依頼し、翼賛政治会の代議士に対しては「やれやれ」と扇動した[45]。さらに、高木海軍少将のブレーンであった矢部貞治に対しても、「動いて来れば（直接行動も結構）梶はこっちで取る」と自信ありげに語った[46]。

木戸内大臣と近衛との間では、後継内閣の人事について話し合われていた。七月八日、近衛は木戸に対し、「岡田、末次、小林［躋造］各大将の意見を聴くに、艦隊決戦には万々一の僥倖なしといえず、国内関係よりいうも今日直ちに和平をなすことは至難なり。即ち、最後の落着点は大体見透し得るも、国民に万やむことを得ずという諦めを懐かしむる必要上、艦隊決戦ぐらい実行する中間内閣の出現も致し方なきやも知れず」と述べた。それまでの近衛は、戦争の責任が曖昧になることをおそれて中間内閣に反対し、停戦内閣の樹立を主張していたが、海軍や国民を納得させるためには数ヶ月間の戦争継続もやむを得ないと考えるようになっていた。木戸はこの近衛の意見に同意して「寺内

「寿一」はどうだろう」と寺内内閣案を提案し、近衛は寺内案を名案とは思わなかったが強いて反対しなかった。[47] 木戸と近衛は、東条内閣の後に中間内閣をつくり、その内閣で決戦を行い、海軍と国民にあきらめを抱かせることで、停戦への流れをつくろうとしていたのである。

重臣グループの動きに押される形で、皇族も政治的な動きをみせていた。六月二六日、伏見宮は嶋田海相に対して辞職を勧めたが、嶋田海相は海相が辞職すれば内閣はもたないとして断った。[48] この時、伏見宮が嶋田に対して強く辞職を勧告できなかったのは、昭和天皇から「この人事の為に、東条内閣を倒す事は困る」と釘を刺されていたからである。[49] 一方、弟宮の高松宮は、七月一二日、木戸内大臣の意を含んで東久邇宮を訪ね、統帥権の独立を昭和天皇に進言するよう勧めた。そこで、東久邇宮は、翌日、朝香宮邸に行き、兼任制の廃止や大本営の一元化、さらには「和平の場合に於ける今上陛下御退位の件」について話し合った。そして、天皇に拝謁を願い出ると同時に、陸軍省の佐藤軍務局長に対して大本営の一元化を提案した。[50]

七月六日、翼賛政治会は代議士会を開催した。そこでは、「「陸海軍ニツイテ来イ」「政府ニツイテ来イ」ト云フカラ其ノ通リヤッテ居レバコノ為体デハナイカ」、「コンナ事デ勝テルカ」、「倒閣シテ勝テルナラ死ヲ賭シテモヤル」と軍首脳部への批判が相次いだ。[51] サイパンの陥落により、軍事情報を独占する軍首脳への信頼は失われていた。七月一〇日、重臣であり翼政会総裁でもある阿部信行は、東条に対して、兼任制の廃止と重臣の入閣を進言した。この阿部の進言の背後には、和平を考えていた翼政会幹部派の前田米蔵らの動きがあった。他方、反幹部派の中谷武世、赤城宗徳らは、東条内閣の閣僚であり軍需次官でもある岸信介に接近した。[52] 中谷らは、東条では戦争に勝てないと岸を説き、岸は、七月一〇日、木戸内大臣と連絡し、翌日、「東条から辞職を求められた場合、これを拒否して内閣不統一で東条内閣を引き倒す」と打ち明けた。[53]

七月一三日午後一時、木戸内大臣は東条に対し、「今日の問題は既に一内閣の問題にあらず、一歩誤れば御聖徳に言及批判する傾向を激化する虞れあり」として、①専任総長の設置、②嶋田海相の更迭、③重臣の「包擁把握」の三点を要求した。木戸内大臣は、東条に対する批判が天皇・内大臣に対する批判に転化することをおそれていた。この木戸の意見を聞いた東条は、その日のうちに拝謁して、昭和天皇の内意を確認した。この時の昭和天皇の東条に対する発言は、木戸日記に次のように残されている。

御召により七時過、御文庫に出仕、拝謁す。其の際の御話に東条首相は四時半参内、拝謁の際、木戸に話たることを述べ、且つ木戸の意見を述べて之に対する御聖慮を尋ねたる故、左の如く述べ置きたりとの御話なりき。即、第一、統帥の確立については此際行はざれば大物に動《ママ》く虞れある故、考慮せよ。第二、嶋田については、東条は部下がと云ふも、部下のみならず伏見元帥宮が御動きになりたる事実もあるにあらずや。第三の重臣云々は、前の二点に比すれば問題にあらずと思ふ云々。(54)

昭和天皇と木戸内大臣とでは東条内閣に対する態度が微妙に異なった。昭和天皇の発言は、皇族の政治的な動きを指摘する形式をとっている。第一の「大物」とは軍事参議官の東久邇宮と朝香宮のことであり、兼任制を廃止しなければこの両皇族が政治的に動くことを警告している。(55)第二に、伏見宮が嶋田に対して辞職を勧告したことを指摘している。そして、第三に、「重臣云々は、前の二点に比すれば問題にあらず」と述べ、重臣の入閣を重要視しない態度を打ち出したのである。この発言は東条から嶋田へも「第一、第二の問題は木戸の述べたる様、取計はれ然るべし。第三の問題は必しも執着するを要せざるべし。島田はよくやって居るが、軍令部育ちだからね」と伝えられており、昭和天皇と木戸とでは重臣入閣問題に対する態度が異なることは明らかである。(56)また、昭和天皇の発言は、内閣と統帥部に対する不信任とも、統帥部だけに対する不信任とも解釈することができた。東条から昭和天皇の発言を聞いた嶋田は、即座に海相辞任を決意した。(57)その一方で、海軍首脳部は、米内光政を海相に就任させて政策を転換するのではなく、形式的に海相を人事交代させる方針をとった。当初、海軍次官沢本頼雄の大臣昇格も検討されたほどで、沢本次官は「現在世間が大臣を非難しあるは、島田大将個人に非ずして海軍首脳部に対する不平なり。然るに島田大臣去りて後に、沢本次官が大臣となる如きことあらば、非難は益々火の手を上げ、不満は愈々増大すべし」と断った。(58)そこで、海軍上層部は嶋田の後任に呉鎮守府長官の野村直邦を呼び寄せた。(59)また、東条も、形式的に兼任制を廃止することにし、参謀次長（高級次長）の後宮淳を参謀総長に昇格させようとした。このような東条と嶋田の形式的対応に対し、内大臣秘書官長の松平康昌は、「東条に対して統帥云々と言っても、結局、それは全部不信任という意味であるのに、こういうふうに考えるとは呆れる外ない。私の観測では内大臣は困った立場になったと思う。内大臣はとにかく統帥と言ったのだから……。それも米内とか末次とかを持って来るならよいが、自分が好き勝手になる者だけ連れて来て、陸海統帥部を固めるということになると、内府は、此の点は、それもいけぬと言えない苦境に立つ訳である」と批判した。(60)重臣の岡田啓介も、「形式ガ整ヘバ夫レヲ斥ケルコトハ出来ナイ」と倒閣の決め手に苦慮していた。(61)

東条は、参謀総長を辞職するに際し、大本営の改革に乗り出した。東条の総長辞任は、日本の敗色が濃くなったことを国外に示すことにほかならず、「世人ハ政界ニ押サレテ止メタト取ル。外国ヘモ容易ナラザルコト、ナル」ことが予想されていたため、東条は何らかの形で積極性を持たせようとしていたのである。(62)七月一五日の東条の秘書官の日誌には次のような記述がある。

一六、四〇　一六、五〇　書記官長外、赤松〔貞雄〕、鹿岡〔円平〕、井本〔熊男〕秘書官を招致、陸海軍の一体化に付、大本営の編制に改正を行ひ、両総長の上に大本営幕僚長を基き《ママ》、陸海軍の綜合戦力発揮に関し、両総長を区処し得る如くし、初代幕僚長に伏見宮殿下を仰ぐこととし、更に連絡会議の現制を改め、所要の閣僚（総理、陸海軍大臣の外、外務大臣、軍需大臣及特定の国務大臣）を特に大本営に列せしめらることに致度旨を開陳し、直に両軍務局長を招致、研究を進むることとす。

一七、〇〇　一七、三〇　岡海軍省軍務局長、次で佐藤陸軍省軍務局長来訪、前項に付協議す。(63)

これは、両総長の上に大本営幕僚長を設置し、大本営を一元化する構想である。前述の東久邇宮の要求が受け入れられているとみてよい。また、この構想の特徴は、海軍の伏見宮を大本営幕僚長にすることだけではなく、大本営の構成員に「特定の国務大臣」を加えることにあった。これは、重臣の阿部信行と米内光政を国務大臣として入閣させ、国務大臣の資格で予備役のまま大本営に加えることを意味していた。ところが、この大本営幕僚長制は、海軍側の反対にあった。伏見宮の政治的な動きに警戒していた海軍上層部は、反東条・反嶋田グループの陰謀と考えて反対を表明し、岡田啓介も、皇族の伏見宮を利用した海軍支配につながるとして警戒した。そこで、東条は、伏見宮を大本営幕僚長にすることを断念し、米内を国務大臣として入閣させて大本営の構成員とし、米内を海相として擁立しようとする動きを切り崩そうとした。(64)

七月一七日、昭和天皇と皇族の朝香宮、東久邇宮の間でも大本営幕僚長制が話し合われた。陸軍大将であった朝香宮と東久邇宮は、海軍大佐であった高松宮とは異なり、軍事参議官の資格で公的に拝謁することが可能であった。この時、東久邇宮は、兼任制の廃止と大本営幕僚長制の設置を次のように進言した。

私［東久邇宮］　わが国運の分るるこの重大な作戦にあたり、この大切な時機に、総理大臣が陸軍大臣、軍需大臣を兼務している上、参謀総長をも兼ねているのは不合理である。それがため、作戦の指導宜しきを得ない。すべからく専任の参謀総長を置き、作戦に専念せしめなくてはならない。

陛下　政府もこの点を考え、専任の参謀総長を置くことにした。

私［東久邇宮］　大本営幕僚長一名を置き、その下に陸海軍部を設けるようにしたい。現在、太平洋は日米の決戦場であるから、この太平洋上の海戦が日米の勝敗を決する。故に、この幕僚長は海軍からもって来るのが適当である。陸軍は今までの優越感を捨てて、大いなる度量をもって、この海軍の幕僚長のもとに海軍と一身同体となり、この決戦を勝ち抜かなくてはならない。

陛下　それは良い考えであるが、幕僚長に適当な人がないので困る。

私［東久邇宮］　伏見元帥宮はいかがでございますか。

陛下　伏見宮は健康が許さないからいけない。米内（光政、海軍大将）はよいけれども予備役であるから、現役に復さなければならぬので、いろいろ困難がある。永野（修身）元帥は適任ではない。この案は理想案であるけれども、適任者がいないので実現がむずかしい。どうも現制度でやって行くほかないようだ。しかし、なお研究してみよう。海軍がサイパン島を失ったのは、資材をすべてラバウルに用いて、サイパンの防備を厳にしなかったからで、海軍の作戦の誤りであった(65)。

東久邇宮の主張する大本営幕僚長制とは、天皇と大本営陸海軍部との間に大本営幕僚長を置き、陸海軍の意見が一致しない場合の決定をゆだねようとする制度のことであった。すなわち、大本営幕僚長制は、従来の陸海軍並立の伝統を崩し、陸海軍の戦略を一元化しようとする試みであった。昭和天皇は、この大本営幕僚長制に対して、「それは良い考えではあるが、幕僚長に適当な人がないので困る」と人事を理由に慎重な態度をとっている。おそらく、昭和天皇は、大本営幕僚長制の利点よりも、それに対する不安感が先だったものと考えられる。大本営幕僚長が設置された場合、天皇自身の政治的な意向が、その人物の意見に大きく左右されることになるからである。昭和天皇は、それだけの権力を付与してもよいと考えるほど信頼し得る「適当な人」を見いだせなかった。

東条は重臣を国務大臣（無任所大臣）として入閣させるため、国務大臣の岸信介に辞職を要求した。岸は「所要の向に連絡の上、更《あらた》めて回答」するといって態度を保留し、七月一七日午前一〇時半、木戸内大臣を訪問して進退について相談をした。同日一一時三五分、東条のところに戻った岸は、急に反旗を翻し「重臣の若干が入閣せずんば、辞表を提出せず、若し重臣が入閣せざる以上は、総辞職を至当とすべく、其の場合に関しては、明日の閣議に於て緊急動議を提出すべし」と述べ、重臣が入閣しない場合には総辞職すべきだと主張したのである。岸と東条との間の激論は約一時間半に及び、東条腹心の四方諒二憲兵隊長は岸を脅迫した(66)。このような岸の動きは、議会勢力に即座に伝わり、七月一七日午後、衆議院書記官長の大木操は「岸と木戸ですっかり工作が出来ている。いくら頑張っても、岸が閣内自爆の決意だからダメ」という話を聞いている(67)。岸の言動によって、重臣の入閣は内閣改造の必須条件となった。

七月一七日午後四時、木戸内大臣は、重臣グループの意見を「世論」として天皇に伝えたいと思い、近衛に対し、重臣の意見をまとめることを要請した。すなわち、「重臣が集まって、斯々の意見が闘わされたということは一個の政治事実」であり、そのような事実があれば天皇に取り次ぐと述べたのである。そこで、近衛は、大急ぎで同日の午後六時半、重臣である若槻礼次郎、岡田啓介、広田弘毅、近衛文麿、平沼騏一郎、阿部信行、米内光政の七名を集めて重臣会議を開催し、阿部を除く六名が内閣改造に反対した。同日午後九時半、岡田は、木戸内大臣を訪問し、その私邸において「此の重大なる時局を乗り切るには、人心を新にすることが必要であります。国民、皆相和し、相協力し、一路邁進する強力なる政府でなければならぬと思います。一部改造の如きは何もならぬと存じます」という重臣の上奏文を作文した(68)。木戸は、重臣らの動きを天皇に伝え、内閣改造を阻止しようとしたのである。

内閣改造の成否は、重臣の米内光政が入閣するかどうかが決め手となった。米内の自宅には、反東条の翼政会代議士が大勢詰めかけ、玄関で万歳をするような状況であった(69)。七月一七日夜、米内邸には、陸軍からは佐藤軍務局長が訪れて入閣を要請し、海軍からも岡敬純軍務局長が訪れて入閣を懇願した。だが、米内は、現役復帰・海相就任を要求し、国務大臣としての入閣を断った。さらに、午後一〇時半には、野村直邦海相が一時間以上にわたり、米内の説得を試みたが、米内は首を縦に振らなかった。この時、米内は、すでに他の重臣達と入閣拒否を申し合わせていたのである。七月一八日午前零時五分、東条首相は、海軍の岡軍務局長から米内の入閣拒否の意思が固いことを知り、「米内大将の入閣は絶望と判断、万策尽き総辞職を決意」したのであった(70)。東条は、米内が入閣しない以上、重臣や議会、岸信介等から協力を取り付けることができず、内閣総辞職するしかないと判断したのである。ここに一九四一年一〇月の組閣以来、二年九ヶ月にわたって続いた東条内閣は倒れた。東条の腹心であった陸軍省の佐藤軍務局長は、「平家盛んなれば平家につき、源氏興れば源氏につく」ような木戸内大臣の「変心」に憤りを感じたという。(71)

第三節　昭和天皇と小磯内閣

一九四四年七月二二日、小磯・米内連立内閣が成立した。この内閣の顔ぶれは、必ずしも反東条グループの思惑に沿うものではなかった。後継首相の選定を行った重臣会議では、第一候補に寺内寿一、第二候補に小磯国昭、第三候補に畑俊六と決まり、寺内寿一（南方軍総司令官）を中心とする長州系内閣が実現されるかにみえた。だが、参謀総長を辞任する直前の東条が、参謀総長の資格において、寺内司令官を第一線から呼び戻すことは軍事作戦に支障をきたすとして反対した。昭和天皇も、この東条参謀総長の主張を認めたため、第二候補の小磯国昭（朝鮮総督）ということになった。この時、小磯に不安を覚えた近衛は、小磯と米内の連立内閣にすることを主張し、昭和天皇もそれを認めたため、米内は副首相格として入閣することになった。(72)

小磯首相は、組閣に際して、後に内閣総辞職の原因となる二つの政治的な失敗をおかした。第一に、陸軍大臣を兼任しようとしなかったことである。予備役の陸軍大将であった小磯首相は、現役復帰して陸相を兼任するよりも、首相が大本営に発言権を持って列することが重要であると考えた。(73)そして、大本営政府連絡会議を最高戦争指導会議と改め、首相が統帥に関与する道を開こうとした。第二に、昭和天皇の信任の有無を十分に理解することができなかった。実は、昭和天皇は、小磯首相を組閣時からあまり評価していなかったのである。昭和天皇は「小磯は三月事件にも関係があつたと云はれてゐるし、又神がゝりの傾向もあり、且経済の事も知らないから、稍々不安はあつたけれど、米内平沼の二人が勧めるので、不本意乍ら、小磯に大命を下すことにした」という[74]。このような昭和天皇の評価とそれに対する小磯首相の認識不足は、後に小磯内閣の命運を左右することになる。

陸軍大臣には杉山元が就任し、参謀総長には梅津美治郎が就任した。当初、陸相には、東条陸相がそのまま留任するのではないかと予想された。だが、前首相の東条が陸相として留任した場合、小磯新首相の立場は困難なものとなりかねない。この点、昭和天皇は「陸相には結局東条が居据《ママ》ると云ふことになるにあらざるか」と心配していた。このような空気を察したのであろう、新たに参謀総長に就任した梅津美治郎は三長官会議の席上、東条陸相に辞職を勧告し、東条は予備役に編入されることになった[75]。そして、杉山元は、「大臣になり度くなかつたけれ共、東条を退ける意味で、無理に引受けた」という恰好になった[76]。東条が陸相を辞めたとはいえ、小磯が陸相に就任しなかったことは、重臣達の期待を裏切るものであった。近衛文麿は、「重臣会議が小磯大将を推薦したるは結局、統帥、国務の一元化を期待したるものたることはいうまでもなし。小磯が現役に復帰し大本営の一構成員たるにあらざれば、全く意味をなさず」と落胆した[77]。また、参謀総長の人事については、東条内閣末期に、東条は当初、参謀次長の後宮淳を推薦したが、昭和天皇が「もつと大物を出せといふ意見はなかつたか」と述べたため、東条は昭和天皇の意中を察して、梅津を推薦したという経緯があった[78]。

他方、海軍大臣には米内光政が就任し、軍令部総長には及川古志郎が就任した。この海軍の人事にも、昭和天皇の意向が大きく働いていた。第一に、予備役の米内光政が、海相に就任するには、現役復帰の必要があり、その現役復帰を可能にしたのは昭和天皇の「内意」であった。組閣にあたり小磯首相は、海相の野村直邦に対して、米内の現役復帰・海相就任は天皇の内意であると伝えたが、陸軍は、米内だけではなく小磯も現役復帰して陸相に就任することをおそれ、米内の現役復帰に反対し[79]、海軍最長老の永野修身元帥も「最良法ハ米内ガ海相デナク他ノ大臣ニナルガヨイ」という意向であった。七月二〇日午後八時三〇分、海軍の人事について話し合うために、軍事参議官会議が開催された。その席上で問題となったのが、米内の海相就任という「内意」は、本当に昭和天皇の意向なのか、あるいは木戸内大臣の意向なのかという点であった。「御上ガ言ハレタトイフコトニ疑念ヲ持ツ」(塚原二四三高級次長)、「確メタ方ガヨイ。御答ヘヲ想像スルハ悪イ」(永野元帥)、「人事内奏デ申上ゲルノモ一法。予メ内府ニ通ズレバ事前工作ヲヤルベシ」(嶋田総長)という意見が出たのである。翌日午前九時半、野村海相は、突然参内して、「小磯陸軍大将ガ、米内海軍大将ヲ此ノ際特ニ現役ニ復帰セシメ海軍大臣ニ奏請致シ度イト申シ、之ハ御内意ナリト拝察致シテイ居ル様ニ申シマシタガ、左様心得テ宜シウゴザイマスカ」と述べた。しかしながら、事前に海軍部内の情報を入手していた昭和天皇は、「ソレデヨロシイ」と明確に米内の現役復帰・海相就任を要求したのであった。[80]そのため、米内の現役復帰に難色を示していた海軍首脳部も、この天皇の指示に従わざるを得なくなった。他方、末次信正の現役復帰・軍令部総長就任の方は実現しなかった。これには末次を嫌う昭和天皇が反対した。[81]このような人事に対し、岡田啓介は、高木少将に対し、「芽出度モ何トモナイ、非常ニ網ヲ張ラシテ終ツテ四本柱〔両大臣・両総長〕ノ内タツタ一本漸ク這入レタト云フ形デ後ハ何トモ解ラヌ。三階(軍令部ノ意)モ未ダ何トモ解ラヌ」とその不満を語っている。[82]末次大将は作戦能力に定評があり、末次起用による戦局挽回が期待されていたのである。

現役復帰して海相に就任した米内光政は、旧首脳部を更迭し戦局の打開を目指すとともに、海軍次官の井上成美を通じて、高木少将に秘密裡に終戦研究を命じた。だが、海軍は公然と戦争の終結を主張していたわけではない。当分の間は戦争を継続し、「一撃」ないし世界情勢の変化に応じて戦争を終結させようとしていたにすぎなかった。米内海相は小磯首相に対し「新内閣は戦争継続内閣であって、休戦和平は次の内閣に委ぬべきだ」と語っていたし、[83]岡田大将も高木少将に対し「此方カラ切リ出シテ確実ナル方策ガアレバ格別デアルガ左様デナイ限リ却テ大害ガアル。唯今ノトコロデハ一億玉砕シテ国体ヲ護ル決心ト覚悟デ国民ノ士気ヲ昂揚シ、其ノ結束ヲ鞏クスル以外方法ガナイ。斯クテ若シ其ノ間ニ適当ノ機会ト方策ガ有レバ夫レハ政府ノ腹芸ニ依ルベキ」だと述べていた。もちろん、高松宮のように「戦争終末ノコトハ陰デコソコソヤル必要ハナイ」という主張もみられたが、その高松宮は横須賀砲術校に異動を命ぜられた(84)。

小磯首相が組閣以前から、戦争の終結問題を考えていたことは疑いない。小磯は朝鮮総督時代、東条内閣外相の重光葵に書簡を送り、「局面打開好転候へは、対蘇、対支外交を妥当積極に進むる之切要なると同時に駐蘇、駐支、駐欧(瑞西辺を可とす)、駐泰使臣に手腕経綸を蔵する大物を配し戦争と外交の輔車的緊密化を策せらるゝ事現下の急務」と述べている(85)。将来の対ソ、対中外交に備えて、ソ連や中国、スイス、タイなどに大物の大使を派遣することを主張していたのである。だが、小磯の構想は和平交渉を即時に開始しようとするものではなかった。「局面打開好転」した場合、すなわち、米国に「一撃」を与えた場合の戦争終結構想であったのである。小磯首相は、組閣後、統帥に対する関与を求めて最高戦争指導会議を設置し、一撃後和平の方向で矢継ぎ早に重要な決定を行っている。

八月一九日、天皇臨席の下で最高戦争指導会議が開催され、「今後採ルベキ戦争指導ノ大綱」が決定した。この御前会議の意義は、本土がB29の爆撃圏に入ったことで長期継戦が困難となり、陸海軍の戦略思想が対米決戦という点で一致したことである。すなわち、「今後採ルベキ戦争指導ノ大綱」では、「一、帝国ハ現有戦力及ビ本年末頃迄ニ戦力化シ得ル国力ヲ徹底的ニ結集シテ敵ヲ撃破シ以テ其ノ継戦企図ヲ破摧ス」、「二、帝国ハ前項企図ノ成否及国際情勢ノ如何ニ拘ラズ一億鉄石ノ団結ノ下必勝ヲ確信シ皇土ヲ護持シテ飽ク迄戦争ノ完遂ヲ期ス」とされ、一九四四年後半における対米決戦が確認された。それまで陸軍は長期不敗の態勢の確立を主張してきたのであるが、国力が「ジリ貧」となり、一九四五年以降は実力ある攻勢を反復する国力がないという経済的見通しの下、対米決戦方針に傾いたのである。その決戦の程度は、国力の七割から八割を当面の決戦に投入し、残りの二割から三割を長期戦努力に差し向けるというものであった(86)。会議の終了時、昭和天皇は、「立派ナ決定ト思フガ実行ガ伴ナハザレバ駄目ナリ。従来モ決定ト実行ガ齟齬シタル例アリ。今回モ之ノ決定ヲ実際ニ実施スルコトニ努力セヨ」と述べ、御前会議決定が単なる作文に終わらないよう決定の実行を求めた[87]。

小磯内閣期の和平構想は、第三国の仲介が暗黙の前提となっていた。最初に問題になったのが、対ソ外交の問題である。御前会議決定では、独ソ和平の斡旋も決定されたが、この独ソ和平斡旋の時期について閣内で意見が対立していた。小磯首相が「独蘇和平斡旋ハ今日ヲ以テ好機トナシ直ニ之ヲ試ミルヲ可トス」として交渉の即時開始を主張したのに対し、重光外相は「形勢ヲ無視セル議論」として猛反対していたのである。事態を悲観視する重光は、ドイツ降伏後の和平交渉を視野に入れており、現段階での外交攻勢は好ましいものとは考えていなかった。むしろ、独ソ和平斡旋失敗のリスクを重視したのである。結局、梅津美治郎参謀総長が「速ニナル字句ハ謂ハバ気合ヲ示シタルモノニテ之アレバトテ今明日ニ実施セヨトノ意味ニモアラズ」と述べたことなどから、文言は「速ニ独蘇間ノ和平実現ニ努ム」というものになった。最高戦争指導会議は九月四日に対ソ特使派遣を決定したが、ドイツは一四日に和平斡旋を拒否し、同じく一六日にはソ連もこれを拒否した。独ソ和平斡旋は、重光の予想通り失敗に終わった。さらに、九月二八日の最高戦争指導会議では「日蘇支三国間ノ安全保障条約又ハ不可侵条約ノ如キ具体案ヲ提示シテ交渉スルコト適当ナラズヤ」という意見も出されたが、重光が「事前ノ地均シヲ行ハズシテ今日ノ段階ニ於テ卒然トシテ不可侵若クハ安全保障条約等ヲ具体的ニ提案スルハ両国ノ大局的利害ノ一致ニ付相互的理解ナクシテ一方的ニ希望ヲ表示シ其ノ結果蘇側ハ之ヲ我ガ弱点ノ暴露セルモノト考ヘ結局蘇側ニ乗ゼラルル」ことになるとして反対したため、実現に至らなかった[88]。

次に対中外交の問題である。八月一六日の最高戦争指導会議では重慶工作について言及がなされたが、この点、小磯首相と重光外相とで意見が異なっていた。原案では「重慶ニ対シテハ速ニ政治工作ヲ発動シ」となっていたが、重光は「発動」を「考慮」にするよう要求した。「考慮」であれば、即時に重慶工作を開始する必要はない。だが、重光の提案はまたもや受け入れられず、「重慶ニ対シテハ、速カニ統制アル政治工作ヲ発動シ支那問題ノ解決ヲ図ル」こととなった。さらには、九月五日の最高戦争指導会議は「対重慶政治工作実施に関する件」を決定し、「国民政府ヲシテ彼我ノ間ニ直接会談ノ機ヲ作ル如ク工作セシム。之レガ為、ナシ得レバ国民政府ヲシテ適当ナル人物ヲ重慶ニ派遣セシム」こととなった。重光は、この決定に不満であったのだろう。その日のうちに宮中に参内して、昭和天皇に対し次のように述べた。

〔外相〕　内閣ガ変リ人ガ代レバ種々ノ考ヲ出スモ大義名分ノ大筋ヲ離レタル案ハ実行スベカラズ。又大勢ハ已ニ止ムヲ得ザル所ニ急進シツツアリ、今日策ハ考エザルベカラズ又手ハ打タザルベカラザルモ之ガ為メ大筋ノ大義名分ヲ逸スルトキハ皇国永遠恢復スベカラザルコトトナルベク、大義名分ヲ維持スレバ必ズ他日ヲ期スルコトヲ得ベシ

陛下　ソーダソーダ(89)

重光外相は宮中工作によって、最高戦争指導会議の決定を阻止しようとした。首相や軍部の上奏に先立ち、昭和天皇に自己の主張の正しさを訴えたのである。翌朝、最高戦争指導会議の決定は、小磯首相、梅津参謀総長、及川古志郎軍令部総長の三名が列立の上、天皇に内奏された。首相と統帥部長が列立する形式をとったのは、対重慶工作が国務・統帥の両方にまたがる重要問題であったからであろう。この時、昭和天皇は、次のような質問を行い、強い抵抗姿勢をみせた。

第一問

〔天皇〕問　工作成功後ハ重慶ヲシテ中立セシムル考ナルヤ

答　工作ノ結果ニヨル次第ニテ唯今ノ所不明ナルモナシ得レバ参戦セシメタク最少限度好意的中立ヲ確保シタシ

〔天皇〕問　然ラバ日華同盟ハ消滅スル次第ナリヤ

答　同盟ハ消滅スルモ猶同盟ヲ目途トシテ施策スル方針ナリ

第二問

［天皇］問　工作ノ結果汪精衛トノ関係ハ如何ニナルヤ

答　工作成就セバ蔣［介石］ヲ首席トスルモ差支ナシト考ヘ居レリ

［天皇］問　汪首席猶存命ノ場合ハ汪トノ関係ハ如何ナルヤ

答　同首席ハ重慶トノ妥協出来レバ何時ナリトモ亡命シテ可ナリト言ヒ居ルニ付、此ノ点ハ汪首席ト話合ヘバ可ナリト考フ

第三問

［天皇］問　蔣ヲ対手ニセズトノ近衛声明トノ関係如何

答　対手ニセズ云々ハ当時直ニ蔣ト交渉セズトノ意味ナリシナルベク文字ニ深ク捉ハルル必要ナク従テ本工作ニ支障ヲ来サズ

［天皇］問　世間ハ斯ク簡単ニハ考ヘ居ラズ、国内的ニ何等手ヲ打ツ必要ナキヤ

第四問

［天皇］問　同盟条約ヲ破棄シ［テ］宜シキヤ、又之ニ言及スル必要アリヤ

答　記述振ハ適当ナラザルヤモ知レザルモ友好条約ニ又ハ中立ニテ満足スル場合ヲモ考慮セル次第ナリ[90]

昭和天皇がこのような的確な質問をすることができたのは、重光外相を通じて正確な情報を事前に入手し、質問事項を用意していたためと考えられる。また、昭和天皇は奉答に不満がある時には同じ質問を繰り返した。たとえば、第一問でも第四問でも日華同盟条約について同様の指摘がなされており、第二問では汪兆銘との関係が二度にわたり繰り返されている。確かに昭和天皇は、明確に反対であることは言明していない。だが、常識的に考えるならば、小

磯首相が昭和天皇の不満に気がつかなかったとは考えられにくい。少なくとも梅津参謀総長にはこの点が理解できたようであり、参謀本部内には「御上ニハ御不満ノ態ニ拝セラレタリ」と伝わっている[91]。なお、三名の上奏が終わり、両総長が退出した後も、小磯首相だけはそのまま残った。この時、昭和天皇と小磯首相との間に激しい応酬があったと想像される[92]。

昭和天皇はなぜ重慶工作にこれほどまで強硬に反対したのであろうか。第一に指摘できるのは、昭和天皇の条約・国際信義に対する執拗といえるまでのこだわりである。汪兆銘政権が仮に日本の傀儡政権であったとしても、その解消に同意することは同盟国に対する背信行為であった。第二に、連合国に対して日本側の弱みをみせたくなかったという点が挙げられる。昭和天皇は「重慶工作ヲ行フハ我方ノ弱点ヲ暴露スルモノニアラズヤ」と述べている[93]。戦争に負けている日本側から和を乞うような形式は、日本の軍事的な行き詰まりを内外に示し、連合国側の士気を高め、日本側の士気に悪影響を及ぼす。結局、このような昭和天皇や重光外相の意向もあり、重慶工作は、日本政府は表に出ず、南京政府が自主的に行ったかのように偽装することとなった。だが、当の南京政府は、重慶工作が南京政府自身の解消問題に発展するとして、重慶工作には消極的であった。九月一三日、陸軍中将の柴山兼四郎（元南京政府最高顧問、のち陸軍次官）は、南京政府の周仏海に対し重慶和平工作を提案し、「もし米国が重慶にある空軍を撤退すれば、日本は直ちに全面撤兵する」と述べたが、南京政府はほとんど取り合わなかった[94]。

一〇月一二日から一六日にかけて台湾沖航空戦が行われ、現地航空隊から誤認に基づく大戦果が報告された。一〇月一六日、大本営は、天皇に対しては、空母一〇隻撃沈（内一略確実、空母の算大四）・空母六隻撃破と報告し、国民に対しては空母一一隻撃沈・空母六隻撃破と発表した。実際には米艦隊には沈没艦はなく、昭和天皇も幻の大戦果を聞かされていた。ただし、国民とは異なり、昭和天皇は、日本軍の損害についてはほぼ正確な報告を受けており、かつ、同日の上奏においても、戦果とは明らかに矛盾する敵機動部隊発見（空母計一三隻）の報告を受けていた[95]。だが、それでも昭和天皇は、大戦果に喜色をあらわし、側近の侍従に対し、「明日の神嘗祭、御告文に今回の戦果の事を申さずして可なりや」と述べている[96]。

一〇月二〇日、米軍はフィリピンのレイテ島に上陸した。フィリピンが陥落した場合には、南方の石油が本土に入らなくなり、国内の軍需生産が困難となる[97]。参謀本部は、台湾沖航空戦によって戦況が変化したと考え、従来のルソン島決戦方針をレイテ島決戦方針に切り替えた。いわゆる『昭和天皇独白録』によれば、昭和天皇も「一度「レイテ」で叩いて、米がひるんだならば、妥協の余地を発見出来るのではないかと思ひ、「レイテ」決戦に賛成した」という[98]。一〇月二七日、昭和天皇は陸軍の梅津総長に対し、「何ントカ叩キ潰シテ了ヒ度イ。ソレデナイト捷利ヲ得タトハ言ヘナイ」と激励したのである[99]。現地の第一四方面軍司令官山下奉文は、レイテ決戦方針には反対していたが、参謀本部から連絡に来た服部卓四郎作戦課長に対し、「本当に地上レイテと上奏して決まっているのか」と念を押し、レイテに兵力を投入した[100]。小磯首相も、レイテ決戦に期待して、「レイテ決戦は天王山」と国民の士気を鼓舞した。だが、陸軍はレイテ決戦に失敗し、海軍もレイテ沖海戦において戦艦武蔵等を失うと、窮地に陥った小磯首相は「天王山の戦さは今やレイテから呂宋島に移動した」と苦しい言い訳をせざるを得なかった。小磯のラジオ演説を聴いた国民の中には、「天王山が移動したさうだ」と嘲笑する人間もいたという[101]。

一〇月一五日、第二六航空戦隊の有馬正文司令官は、体当たりを前提として自ら飛行機に乗り込み、敵空母への突入を試みて戦死した。有馬少将は、これより前に、海兵の同期である中澤作戦部長、高木少将に対し、海軍の伝統たる「指揮官陣頭」の実行を主張していた[102]。一〇月二〇日、大西滝治郎中将が第一航空艦隊長官に着任し、一〇月二五日、海軍は初めて組織的な体当たり攻撃を採用した。すなわち、神風特別攻撃隊（敷島隊）は米空母を撃沈して自爆したのである。この報告を聞いた昭和天皇は、「そのようにまでせねばならなかったか。しかしよくやった」と述べたといわれている[103]。昭和天皇は、この体当たり攻撃に説明を求めたようで、軍令部は、「神風特攻隊御説明資料」（一〇月二八日）を作成している。そこでは、神風特攻隊の戦果が報告され、「本特攻隊ガ帝国海軍従来ノ特別攻撃隊マタハ決死隊ト異ナリマス点ハ計画的ニ敵艦ニ突入致シマス関係上生還ノ算絶無ナル点デ御座イマス」と説明がなされた。[104]この説明資料では、中央が特攻隊を編成させたのか、現地部隊が編成したのかが明確に述べられていなかった。特攻隊の編成の問題は、当時の感覚からいっても、非常に微妙な問題であった。

一一月七日、スターリンは、日本を「侵略国」と非難する演説を行い、日本に衝撃を与えた。[105]翌一九四五年二月四日には、ルーズベルト、チャーチル、スターリンの三者は、ヤルタ会談で戦後処理の問題を話し合い、スターリンは対日参戦を約束した。客観的にみれば、この段階で、ソ連を仲介とした形での「名誉ある和平」はもはや不可能に近かった。

一九四五年二月一九日、米軍は硫黄島に上陸した。二月二〇日、日本海軍の航空部隊は、体当たりによる特攻攻撃で米護衛空母一隻撃沈、空母一隻大破、護衛空母一隻小破の戦果を挙げた。他方、参謀本部は、航空兵力を温存するため、硫黄島に対する航空作戦を抑制した。昭和天皇は陸軍の梅津参謀総長に対して、硫黄島への航空攻撃を激励した。[106]二月二二日、最高戦争指導会議において、秦彦三郎参謀次長は「硫黄島ヲ奪取セラレタル場合ハ一ヶ月後ニハ東京ハ戦場化ス、而シテ硫黄島ノ組織的抵抗ハ二週間ト判断ス」と報告した。[107]三月七日、硫黄島の栗林忠道兵団長は蓮沼蕃侍従武官長宛に陸海軍一元化を具申する電報を打ち、[108]三月二五日、総攻撃で重傷を負った栗林は自決する。硫黄島は、太平洋戦争末期の戦場において、米軍の死傷者が日本軍の死傷者を上回った唯一の戦場であった。硫黄島はサイパンと東京のちょうど中間あたりに位置する島であり、米軍の戦闘機はサイパンから東京まで往復できなかったが、硫黄島から東京までは往復することができた。硫黄島の陥落によって、関東上空に米戦闘機が出現するようになっただけではなく、長距離爆撃機B29も不時着のための中間基地を手に入れたのであった。

米軍の本土上陸が時間の問題となったことで、小磯首相と緒方竹虎国務相は山県初男（元陸軍大佐、小磯と陸士同期）

を中国に派遣し、重慶と連絡のあると称する繆斌《みょうひん》（南京政府考試院副院長）を招致した。[109] 繆斌は、三月一六日、陸軍の飛行機で羽田に到着し、翌々日に東久邇宮と面談して協力を要請した。その東久邇宮は杉山陸相と梅津参謀総長に繆斌工作の促進を要請しているが、この時両者は賛成していたという。[110] ところが、三月二一日の最高戦争指導会議で、繆斌工作は重光外相の強い抵抗にあう。重光の記録によると、小磯首相が、「重慶工作ニ付テ述べ之ヲ積極的ニ進ムル為メ緒方国相ト相談ノ上繆斌ヲ東京ニ招クコトヲ考慮シ外相ニ次デ陸海相等ノ意見ヲ聞キタルガ何レモ気乗リハセザリシモ兎ニ角繆ヲ東京ニ招キ事情ヲ聴取スルコト可然シト考ヱ之ヲ招致シ繆ハ五、六日前東京ニ到着セリ」と説明すると、杉山陸相は、「繆ハ元来重慶ノ廻シ者ト見ラレ居レリ」と繆斌を回し者呼ばわりし、重光外相は、繆斌招致に賛成したことはなく、「繆斌招致ノコトハ自分ハ何等関係ナク今日初メテ御協議ニ預《ママ》ル次第」と食ってかかった。[111] 外務省の記録では、小磯は「繆の相手は重慶の戴笠なり」と繆斌と重慶との関係を明瞭に述べ、重光は「元来繆斌は重慶側と密接なる連絡を有しながら北支においては新民会を操り、後中央においては立法院副院長となり日本側一部の諒解を得て重慶側と連絡をし居りたり」と繆斌と重慶との関係について述べた。この席上、小磯は「中日全面和平実行案」を配布したが、その内容は、①南京政府の即時解消、②南京に留守府政権を組織、③留守府政権を通じて重慶政府との停戦撤兵交渉の開始、というものであり、南京政府の解消を前提としているものであった。[112]

重光外相の反対にあった小磯首相は、同日、木戸幸一内大臣を訪問し、内閣の進退について相談をした。さらに、三月二六日、昭和天皇に対し、内閣総辞職か内閣改造かの二者択一をせまった。小磯の真意は、天皇から内閣改造の同意を取り付け、陸相を兼任して外相を更迭することにあったようだ。だが、昭和天皇と木戸の態度が冷淡なものであったため、小磯は天皇に内大臣の更迭を暗に示唆した。小磯にとっての唯一の強みは、この時点で内閣を投げ出せば、後継内閣の組閣が困難になることであった。[113] 四月一日、小磯は東久邇宮に対し、陸相兼任と繆斌工作推進の決意を語り、[114] 翌日、宮中に参内して繆斌工作に関する奏上を行った。昭和天皇は小磯に対し「深入りをしない様にせよ」

と指示した。それでもなお小磯は繆斌工作を主張した。昭和天皇は、この時の小磯の態度が余程気に入らなかったのであろう、小磯が「言葉を返し」たと不満を洩らしている。さらに、昭和天皇は、陸相、海相、外相の意見を形式的に徴した上で、四月三日、小磯首相に繆斌工作の打ちきりを再度指示した[115]。この時も、小磯は「御言葉をお返しするやうで申訳御座いませんが、事実、三人の同意を得て呼んだので御座います」と必死の抵抗を試みている[116]。確かに、繆斌は陸軍の飛行機で来日したのであった。

小磯首相は、繆斌工作を推進する一方で、統帥への関与を求めて自らの現役復帰と陸相就任を画策していた。小磯は組閣以来、一貫して統帥への関与を求めており、最高戦争指導会議の設置や首相の大本営列議の実現（三月一六日）はその成果ともいえるが、現実には、首相は、戦局の機微を知ることのできない立場に置かれていたのである[117]。他方、このような小磯首相の陸海首脳部に対する不満とは別に、陸軍部内では杉山陸相の更迭運動と阿南惟幾擁立運動が行われていた[118]。その理由は、杉山陸相では陸海軍一元化が実現できず、それを実現することができなければ本土決戦に勝てないというのである。本土決戦の主役が陸軍であるにもかかわらず、陸海軍の資材が均等に配分されることに、陸軍中堅層は不満を抱いていた。三月三日、昭和天皇は杉山陸相と米内光政海相に対し陸海軍一元化についての意見を求めたが、杉山陸相は陸軍の総意に反して一元化に反対する奉答を行った。これは、海軍側が一元化に強硬に反対しており[119]、国内体制の混乱を回避するため、陸海の「協調」の必要があったからだろう。しかし、この杉山陸相の奉答は、陸軍省軍務局内に激しい怒りを引き起こした。三月三一日、軍事課の高崎正男大佐ら十二名は上申書を連名で提出し、「本問題不成立ノ因由ガ前述ノ如ク事務当局ノ輔佐ニ於テ欠クルトコロアリシト陸海軍両統帥部作戦思想ノ背離ニ加ヘテ個人的感情的諸問題等ト相錯綜シタルニ在ルハ明カナリ。陸軍トシテハ速ニ其ノ因テ来ル部内ノ禍根ヲ芟除スルト共ニ海軍ニ対シテハ誠意強烈陸軍ト共ニ臣節ヲ全ウスベキコトヲ説得」すべきだと主張した[120]。さらには、四月三日、参謀本部でも林三郎（編制動員課長）と竹下正彦（編制班長）が、「陸海合一問題に関する意見上申書」を梅津参謀総長に提出し、「陸軍大臣の奉答は小官等の深く期待しありし所に反し海軍と歩調を一にする点に重きを置き陸軍上下年来の熱望たる陸海軍は之を合一するを要する旨を明答する点に軽かりしや」と杉山陸相の責任を追及した。(121)四月三日、杉山陸相は小磯を訪問して辞意を表明し、後任に阿南惟幾大将を推薦したが、小磯首相はこれを逆手にとって首相の陸相兼任を要求した。しかし、陸軍は三長官会議を開いて、小磯の現役復帰と陸相兼任を拒否した。繆斌工作と陸相兼任問題で行き詰まった小磯は内閣を投げ出し、四月五日、小磯・米内連立内閣はあっけなく総辞職した。

外交と内政の双方において、小磯内閣は、目新しい成果をあげることができなかった。むしろ、その混乱に拍車をかけたようにもみえる。その原因の一端は、小磯首相自身が、陸軍内部に権力基盤を持たず、かつ宮中からの信任を得られなかったことにあるだろう。そして、このような小磯首相の空回りするイニシアティブとは別のところで、秘かに戦争終結の問題が話し合われていた。一九四五年三月頃、重光外相と杉山陸相は、戦争収拾に関して二、三度密談している。この会談では、戦争収拾のタイミングや外交ルートに対する両者の考え方の相違が明らかとなった。重光外相は「ドイツ崩壊の際終戦に導かん」という独崩壊後交渉論であり、他方、杉山陸相は「少なくも本土決戦一撃和平、やむを得なければ戦争継続論」という本土決戦一撃後交渉論であった。また、対ソ外交についても、重光外相が「今やソ連との国交調整は見込みなく」、「むしろ警戒しなければならない」という対ソ外交不能論であったのに対し、杉山陸相は「日本が本土で頑張っておれば、そしてうまくやれば、極東における戦争終結にソ連を利導できるかもしれない」という対ソ外交可能論であった。さらには、重光外相が天皇の「聖断」方式を主張したのに対し、杉山陸相は「開戦の責任上聖断をわずらわすことはできない」と反対したのである。(122)このような両者の相違は、お互いに口にしなかった講和・降伏条件の最低ラインの相違に根ざしていると考えられる。おそらく、重光外相は、国際・軍事情勢がさらに日本にとって厳しくなるであろうという前提の上で、最大限日本に有利な条件を獲得しようとしていたのだろうし、逆に、杉山陸相は、日本が絶対に譲歩することのできない講和条件を死守する必要があるという前提の上に、有利な国際情勢・軍事情勢をつくりだそうとしていたのだろう。次章で分析するように、沖縄陥落以降、昭和天皇の態度が転換すると、このような個人間レベルで話し合われていた戦争終結の問題が、公的な会議の場でも話し合われるようになるのである。

おわりに

昭和天皇は、参謀総長としての東条には不信任であったが、首相としての東条は信任していた。内閣総辞職の場合の対外的な悪影響を憂慮し、両者に対する態度を使い分けていたのである。昭和天皇が東条内閣を存続させるために三条件を提示したことは、和平運動と戦局打開運動を合流させ、むしろ昭和天皇の意向に反して、東条内閣を総辞職に追い込んでしまった。この背後には、天皇を常侍輔弼していた内大臣木戸幸一の巧妙な舵取りがあり、反東条側の重臣グループ、海軍反主流派、岸信介、議会などと連絡して、倒閣運動が成功するように導いた。

以上を前提として本章で明らかになったことをまとめておく。

第一に、東条内閣崩壊が戦争終結につながらなかったのは、反東条運動が必ずしも和平運動・終戦工作ではなかったからである。たしかに、戦局の悪化は和平運動を生み出しはした。だが、同時に戦局打開運動をも生み出し、それは、東条・嶋田では戦争に勝てないという人事刷新運動になった。そして、この両者が提携したことにより、後継内閣の性格は、和平内閣ではなく「中間内閣」となった。即時停戦・無条件降伏を主張していた近衛文麿ですら、海軍の岡田啓介や末次信正に説得されると、国民に諦めを懐かせるためには艦隊決戦をするための「中間内閣」が必要ではないかと考え、短期的には戦争継続を容認した。

第二に、昭和天皇の意向は、米内光政の海相就任問題や対重慶の和平工作問題でも重要な役割を果たした。すなわち、一九四四年七月、小磯内閣成立の際、海軍部内は、現役復帰して海軍大臣に就任しようとする米内光政と、これを阻止しようとする海軍上層部との間で意見が割れた。七月二一日午前九時半、海軍大臣野村直邦は、突如、侍従武官長も内大臣も経ずに天皇に拝謁し、米内光政の海相就任は「御内意」であるかと質問した。仮に、この時、昭和天皇が質問の真意を理解することができなければ、海軍上層部は、米内の海相就任を阻止することができた。しかし、事前に木戸内大臣から海軍部内の情報を入手していた昭和天皇は、米内光政の海相就任を指示し、米内は海相に就任することができた。また、重慶和平工作の際にも、閣内は、重慶工作を推進しようとする小磯国昭首相とこれを阻止しようとする重光葵外相との間で意見が分裂した。九月五日の最高戦争指導会議で「対重慶政治工作実施に関する件」が決定すると、重光外相は、その日のうちに参内して昭和天皇に拝謁した。翌日、小磯首相等が決定内容を内奏すると、事前に重光外相から情報を入手していた昭和天皇は厳しい質問を数多く行った。さらに、翌年四月二日、昭和天皇は小磯首相に対し、繆斌工作の中止を指示したが、それでも小磯首相は天皇の前で繆斌工作の推進を主張した。そこで、昭和天皇は、その翌日、陸相、海相、外相の意見を形式的に徴した上で、小磯首相に繆斌工作の中止を再度指示したのである。

第三に、東条内閣の末期、軍事力という外圧は、軍内部に一か八かの勝負を行おうとする動きを生み出し、同時に、軍事情報の相違に起因する軍事指導者の更迭運動を生み出した。一九四四年六月、日本国内は、サイパン奪回作戦を行うかどうかで二つの意見にわかれた。軍事情報を独占する陸海軍首脳部は、無謀で成算のないサイパン奪回作戦には反対であった。他方、海軍の高木惣吉少将を中心とするグループは、作戦当局者を批判して、サイパン奪回と海軍上層部更迭を説いて回った。結果的には、サイパン奪回作戦は中止されるが、この政治過程において、開戦時の軍事・政治指導者が更迭され、それに批判的な政治グループの政治参入が実現した。

最後にその後の展開についてもふれておこう。戦後、反東条運動に関係したグループは、非常に多くの恩恵を蒙ることになる。その中でも最も有名な人物は、首相として内閣を組閣し日米安保条約を改定した岸信介である。A級戦犯容疑で巣鴨プリズンに収容された岸信介は、戦時経済の指導者であっただけに、それなりの覚悟はしていた。ところが、東条が処刑された直後、幸運にも岸は無罪で釈放される。東条内閣の書記官長で終身刑となった星野直樹は、「岸は先物を買った」とも漏らしている[123]。岸の倒閣行動が戦犯逃れのためであったかどうかは不明だが、仮に、東条内閣末期の昭和天皇の態度が少しでも違ったものであったならば、反東条勢力の相互関係にも影響を与え、あるいは、戦後の岸の運命も違ったものとなっていたかもしれない。

(1) 参謀本部の戦争指導班ですら、「最早希望アル戦争指導ハ遂行シ得ズ、残ルハ一億玉砕ニ依ル敵ノ戦意放棄ヲ俟ツアルノミ」と感じる程であった(軍事史学会編『機密戦争日誌』下巻、錦正社、一九九八年、五五〇頁)。

(2) 反東条運動は「終戦工作」の一環として位置づけられることが多いが、本章が問題にしているのは、広い意味でいえば、「終戦工作」の定義の問題である。本書は、東条内閣は、戦局挽回運動と和平運動の合流によって倒れたという立場にたっている。前者は軍事を主として時局を打開しようとし、その結果として東条の軍事政策に不満を持ち、後者は外交を主として時局を打開しようとし、その結果として東条の外交政策に不安を抱いた。この「終戦工作」の定義は人によって様々である。纐纈厚『日本海軍の終戦工作』(中央公論社、一九九六年)は、海軍部内の東条内閣打倒工作を「終戦工作」と位置づけ、その目的は「国体護持」による戦後保守勢力の温存にあったとしている(一九六―一九七頁)。樋口秀実『日本海軍から見た日中関係史研究』(芙蓉書房出版、二〇〇二年)は、「終戦工作」は「空軍一元化」運動としてスタートし、一九四四年三月前後に東条内閣打倒運動に転化したと指摘する(二七八―二八〇頁)。また、「海軍」は必ずしも一枚岩ではなく、本書は、海軍部内の首脳部(嶋田派)と反主流派(岡田・米内・高木等)の対立が、東条内閣瓦解の原因となり、結果として、後者の政治参加が実現したと考えている。そのため、戦局挽回運動としての側面を「終戦工作」としての側面よりも重視する。篠塚広海「東条内閣更迭工作をめぐる一考察――重臣のブレーンを中心に」(『国士舘史学』一三号、二〇〇九年)のように、「当時重臣勢力は内閣に不満は持っていても、和平運動には至っていない。また、重臣が一政治勢力としてのまとまりもなかった」とする研究もある（二四―二五頁）。

（3）岸信介・矢次一夫・伊藤隆『岸信介の回想』（文芸春秋、一九八一年）六八頁。

（4）野村実「太平洋戦争下の「軍部独裁」」（三宅正樹編『第二次大戦と軍部独裁』第一法規出版、一九八三年）三〇―三二頁。

（5）寺崎英成、マリコ・テラサキ・ミラー編著『昭和天皇独白録　寺崎英成・御用掛日記』（文芸春秋、一九九一年）九五―九六頁。いわゆる『昭和天皇独白録』の作成過程・問題点については、藤原彰・粟屋憲太郎・吉田裕・山田朗『徹底検証・昭和天皇「独白録」』（大月書店、一九九一年）や東野真『昭和天皇二つの「独白録」』（日本放送出版協会、一九九八年）が詳しい。

（6）木下道雄『側近日誌』（文芸春秋、一九九〇年）一四六頁。

（7）藤岡泰周『海軍少将高木惣吉　海軍省調査課と民間人頭脳集団』（光人社、一九八六年）一九五頁。他にも工藤美知尋『東条英機暗殺計画』（ＰＨＰ研究所、一九八六年）、吉松安弘『東条英機　暗殺の夏』（新潮社、一九八四年）があるが、これらは戦後の回想に基づいたものである。後述するように、高木グループは嶋田海相に対するテロを計画していた可能性が高い。

（8）木戸幸一『木戸幸一日記』下巻（東京大学出版会、一九六六年）一〇七八―一〇七九頁。

（9）坪島茂彦『草水――坪島文雄の生涯』（非売品、二〇〇〇年）一五六―一五七頁、中尾裕次編『昭和天皇発言記録集成』下巻（芙蓉書房出版、二〇〇三年）二六八頁。

（10）一号作戦と呼応して、北ビルマ・雲南方面では、一定期間、中国とインドの連絡路遮断を試みて、断作戦が行われた。この点については、浅野豊美「北ビルマ・雲南作戦と日中戦争」（波多野澄雄・戸部良一編『日中戦争の軍事的展開』（慶應義塾大学出版会、二〇〇六年）を参照されたい。

（11）伊藤隆・照沼康孝編『続・現代史資料（四）陸軍　畑俊六日誌』（みすず書房、一九八三年）四七七頁。延安における野坂参三の活動については、明石陽至「太平洋戦争末期における日本軍部の延安政権との和平模索――その背景」（軍事史学会編『第二次世界大戦（三）――終戦』錦正社、一九九五年）、山本武利「野坂参三　米国諜報機関の尋問」（『文藝春秋』

八〇巻一一号、二〇〇二年)、加藤哲郎『情報戦と現代史』(花伝社、二〇〇七年)がある。
(12) 山田朗『昭和天皇の軍事思想と戦略』(校倉書房、二〇〇二年)二四八、二五〇、二八一頁。
(13) 前掲『昭和天皇独白録』一〇二頁。
(14) 伊藤隆・広橋真光・片島紀男編『東条内閣総理大臣機密記録』(東京大学出版会、一九九〇年)三三〇—三四五、四九九、五四九頁。
(15) 前掲『昭和天皇独白録』九五頁。
(16) 前掲『東条内閣総理大臣機密記録』四五四、五五三頁
(17) 種村佐孝『大本営機密日誌』(芙蓉書房、一九七九年)二一二頁。
(18) 江藤淳監修・栗原健・波多野澄雄編『終戦工作の記録』上巻(講談社、一九八六年)一八〇—一九三頁、松谷誠『大東亜戦争収拾の真相』(芙蓉書房、一九八〇年)八二—八三頁、和田朋幸「太平洋戦争後半期における戦争指導——陸軍の戦争終結構想を中心として」(『戦史研究年報』一三号、二〇一〇年)六〇—六三頁。山本智之「参謀本部戦争指導課の終戦研究とドイツ認識」(『日本歴史』六六九号、二〇〇四年)によれば、戦争指導課の終戦研究には、ドイツ認識の変化が強く影響しており、ドイツの敗北が確実となったことが「早期終戦論」につながったとする(七九—八一頁)。
(19) 伊藤隆・沢本倫生・野村実「沢本頼雄海軍次官日記」(『軍事史学』二五巻二号、一九八九年)六一頁、防衛省防衛研究所所蔵『澤本頼雄海軍大将業務メモ』(一・日誌回想・八九五)。
(20) 前掲「沢本頼雄海軍次官日記」五九頁。
(21) ここでいう海軍上層部とは部長・局長以上を指し、嶋田繁太郎(海軍大臣、軍令部総長)、沢本頼雄(海軍次官)、岡敬純(軍務局長)、塚本二四三(軍令部高級次長)、伊藤整一(軍令部次長)、中澤佑(作戦部長)などが挙げられる。一方、中堅層の中で活発な政治運動を行った人物としては、高木惣吉(教育局長)や石川信吾(軍需省総動員局総務部長)、矢牧章(軍務局第二課長)、神重徳(教育局第一課長)、扇一登(調査課員)、中山定義(調査課員兼軍務局第二課員)、伏下哲夫(海軍省出仕、主計大佐)などが挙げられる。高木らのグループの周辺には、矢部貞治(東京帝国大学教授)などの民間人ブレーンが存在し、これについては伊藤隆『昭和一〇年代史断章』(東京大学出版会、一九八一年)が詳しく、高木と京都

学派との関係については、大橋良介『京都学派と日本海軍』（ＰＨＰ新書、二〇〇一年）を参照されたい。中山定義『一海軍士官の回想』（毎日新聞社、一九八一年）によれば、「しばらく東条首相には目をつぶって、まず不評な嶋田大臣を米内大将に替え、総長に末次信正大将をすえて国務と統帥を切り離し、これでとりあえず海軍の体制を建て直そうということになった」という（一八六頁）。

(22) 伊藤隆編『高木惣吉　日記と情報』下巻（みすず書房、二〇〇〇年）七二四、七二七―七二八、七三二頁、矢部貞治『矢部貞治日記――銀杏の巻』（読売新聞社、一九七四年）七一五頁、前掲『昭和一〇年代史断章』二二七―二三五頁。このような高木少将らの動きを、木戸内大臣は、「海軍ハ自分ノ方ノ親方ガ気ニ入ラヌカラ其ノ親方ヲ追出スニハ東条ガ居テハ邪魔ダカラ内閣ノ更迭ヲ望ンデルガ夫ハ狡イ考ダ」と批判的に見ていた（前掲『高木惣吉　日記と情報』下巻、七二四頁）。

(23) 前掲『高木惣吉　日記と情報』下巻、七三〇頁。戦後、高木少将は、「今日から反省すれば、慙愧のいたりで、そのころになって海相や総長の入れ替えくらいで、戦局の挽回など思いもよらぬ客観情勢であった」と認めている（高木惣吉『私観太平洋戦争』光人社、一九九九年、二〇〇頁）。

(24) 前掲『高木惣吉　日記と情報』下巻、七六五頁。

(25) 前掲「太平洋戦争下の「軍部独裁」」二一一―二一七頁、柴田紳一「重臣岡田啓介の対米終戦工作」（『政治経済史学』五〇〇号、二〇〇八年）三〇七―三〇九頁。石川信吾（軍需省総動員局総務部長）は、岡田啓介・末次信正・米内光政の三名から嶋田海相に対して辞職勧告をさせようとしていた（前掲『高木惣吉　日記と情報』下巻、七三五頁）。この時期の末次・石川ラインの動きについては、石川信吾・柴勝男・原勝「［座談会］日本海軍の機密室」（『話』二巻七号、一九五二年）が詳しい。末次大将は、岡田のことを「すぐ降参しようと思ってるんじゃないか」と疑っていたようだ（七三頁）。岡田の強硬論には腹芸的な要素もあっただろう。

(26) 庄司潤一郎「「近衛上奏文」の再検討」（『国際政治』一〇九号、一九九五年）六一―六五頁。吉田裕「近衛文麿――「革新」派宮廷政治家の誤算」（吉田裕・小田部雄次・功刀俊洋・荒川章二・荒敬・伊藤悟『敗戦前後――昭和天皇と五人の指導者』青木書店、一九九五年）は、近衛の戦後構想の特徴は、①戦争責任問題を見越していたこと、②政治制度改正の必要性の自覚、③「宮廷革命」という戦争終結方式、の三点にあるとする（三二―三七頁）。

(27)　細川護貞『細川日記』(中央公論社、一九七八年)一八〇、二四八頁。
(28)　伊藤隆『昭和期の政治』(山川出版社、一九八三年)によれば、真崎グループは近衛とは異なり、戦局の建て直しと名誉ある和平を考えていたようである(二六七—二六八頁)。
(29)　前掲『木戸幸一日記』下巻、一一一〇—一一一一頁、伊藤隆ほか編『真崎甚三郎日記』六巻(山川出版社、一九八六年)二〇一頁。昭和天皇は、小磯・米内連立内閣成立時にも、「ソ連ヲ刺戟」しないよう注意している(前掲『木戸幸一日記』下巻、一一二八頁)。
(30)　松田好史「情報管理者としての木戸幸一内大臣」(『日本歴史』六七八号、二〇〇四年)七七頁。
(31)　濱田英毅「高松宮宣仁親王論　皇族としての終戦工作の行動原理」(『学習院史学』四四巻、二〇〇六年)五四—五五頁、高松宮宣仁親王『高松宮日記』七巻(中央公論社、一九九七年)五一四頁。また、高松宮は、昭和天皇には「精神上ノ師トナル人」が必要だと述べている(同頁)。高松宮の側近改革論については、茶谷誠一『昭和戦前期の宮中勢力と政治』(吉川弘文館、二〇〇九年)も参照されたい。
(32)　岡田貞寛編『岡田啓介回顧録』(中央公論社、一九八七年)二二〇頁、前掲「情報管理者としての木戸幸一内大臣」八〇頁。
(33)　前掲『細川日記』二二六、二六五—二六六頁。
(34)　前掲『日本海軍の終戦工作』一三四—一三五頁、前掲「情報管理者としての木戸幸一内大臣」八〇—八一頁、前掲『高木惣吉　日記と情報』下巻、七二三頁。
(35)　前掲『細川日記』二二三頁、共同通信社編『近衛日記』(共同通信社、一九六八年)五一頁。
(36)　中澤佑刊行会編『海軍中将中澤佑——海軍作戦部長・人事局長回想録』(原書房、一九七九年)一四〇頁。
(37)　前掲『機密戦争日誌』下巻、五四九頁。なお、サイパンが短期間に陥落した理由の一つは、日本軍が水際決戦方針を採用していたことにもよるだろう。水際撃滅思想については、近藤忠助「太平洋戦争における日本陸軍の対上陸作戦思想——島嶼防御作戦時の水際撃滅思想を中心として」(『軍事史学』二九巻二号、一九九三年)が詳しい。
(38)　防衛庁防衛研修所戦史室『大本営海軍部・連合艦隊(五)』(朝雲新聞社、一九七四年)五六三頁。

(39) 防衛庁防衛研修所戦史室『大本営海軍部・連合艦隊〈六〉』(朝雲新聞社、一九七〇年)一八頁、前掲「沢本頼雄海軍次官日記」六〇頁。

(40) 前掲『大本営海軍部・連合艦隊〈五〉』五六三―五六六頁。

(41) 前掲『昭和天皇発言記録集成』下巻、二七九―二八一頁、防衛省防衛研究所所蔵『真田穣一郎少将日記』三一巻(中央・作戦指導日記・七六)五一―五三頁。なお、西川吉光『特攻と日本人の戦争』(芙蓉書房出版、二〇〇九年)は、この元帥会議が、特攻作戦の採用の一つの契機になったとする(三九―四一頁)。

(42) 徳川義寛『徳川義寛終戦日記』(朝日新聞社、一九九九年)四八―四九頁。この時期、昭和天皇は心労が重なり、侍従の目にも「最近やや御疲れのご様子」と映るようになり、「上奏ものの御裁可など、何か他の事を御考へ中の御模様にて、中々に御決裁進ませられず」といった状況であった(「小倉庫次侍従日記」『文藝春秋』八五巻五号、二〇〇七年、一七七頁)。

(43) 高木惣吉『高木惣吉日記』(毎日新聞社、一九八五年)二三五、二四七頁。高木は近衛文麿の周辺にいた細川護貞に対し、「嶋田と云ふ人は脳震盪でも起さない限り辞める人ではありませんよ」と漏らしている(前掲『細川日記』二三四頁)。嶋田側も護衛を増やすなど無警戒ではなかった(前掲『高松宮日記』七巻、五〇八頁)。

(44) 前掲『高木惣吉　日記と情報』下巻、七四五―七四八頁。

(45) 前掲『近衛日記』五〇頁。

(46) 前掲『矢部貞治日記――銀杏の巻』七二七頁。

(47) 前掲『近衛日記』三四、五〇―五二頁。後継内閣としては、陸軍の寺内寿一内閣構想が有力であった。寺内は東条と対立していた上、木戸幸一や末次信正、石川信吾、岸信介といった長州閥からの強い支持を受けていたためである。

(48) 前掲「沢本頼雄海軍次官日記」六五頁。

(49) 前掲『昭和天皇独白録』九一頁。

(50) 東久邇稔彦『東久邇日記』(徳間書店、一九六八年)一三六―一三七頁、防衛省防衛研究所所蔵『東久邇宮日誌』一七巻(中央・戦争指導重要国策文書・一三〇一)。

(51) 前掲『終戦工作の記録』上巻、二三〇頁。

(52) 古川隆久『戦時議会』(吉川弘文館、二〇〇一年)二一三―二一五頁、古川隆久『東条英機』(吉川弘文館、二〇一〇年)八一頁。

(53) 中谷武世『戦時議会史』(民族と政治社、一九七五年)。その一方で、岸は、七月六日、高木少将に対して、「東条ニ代リ得ルモノハC〔民間〕ニ無ク、B〔海軍〕モ出来ヌ。A〔陸軍〕ニモ無イ。然ラバ東条ヲシテ何トカ国力ヲ結集シテ戦争ニ向ハセル外ナシ」と述べ、「東条ダケ残ツテ閣僚モ三長官モ総代リスル」という内閣改造論を述べたのである。さすがの高木少将もこの岸の発言には驚き、「岸氏が石川〔信吾〕少将等と密かに寺内〔寿一〕次期政権を工作してるのは事実のようだから、どちらに転んでも損しないという虫のいい両面作戦なのだろう」と岸の肚を推測した(前掲『高木惣吉　日記と情報』下巻、七五一頁、前掲『高木惣吉日記』二五七―二五八頁)。また、前掲『戦時議会』は、東条内閣の総辞職は、「岸一派の動きが主因ではなく、重臣と議会主流を中心とする議会勢力の協力によって実現した」と指摘する(三、二一五頁)。

(54) 前掲『木戸幸一日記』下巻、一一一七―一一一八頁。

(55) 国立国会図書館憲政資料室所蔵『木戸幸一政治談話録音』。前掲『徳川義寛終戦日記』も木戸の回想を裏づける(五二一頁)。

(56) 前掲「沢本頼雄海軍次官日記」六九頁。

(57) サイパン陥落の責任をとるのであれば、本来は軍令部総長を先に辞任するのが筋である(大井篤『海上護衛参謀の回想』原書房、一九七五年、一五三頁)。これは、反嶋田グループが、海軍省と軍令部の人事権を握る海軍大臣の辞職を要求していたためであろう。海軍大臣の人事権で、軍令部総長の更迭は可能であった。

(58) 前掲「沢本頼雄海軍次官日記」七〇頁。

(59) 野村直邦『八十八年の回顧』(非売品、一九七四年)によれば、野村大将は上京するまで何も知らされておらず、「全く寝耳に水」の状態であったという(四〇頁)。野村は、七月一七日に海軍大臣となり、七月二二日に辞任することとなった。

(60) 前掲『近衛日記』七三―七四頁。

(61) 前掲『高木惣吉　日記と情報』下巻、七五四―七五五頁。

(62) 防衛省防衛研究所所蔵『真田穣一郎少将日記』三二巻(中央・作戦指導日記・七七)三九頁。

(63) 前掲『東条内閣総理大臣機密記録』四六五頁。

(64) 前掲『東条内閣総理大臣機密記録』四六五頁、前掲『近衛日記』七八―八〇頁。

(65) 前掲『昭和天皇発言記録集成』下巻、二八七―二八八頁、前掲『東久邇日記』一三八―一三九頁、前掲『東久邇宮日誌』一七巻。

(66) 前掲『東条内閣総理大臣機密記録』四六六―四六七頁、前掲『岸信介の回想』六九―七〇頁。

(67) 大木操『大木日記』(朝日新聞社、一九六八年)四〇頁。

(68) 前掲『近衛日記』八二―八六頁、前掲「太平洋戦争下の「軍部独裁」」三一頁、前掲『木戸幸一日記』下巻、一一二〇―一一二一頁。前掲「情報管理者としての木戸幸一内大臣」は、「表面的には重臣の上奏が直接東条を退陣に追い込んだことにはならないのであるが、東条を信任していた天皇による大命再降下という、逆転の可能性を封じ込めた」とする(八三頁)。

(69) 前掲『大木日記』四二頁、前掲『戦時議会』二一四―二一五頁。

(70) 前掲『真田穣一郎少将日記』三二巻、四三―四五頁、前掲『東条内閣総理大臣機密記録』、四六七頁。

(71) 佐藤賢了『佐藤賢了の証言』(芙蓉書房、一九七六年)四〇〇頁。

(72) 前掲『木戸幸一日記』下巻、一一二二―一一二八頁。

(73) 佐藤元英・黒沢文貴編『GHQ歴史課陳述録　終戦史資料』上巻(原書房、二〇〇二年)一三六頁。

(74) 前掲『昭和天皇独白録』九七頁。

(75) 前掲『近衛日記』一〇八頁、防衛庁防衛研修所戦史室『大本営陸軍部(八)』(朝雲新聞社、一九七四年)五一六頁。この東条の予備役編入によって、小磯首相の現役復帰・陸相兼任がさらに難しくなった。なぜなら、「内閣総理大臣たる東条大将は本来、現役たるを得なかったが、陸軍大臣たるの資格において特旨により現役に列せられたので、今回の辞任により当然予備役に入るべき」という理屈が成り立つからである(前掲『大本営機密日誌』二二九頁)。

(76) 前掲『昭和天皇独白録』一一二頁。

(77) 前掲『近衛日記』一〇九頁。

(78)　前掲『昭和天皇独白録』九四頁。
(79)　防衛省防衛研究所所蔵『国防大綱関係重要書類綴』(中央・戦争指導その他・七五)によれば、陸軍は、予備役のままで統帥に関与する道を開くため、大本営に参軍部を設置することなどを海軍側に提案している。参軍部の具体的な構想としては、稲葉正夫編『現代史資料(三七)大本営』(みすず書房、一九六七年)を参照されたい(五一二—五一七頁)。なお、陸海軍統合問題も話し合われたようであり、赤松貞雄『東条秘書官機密日誌』(文芸春秋、一九八五年)によれば、「市ヶ谷の陸軍官衙に海軍側を収容する案で内協議を進めて、ほとんど合意点にまで達し得た」が、米内の反対によってこの案は崩壊したという(一六六頁)。
(80)　防衛省防衛研究所所蔵『海軍大臣更迭　小磯・米内内閣成立関係』(一・全般・二九一)。
(81)　前掲『昭和天皇独白録』九八頁、小磯国昭自叙伝刊行会編『葛山鴻爪』(中央公論事業出版、一九六三年)八〇一頁。
(82)　前掲『高木惣吉　日記と情報』下巻、七五七頁。
(83)　前掲『葛山鴻爪』七八五頁。
(84)　前掲『高木惣吉　日記と情報』下巻、七六五頁。
(85)　「重光葵宛小磯国昭書状(六月二八日)」(憲政記念館所蔵『重光葵関係文書』三A・一三一)。
(86)　前掲「太平洋戦争後半期における戦争指導」六五—六七頁、前掲『終戦工作の記録』下巻、二九六—二九九頁、立川京一「戦争指導方針決定の構造——太平洋戦争時の日本を事例として」(『戦史研究年報』一三号、二〇一〇年)三七—三九頁。
(87)　伊藤隆・武田知己編『重光葵最高戦争指導会議記録・手記』(中央公論新社、二〇〇四年)二六—二七頁。
(88)　前掲『重光葵最高戦争指導会議記録・手記』二一—二二、一一五—一一六頁。小磯首相は、久原房之助をソ連に派遣する構想も持っていた。この点については、柴田紳一「昭和十九年久原房之助対ソ特使派遣問題」(『国学院大学日本文化研究所紀要』八四輯、一九九九年)を参照されたい。
(89)　前掲『重光葵最高戦争指導会議記録・手記』二二、六〇頁、外務省編『日本外交年表竝主要文書』下巻(原書房、一九六五年)六〇四—六〇五頁。
(90)　前掲『重光葵最高戦争指導会議記録・手記』六一—六二頁。

(91) 前掲『機密戦争日誌』下巻、五八〇頁。
(92) 前掲『徳川義寛終戦日記』七七頁。
(93) 前掲『重光葵最高戦争指導会議記録・手記』六二頁。
(94) 蔡徳金編・村田忠禧・楊晶・廖隆幹・劉傑共訳『周仏海日記』(みすず書房、一九九二年)七〇四頁。
(95) 前掲『昭和天皇の軍事思想と戦略』二九五—三〇四頁、前掲『大本営海軍部・連合艦隊〈六〉』四四五—四四七頁、山田朗「昭和天皇と軍事情報——大本営による戦況把握と戦況上奏」(『駿台史学』一二七号、二〇〇六年)四—九頁。
(96) 前掲「小倉庫次侍従日記」一八一頁。
(97) フィリピン陥落以降、日本には南方から石油がほとんど入ってこなくなった。戦後、昭和天皇は、「日米戦争は油で始まり油で終った様なものである」と述べている(前掲『昭和天皇独白録』五四頁)。三輪宗弘『太平洋戦争と石油——戦略物資の軍事と経済』は、「一九四四年九月以降の米軍の比島反攻開始直後から南方油の還送はまったく期待できない苦境に追い込まれ、近代戦争のエネルギー源である石油のストックを食いつぶすだけ」になったと指摘し、フィリピンがアメリカにとられた時点で勝負の大勢は決したとする(一六四—一六七頁)。
(98) 前掲『昭和天皇独白録』一〇〇頁。
(99) 前掲『昭和天皇発言記録集成』三〇四頁、防衛省防衛研究所所蔵『真田穣一郎少将日記』三五巻(中央・作戦指導日記・八〇)四八頁。
(100) 防衛庁防衛研修所戦史室『大本営陸軍部〈九〉』(朝雲新聞社、一九七四年)四一二頁。服部作戦課長にも、「レイテに勝利を得て終戦に導入する」という考え方があったようだ(同書、四一二—四一三頁)。
(101) 前掲『葛山鴻爪』八〇八—八〇九頁。
(102) 前掲『高木惣吉日記』一九〇—一九二頁、前掲『海軍中将中澤佑——海軍作戦部長・人事局長回想録』一五六—一五七頁。
(103) 読売新聞社編『昭和史の天皇』一巻(読売新聞社、一九六七年)七六頁。
(104) 前掲『昭和天皇の軍事思想と戦略』三〇五—三〇六頁。
(105) この時期、重光外相は、「我が外交」と題するパンフレットを執筆して内大臣・重臣等に配布し、ソ連を利用する可能性とその危険性について説明していた（外務省編『終戦史録』官公庁文献研究会、一九九六年、一七四頁、重光葵記念館編・武田知己監修『重光葵・外交意見書集』三巻、現代史料出版、二〇〇八年、一四六―一六一頁）。

(106) 軍事史学会編『宮崎周一中将日誌』（錦正社、二〇〇三年）八〇頁。

(107) 前掲『機密戦争日誌』下巻、六七四頁。

(108) 野村実『天皇・伏見宮と日本海軍』（文芸春秋、一九八八年）二八四―二九〇頁。

(109) 繆斌工作に関する古典的研究としては、渡辺行男「繆斌事件、ある終戦工作」（『中央公論』一〇三巻九号、一九八八年）がある。野村乙二朗「東亜連盟と繆斌工作（一）（二）」（『政治経済史学』三〇九―三一〇号、一九九二年）は、繆斌工作を石原莞爾の東亜連盟運動の一環として捉え、繆斌工作がそれなりにリアリティを持っていたと再評価する。そして、挫折した原因として、宮中グループが国体護持という至上命題からきわどい外交的選択を許さなかったこと、海軍の陸軍に対する不信感、支那派遣軍の思い上がりなどを挙げている。繆斌工作の手続きや繆斌の資格の問題にウェイトを置いた研究としては、戸部良一「対中和平工作」（『国際政治』一〇九号、一九九五年）があり、「中国（重慶政権）を連合国の一員と見る視点が弱かった」と指摘している（一七頁）。また、波多野澄雄『太平洋戦争とアジア外交』（東京大学出版会、一九九六年）が、重光の繆斌工作反対論を「対支新政策」との連続性において理解しようとするのに対し、武田知己『重光葵と戦後政治』（吉川弘文館、二〇〇二年）は、重光の戦後構想（戦後アジア外交）との関連性で理解しようとする傾向にある。

(110) 前掲『東久邇日記』一八〇―一八二頁。なお、参謀本部も陸軍兵力の移動には必ずしも反対ではなかったらしい。四月二日の作戦連絡会議で、小磯首相が「支那ニ於テハ思ヒ切ッテ兵力ヲ北支ニ集結シテハ如何」と提案したのに対し、作戦部長宮崎周一は「斯カル見解モ考慮セラルル一案ナリ」と答えたという（前掲『機密戦争日誌』下巻、六九六頁）。陸軍軍人にとって、中国大陸から本土への陸上兵力の転用問題は、きわめて重大な問題であった。

(111) 前掲『重光葵最高戦争指導会議記録・手記』三五五―三五六頁。

(112) 前掲『終戦史録』二一七―二二〇頁。

(113) 前掲『木戸幸一日記』下巻、一一七九―一一八二頁、前掲『高木惣吉　日記と情報』下巻、八三四頁。後継外相には吉田茂が考えられていた。吉田茂の対中和平工作については、柴田紳一『昭和期の皇室と政治外交』（原書房、一九九五年）が詳しい。

(114) 前掲『東久邇日記』一八四頁。

(115) 前掲『木戸幸一日記』下巻、一一八五頁。

(116) 前掲『葛山鴻爪』八二七頁。手嶋泰伸「海軍よりみた小磯国昭内閣」(『軍事史学』四五巻二号、二〇〇九年)は、米内海相も重光外相に同調していたが、それは海軍の発言権確保と関係しているとする(七〇頁)。

(117) 大本営会議への首相列席については、関口哲矢「小磯国昭内閣期の政治過程に関する一考察」(『歴史評論』六九四号、二〇〇八年)を参照。

(118) 東京大学法学部附属近代日本法政史料センター所蔵「竹下正彦日記」(『竹下正彦関係文書』リール三)には次のような記述がある。「二課ヨリ更ニ兵備要求アリ。実現ニ努ムベキモ今ヤソノ成否ハＡＢ[陸海]統合ニ俟ツヨリ外ナク、之ガ実現ハ米内ノ退場、杉山、真田ノ更迭ヲ前提トスルヲ思ハシム。二十班、軍ム、軍事ニ遊説ス」(二月二三日)。阿南惟幾の義弟である竹下正彦中佐(当時、参謀本部編制班長兼動員班長、のち軍務課内政班長)を中心とするグループは、八月一五日に皇居に乱入し、八・一五クーデター(宮城事件)を起こしたことで知られている。その一部は責任をとって自決し、残りは戦後を生きのびた。ゲリラ戦を主張するグループであったため、海軍側からは「阿南ヲ推スハ軍務課一派、而モソレハ内地ゲリラ戦一派ニテ危険」と警戒されている(前掲『高木惣吉　日記と情報』下巻、八〇二頁)。このグループが平泉澄の影響下にあったことは、植村和秀『丸山真男と平泉澄——昭和期日本の政治主義』(柏書房、二〇〇四年)に詳しい。

(119) 及川古志郎軍令部総長は、「仮リニ自分ガ幕僚長トナルモ陸戦ニ関シ決裁ノ自信ナシ。又他ノ陸軍ノ幕僚長ガ海軍作戦ノ決裁ヲナスモ之ヲ信用シ難シ」という意向であり、米内海相は「一層反対堅固ナリ」という状況であった(前掲『草水——坪島文雄の生涯』一三八頁)。四月一〇日の井上成美海軍次官の発言によれば、小磯首相が奏上した際、昭和天皇から「陸海軍統合ナドトイフ問題ヲ朕ノ発意ダト思ッテ居ル向モアルガソンナコトハ全然ナイカラ」という発言があったようだ(防衛省防衛研究所所蔵『官房軍務局保存記録施策関係』(五・航空本部・七二))。この点、戦後の回想である『昭和天皇独白録』は、「私はこの案を実現させて平和を促進する考[え]であった」としているが、史料批判が必要である(前掲『昭和天皇独白録』一〇九頁)。

(120) 防衛省防衛研究所所蔵『陸海合一ニ関スル上申書』(中央・戦争指導・その他二〇六)。

(121) 前掲『現代史資料(三七)大本営』五二三頁。皇族の間でも、杉山陸相を排斥する動きがあった。一九四四年九月二六日、三笠宮邸に東久邇宮、賀陽宮、梨本宮、朝賀宮、三笠宮の五人が集まり、陸相更迭を話し合った(前掲『東久邇日記』一四九―一五〇頁)。昭和天皇は、三笠宮に対し、「杉山を排斥するのは面白くない」といったようである(前掲『昭和天皇独白録』一一二頁)。

(122) 前掲『大東亜戦争収拾の真相』一一八―一一九頁。

(123) 田尻育三『昭和の妖怪・岸信介』(学陽書房、一九七九年)一二一頁。

第三章　鈴木貫太郎内閣と対ソ外交

はじめに

一九四五（昭和二〇）年の春、前年のサイパン陥落時から予想されていたこととはいえ、日本の軍事指導者はきわめて厳しい現実に直面することとなる。すなわち、一九四五年三月三日、フィリピンのマニラが陥落し、三月一〇日、B29による東京大空襲、三月二五日、硫黄島が事実上陥落、四月一日、米軍が沖縄に上陸し、四月七日には戦艦大和が沈没、六月一九日には、沖縄の日本軍の組織的戦闘が終了した。フィリピン、沖縄の陥落によって、南方からの物資が日本本土に入ってこなくなり、戦争の長期継続が不可能となった。国際情勢もきわめて日本に不利で、二月一〇日には、ヤルタ会談でスターリンが対日参戦を約束し、四月五日にはソ連が日本に対し日ソ中立条約の不延長を通告、四月二五日、米トルーマン大統領は原子爆弾の開発状況について報告を受け、四月二八日にはムッソリーニが処刑され、五月二日、ベルリンが陥落した。

一九四五年六月二二日、昭和天皇の発意により、秘密御前会議が開催された。この会議では出席者の意見が割れ、外相東郷茂徳、海相米内光政が対ソ外交交渉の開始を主張し、陸軍の梅津美治郎参謀総長は暗に反対論を述べたが、昭和天皇の強い発言もあり、対ソ外交交渉を開始することが決定した。六月二九日、重臣の広田弘毅はマリク駐日大使に日ソ関係改善の申し入れを行い、七月一三日にはモスクワの佐藤尚武大使が使節派遣をソ連政府に申し入れた。しかしながら、周知のように、八月八日、ソ連は日本に対日宣戦を通告する。

この対ソ外交は、「終戦工作」の一環として位置づけられ、「終戦外交」として有名である(1)。そして、この「終戦外交」とソ連参戦以降の「終戦工作」とは、連続性の上に理解されることが多い。特に、「終戦工作」にたずさわった外務省・海軍・宮中の関係者はそのように回想している。その一方で、同じく「終戦工作」にたずさわっていた陸軍の松谷誠大佐は、「戦後和平論者の一部が、自己の功績の宣伝と軍部の罵倒とのため、終戦の実相は予め計画せられたる軍の裏をかきたる一大策謀の如く公表しあるものあり。之は全く結果論的礼讃にして、かかる内外達識の政治家と其の信念並に組織なく、たまたま客観情勢の御蔭にて、聖断の力を主体とした終戦工作がかかる結果」となったとし、「元来陸、海、外共に各個に、かねて隠かに起案せる和平方策は、第三国を介するものにして、米国との直接和平の如き構想にあらず、殊に小磯内閣においては日支和平を経機《ママ》とする全面和平を策して失敗し、鈴木内閣にありては、広田マリック密談又は近衛遣ソ連特使を企図してならず。其の時時に追随し何等脈絡なく、内外情勢を達観した和平工作とは決して考えられず」という厳しい評価を陸海外の「終戦工作」に下している(2)。

ところで、戦争がどのようにして終わるのかという点を考える上で、第三国の存在が戦争終結の時期や条件にどのような影響を与えるのかという問いは興味深いテーマである。歴史的にみても、戦争に負けている側が第三国の後援を得て、戦争を継続することはよくあることである。また、日露戦争のように、第三国の仲介によって戦争が終わるということもある。第三国の存在は、戦争を継続させることもあれば、戦争を終わらせることもあるといえるだろう。さらに、戦争終結の時期や方法の問題は、戦後体制のあり方に影響を与える問題であった。第三国の軍事力を背景に戦争を終結させた場合、当然、戦後の勢力圏問題という戦後構想とも関連せざるを得なかった。

本章は、米ソの軍事的圧力が、日本をソ連に接近させたという観点から、日本の軍事・外交政策の双方を再検討する。そして、その政策は戦争終結の時期や条件の問題とどのような関係にあり、その中で、昭和天皇はどのような政治的役割を果たしたのであろうか。

第一節　本土決戦と対ソ外交

一九四四年九月二五日、陸軍省軍事課は、フィリピン戦に敗れた場合の対策として、「最悪事態ニ処スル国防一般ノ研究」という意見書を作成した。そして、たとえ和平交渉で好条件を得られたとしても、「大阪冬ノ陣、夏ノ陣」のようになり、最終的には、本土駐兵・武装解除・天皇制廃止・民族滅亡（奴隷的移住）になると予想した。この意見書にみられるのは、戦後、敵国が約束を守らないであろうという不信感である。軍事課は、「慄然トシテ膚ニ粟ヲ感ズル」という強い恐怖感に襲われていた。そこで、外交交渉に頼らず、軍事力で国家を救うために次のような主張をした。

捷一号［フィリピン］、捷二号［沖縄・台湾］ノ徹底反撃ハ譬ヘ不利ニ陥ルトモ本土上陸迄相当期間ノ余裕アリ。又敵ノ本土上陸及其ノ進駐ニ対シ軍、民ヲ問ハズ婦女子ヲ問ハズ正規、遊撃戦併セ行ヒ之ヲ拒止センカ譬ヘ之ガ不成功ニ終ルト雖モ敵ニ本土要域ノ分駐体制ヲ執ラス迄尚若干年ノ余裕ヲ有ス。更ニ其ノ後ニ於テモ七千万ノ民族ガ随所ニ敵ノ分駐部隊或ハ要人ヲ襲撃殺傷シ交通網ヲ破壊シ大和民族最後ノ一人迄抗戦スルニ於テハ幾年ヲモ持チ耐フルヲ得ン。斯クスル中ニハ百万ヲ超ユル米兵ノ日本常駐、補充ヲ米国国内事情ガ許スヤ否ヤ、又米、英、「ソ」ヲ繞《めぐ》ル世界状勢ガ米国ノ日本支配ヲ許スヤ否ヤ、収支相償ハザル米ノ日本統治ガ克ク米国国民ノ継戦意志ヲ継続セシメ得ルヤ否ヤ。遂ニ米国ノ本土撤兵ヲ見ルノ希望ナシトセズ、彼ノ南米「チリー」ノ「アラウカノ」

族ガ一六世紀ヨリ一九世紀ノ三百年ニ亘リ弓、矢、石等ノ原始的武器ヲ以テ大砲、小銃ヲ武器トシテ其ノ装備余リニモ隔絶セル「スペイン」軍ニ徹底抗戦シ遂ニ之ヲ駆逐シタル歴史ハ神州日本ノ進路ヲ明示シテ余リアリ。即無為ニシテ屈伏シ亡国滅族ノ日ヲ俟ツヤ七千万ノ血潮ヲ以テ前途ニ希望為シトセザル徹底抗戦ニ邁進スルヤ明白ナル問題ナリ。(3)

「内陸部長期継戦論→米軍の自主的撤兵」という構想といってよい。ゲリラ戦によって、米軍の継戦コストを高め、その戦意喪失を狙ったのである。一般的にいって、戦争の終結には、軍事的勝敗をベースにしたものと、継戦コストをベースにしたものがあるが、彼らの主張は後者であった。軍事課の井田正孝少佐を中心とするグループは、東条内閣の末期、天皇を東京から信州長野の松代に移すことを計画し、信州は神州に通じると考えていたようだ。(4) この意見書では、ゲリラ戦の先例をスペインとアラウカノ族との戦争（アラウコ戦争）に求めているが、彼らがこの戦争を知っていたのは、一九四四年、国内で『南米史話・アラウカノ族の如く』という戦意昂揚本が出版されていたからであろう。(5) 陸軍上層部は井田少佐らの松代移転計画を許可し、一一月一一日午前一一時、松代で地下壕を掘るための工事が開始された。(6) もちろん、軍事課にも徹底抗戦には若干の不安があり、国民が軍から離反すること、国土の荒廃、天皇が捕虜になることなどを心配していた。(7) 井田少佐は、たとえ松代で天皇が三種の神器と運命をともにしようとも、「現実的な国体の消滅はあっても、天皇陛下の自主的な思召であれば、却って日本の国体は永久に生きる」、つまり「理念が永遠に残る」と考えていた。(8) 他方、このようなゲリラ戦の構想に対し、重臣の近衛文麿は「国内ゲリラ戦ハ赤ノ思フ壺デ、ソンナコトヲシタ日ニハ国ハ滅茶々々ダ」と強い危機感を抱いていた。(9) 近衛の軍事ブレーンであった酒井鎬次（陸軍中将）も、海岸付近が占領されれば、在米の大山郁夫や延安の野坂参三などを中心とした傀儡政権が樹立されるのではないかとおそれていた。(10)

陸海軍が本土決戦準備に本腰を入れ始めたのは、フィリピン戦が敗勢に向かった一九四四年末からであった。陸軍は、一二月一四日、戦史・戦術の権威で長野出身の宮崎周一中将を作戦部長に起用した。宮崎作戦部長は、作戦課や軍務局に勤務したことはなかったが、ガタルカナル戦や大陸打通作戦で参謀長をつとめ、豊富な戦場経験があった。翌年一月二〇日、陸海軍は「帝国陸海軍作戦計画大綱」を決定し、「機微ナル世界情勢ノ変転」にのぞみ、「敵戦意ヲ挫折」して「戦争目的ノ達成」をはかるとした。要するに、ドイツの敗北を前提に、本土周辺で米軍を撃退し、その戦意喪失を狙うことに切り替えたのである。そして、本土決戦準備を一九四五年初秋まで完成させることを目指した。(11)宮崎作戦部長は、大急ぎで根こそぎの大動員を行い、内地にあった八個師団に新設急造の四十数個師団を加えて、本土決戦に必要な五十数個師団を揃えようと決心を固めた。この計画には時間と国力の点で無理があり、人員や装備の大幅な低下はまぬがれなかった。そもそも短期間に四〇個師団を生み出すことは困難で、陸軍内部でも「一六コ師団は年末でなければ完成しない」、「数が多いのが良いか、少数でも充実せるものがよいか」、「国力は中期以降を考えるのか」、「十二、三歳の少女に子供を産めというに等しい」という意見があったが、宮崎部長は「(質より)数を尚ぶ」、「(中期以降の国力は)考えなくてもよい」、「八月末迄ニ何ガ何デモ合計四〇〔師団〕ヲ生ム要アリ。貧乏人ハ沢山ノ子ヲ生デ其子ハ忠誠ヲ尽シテ居ル。軍神ハ皆貧乏人ノ子ナリ。金持ハ之ニ反ス。襁褓《おしめ》モナク乳ナクトモ子ハ育ツ」という計画断行の決意を貫いた。さらに、宮崎作戦部長は、本土作戦を優先するため、満州から精鋭師団を本土に転用したばかりか、すでに派遣が決定していた沖縄への一個師団投入を取りやめた。他方、海軍も、米軍の本土上陸を、特攻攻撃により海上で撃滅することとし、人間ロケット爆弾桜花、人間魚雷回天、特攻艇震洋、小型潜航艇海龍、特殊潜航艇蛟龍、潜泳特攻伏龍などの特攻戦備の完成を急いだ。このよう作戦計画に対し、昭和天皇は「趣旨は結構であるが実行が伴わず後手にならぬように」と注意した。(12)

陸軍首脳部は、国力や対ソ関係、国民の動向を考慮した上で、沿岸部短期決戦の方針を採用した。水際決戦は、米軍の艦砲射撃にさらされるという弱点があったが、米ソに弱味をみせないためにも、国民の動揺をおさえるためにも、水際で米軍を撃退することが絶対に必要であった。秦彦三郎参謀次長は、「本土上陸第一波ノ撃摧ニ失敗セバ爾後計画ノ遂行ハ不可能ナリ、従ッテ持久戦ハ不能ナリ、絶対後ノ事ハ考ヘヌ、先ヅ第一波撃摧ニ全力ヲ傾注ス」と沿岸決戦方式を強調した[13]。秦の後任の河辺参謀次長も、参謀次長通牒「本土決戦根本義ノ徹底ニ関スル件」を出し、「戦況苦難ノ故ヲ以テ当面ノ決戦ヲ避ケ後退ニ依リ持久ヲ策スルガ如キ観念ハ本土決戦ノ真義ニ反スル」として、「陸上作戦ニ任ズルモノハ成シ得ル限リ水際ニ於ケル敵ノ必然的弱点ヲ飽迄追求スルヲ作戦指導ノ主眼トシ之ヲ沿岸ニ圧倒撃滅センコトヲ図ルベキモノトス」と厳命した。陸軍中央部は「決戦はただ一回のみ、敵の上陸した所で決戦をやる」という考え方であった[14]。宮崎作戦部長は、水際作戦に必勝の信念を持っており、長野の地下壕に立て籠《こ》もって戦争を継続する意図はなかった[15]。

陸軍が対米戦争を遂行するためには、ソ連の中立を維持することが絶対不可欠であった。関東軍の精鋭部隊はすでに南方に転用されており、その戦力は前年の半分位であった[16]。そこで、陸軍上層部は、佐官クラスをモスクワに伝書使として派遣し、ソ連軍の実情を探ろうとした。参謀本部の暗号班長金子昌雄中佐は、新しい暗号書を持ってモスクワに出発したが、金子中佐は車中でウォッカを飲まされ、スヴェルドロフスク駅で冷たい死体となって発見された[17]。一二月、最高戦争指導会議幹事補佐の大西一陸軍大佐は、密命を帯びてシベリア鉄道に乗り、「西行列車と東行列車の何れが多いか」を調べ、翌年一月、モスクワの佐藤尚武大使と会談し、「日本が対米戦をしっかりやっておる内はソ連は出て来ないが、弱みを見せると必ず出て来る」という感触を得て帰国した[18]。また、作戦課の瀬島龍三少佐も「瀬越良三」という偽名でモスクワに行き、一月、佐藤大使と守島伍郎公使に作戦上の機密を説明した。この時、瀬島少佐は、ソ連参戦の有無についてだけではなく、和平の問題についても話し合ったようである。モスクワからの帰路、瀬島は、車中で東送されるソ連兵を見て、「遠くない将来、ソ連の対日参戦は不可避」と思った[19]。二月二六日、重臣の東条英機は、昭和天皇に拝謁した際、「二週間程前ニ西伯利亜《シベリア》経由帰朝セシ者」の観測として「日本弱マリタリト見ルナラバ、一部ノ兵力ヲ持来ル」だろうと語り、ソ連参戦の可能性は五分五分とした。[20] 政府・大本営は、二月一五日の「世界情勢判断」の中で、米軍の本土上陸は六・七月頃と予想し、ソ連参戦は「帝国国力就中対「ソ」断撥力著シク弱化セリト判断セル如キ場合ニ於テハ欧州情勢ノ如何ニ拘ラズ東亜ノ将来ニ対スル発言権ヲ確保センガ為対日武力戦ヲ発動スルニ至ルノ算アル」と予想した。[21] この時、日本は知る由もなかったが、スターリンは、すでに二月一〇日のヤルタ会談において、対日参戦を約束していたのである。[22]

参謀本部の戦争指導班長の種村佐孝大佐（のち軍務課高級課員）は、対ソ戦を回避するためには、ソ連の「言ヒナリ放題」になって条件を大幅に譲歩し、「日清戦争以前ノ態勢」に立ち返ってでも対米英戦争を完遂すべきだと主張していた。種村大佐が起案した「今後ノ対ソ施策ニ対スル意見」という意見書では、米国は「偽装停戦」した後に「皇室ヲ抹殺」する可能性があると対米不信感を露わにし、むしろ、日ソ提携による戦争完遂をうたっている。その方法は、欧州処理で米英ソが対立するタイミングをみはからって、ソ連を満州・中国・南方に引き入れ、米英の「東亜ニ於ケル野望」に対し、日中ソが「善隣友好互助提携相互不侵略」の原則の下に結合するというものであった。もっとも、種村大佐も、対ソ外交を誤ればソ連の「恫喝」を招く「火遊ビ」となることは認識していたが、「今ヤ此ノ危険性ニ躊躇シテ居ル時デハナイ」とそのリスクには目をつぶる考えであった。[23] また、元戦争指導班長の松谷誠大佐（首相秘書官）も「ソ連は、わが国体と赤とは絶対に相容れざるものとは考えざらん」、「ソ連は国防・地政学上、われを将来親ソ国家たらしむるを希望しあるならん」という対ソ信頼感を持ち、「戦後、わが経済形態は表面上不可避的に社会主義的方向を辿るべく、この点より見るも対ソ接近可能ならん」、「米の企図する日本政治の民主主義化よりも、ソ連流の人民政府組織の方、将来日本的政治への復帰の萌芽を残し得るならん」と対ソ接近を考えていた。[24]

このような対ソ接近論と対極にあったのが、近衛文麿の対米降伏・国体護持論であった。重臣の近衛は、二月一四日、昭和天皇に拝謁した際、次のように述べた。

［近衛］ 戦局ノ見透シニツキ考フルニ、最悪ナル事態ハ遺憾ナガラ最早必至ナリト存ゼラル。以下前提ノ下ニ申上グ。

最悪ナル事態ニ立至ルコトハ我国体ノ一大瑕瑾タルベキモ、英米ノ輿論ハ今日迄ノ所未ダ国体ノ変更ト迄ハ進ミ居ラズ（勿論一部ニハ過激論アリ。又、将来如何ニ変化スルヤハ測断シ難シ）。随ッテ最悪ナル事態丈ナレバ国体上ハサマデ憂フル要ナシト存ズ。国体護持ノ立場ヨリ最モ憂フベキハ、最悪ナル事態ヨリモ之ニ伴フテ起ルコトアルベキ共産革命ナリ。ツラツラ思フニ我国内外ノ情勢ハ今ヤ共産革命ニ向ッテ急速ニ進行シツツアリト存ズ。(25)

この論理によれば、「最悪ナル事態（敗戦）」は必至であり、日本が選択できるのは、敗戦の時期と方法だけであった。近衛は、敗戦後に国体を残すという至上目的のためには、いつどのようにして降伏すればよいのかを考えていた。そして、米国の短波放送の情報等を分析した結果、ソ連がアジアに進出し、「英米ノ輿論」が天皇制廃止に向かう前に、「聖断」方式によって対米降伏した方がよいと考えるようになった。また、近衛は昭和天皇に対し、「生活ノ窮乏、労働者発言権ノ増大、英米ニ対スル敵愾心昂揚ノ反面タル親ソ気分、軍部内一味ノ革新運動、之ニ便乗スル所謂新官僚ノ運動、之ヲ背後ヨリ操ル左翼分子ノ暗躍」によって共産革命の危険があると警告し、「此ノ一味ノ一掃」の必要があると述べた。この近衛の革命への恐怖はやや過剰ともいえるが、それは、陸軍首脳部の更迭を望んでいた近衛が天皇を説得するためのレトリックだったのかもしれない。(26) ところが、昭和天皇は、近衛に対し、次のように述べた。

（御下問） 我国体ニツイテハ近衛ノ考ヘトハ異リ、軍部ハ、米国ハ我国体ノ変革迄モ考ヘ居ル様観測シ居ルガ、其ノ点ハ如何。

（御答） 軍部ハ国民ノ戦意ヲ昂揚セシムル為メニモ強ク云ヘルナラント考ヘラルル。グルーノ本心ハ左ニアラズト信ズ。グルー大使離任ノ際、秩父宮ノ御使ニ対スル大使夫妻ノ態度・言葉等ヨリ見テモ、我皇室ニ対シテハ充分ナル敬意ト認識ヲ有スト信ズ。但シ米国ハ輿論ノ国ナレバ、今後戦局ノ発展如何ニヨリテハ将来変化ナシトハ保証シ得ズ。之戦争終結ノ至急ニ講ズルノ要アリト考フル重要ナル点ナリ。

（御下問）先程ノ話ニ粛軍ヲ必要トスルトノコトデアッタガ、何ヲ目標トシテ粛軍セヨト云フノカ。

（御答）一ツノ思想アリ。之ヲ目標トス。

（御下問）人事ノ問題ニ結局ナルガ、近衛ハドウ考ヘテ居ルカ。

（御答）ソレハ陛下ノ御考ヘ……。

（御下問）近衛ニモ判ラナイ様デハ中々難シイト思フ。

（御答）従来軍ハ永ク一ツノ思想ノ下ニ推進シ来ッタノデアリマスガ、之ニ対シテハ又常ニ之ニ反対シ来リシ者モアリマスノデ、此ノ方ヲ起用シテ粛軍セシムルモ一方策ナリト考ヘラル。之ニハ宇垣〔一成〕、香月〔浩平〕、真崎〔甚三郎〕、小畑〔敏四郎〕、石原〔莞爾〕ノ此ノ三ツノ流レアリ。之等ヲ起用スレバ当然摩擦ヲ増大ス。考ヘ様デ何時カハ摩擦ヲ生ズルモノトスレバ、此際之レヲ避ケルコトナク断行スルコトモ一ツナルガ、若シ之ヲ敵前ニテ実行スルノ危険ヲ考慮スルトセバ、阿南・山下〔奉文〕両大将ノ中《ママ》ヲ起用スルモ一案ナラン。先般平沼・岡田等ト会合セシ際ニモ此ノ話出タリ。賀陽宮殿下ハ軍ノ建直ニハ山下大将ガ適任ト御考ヘノ様ナリ。

（御下問）モウ一度戦果ヲ挙ゲテカラデナイト中々話ハ難シイト思フ。

（御答）ソウ云ウ戦果ガ挙ガレバ誠ニ結構ト思ハレマスガ、ソウ云フ時期ガ御座イマセウカ。之モ近キ将来ナラザルベカラズ。半年、一年先デハ役ニ立ツマイト思ヒマス。(27)


昭和天皇が近衛の進言を採用しなかった理由は、両者の考え方の相違に求めることができよう。第一に、昭和天皇は、沖縄戦までは軍事的な期待を捨てきれないでいた。「モウ一度戦果ヲ挙ゲテカラデナイト中々話ハ難シイト思フ」

と「戦果」を期待したのである。一方、近衛は「ソウ云フ時期ガ御座イマセウカ」と戦果が挙げられるかどうかを疑問視していた。第二に、近衛の推薦した「宇垣、香月、真崎、小畑、石原」といった人物を昭和天皇は嫌っていた点が挙げられる。なかでも、二・二六事件で側近を殺された昭和天皇は、事件に関与した皇道派の軍人には強い不信感を抱いていた。第三に、この段階では、昭和天皇は無条件降伏は考えておらず、後述するように、戦争責任者の処罰や軍の武装解除を避けたいと考えていたのである(28)。

同時期、中国の延安にいた野坂参三は、五月の中国共産党第七回大会において「民主的日本の建設」というタイトルでその戦後構想を語っている。野坂は、次の革命を民主主義革命とし、「戦争犯罪人の厳罰」を徹底的に行うことを主張していた。ただし、天皇制については、封建的専制政治機構としての天皇と半宗教的役割としての天皇とに区別し、前者は廃止しなければならないが、後者は「人民大多数が天皇の存続を熱烈に要求するならば、これに対してわれわれは譲歩しなければならない。それゆえに、天皇制存続の問題は、戦後、一般人民投票によって決定さるべきことを、私は一個の提案として提出するものである」と述べた。この野坂演説は、中国語訳・添削の上、『解放日報』に掲載された(29)。

第二節　鈴木貫太郎内閣と六月八日の御前会議

四月五日、小磯内閣が総辞職すると、木戸内大臣は、後継首相を推薦するため重臣会議を開催した。この会議の席上、東条は陸軍の畑俊六元帥を推し、平沼、近衛、若槻、木戸は海軍の鈴木貫太郎枢相を推した。だが、元海軍大将の鈴木枢相は「軍人が政治に出るのは国を亡ぼす基なり」と辞退し、東条は「余程御注意にならないと、陸軍がそっぽを向く虞れあり」と警告した。木戸から重臣会議の模様を聞いた昭和天皇は、鈴木大将を呼び、「卿に内閣の組閣を命ずる」と述べた後、「頼むから、どうか、まげて承知してもらいたい」と懇願した。鈴木大将は、おそらく昭和天皇の苦悩する姿を見て拝辞するに忍びなかったのであろう、一度は辞退した大命を引き受けた(30)。陸相には鈴木と面識のある阿南惟幾が、外相には東郷茂徳が就任し、海相には米内光政が留任した(31)。

鈴木貫太郎は、当時の軍人としては珍しく、「政治」が理解でき、考え方が偏らない人物であった。これは、鈴木大将の経歴によるところが大きい。慶応三（一八六七）年に生まれた鈴木は、軍人教育が未だ硬直していなかった明治期に海軍兵学校を卒業し、日清・日露戦争を戦い、大正末期に連合艦隊司令長官・海軍軍令部長を歴任し、昭和初期には七年間にわたり天皇側近の侍従長をつとめ、二・二六事件では襲撃の対象となった。鈴木は、個々人の考え方は「三人三色」でそれぞれ異なるので、「これら異なった意見を闘して、その中の中庸をとる」ことが「政治」だと考えていた。また、当時のいわゆる「聖戦」イデオロギーを疑問視し、日清・日露戦争以降、日本人は「誇大妄想」の大陸政策にとりつかれ、「隣邦を侮視し、東洋の盟主ということを自ら唱えるようになった」と考えていた。鈴木は、組閣に際し、九年前の二・二六事件で浴びた銃弾と首筋の銃口を思い出したという(32)。

四月五日、ソ連は日本に対し、日ソ中立条約の不延長を通告した。条約はなおも一年間有効であったが、参謀本部は対ソ情報判断を行い、ソ連参戦の時期を夏、秋以降と判断した。六月八日の「世界情勢判断」においても、「其ノ時期ハ敵ノ本土又ハ中北支方面上陸ノ時期、北満ノ作戦的気象条件及東「ソ」兵力集中ノ状況等ヨリ見テ本年夏秋ノ候以降特ニ警戒ヲ要スベシ」と説明されている(33)。その理由は、次の三点にあったと考えられる。第一に、ソ連は日米戦の結果をにらみつつ、タイミングを見はからって参戦するだろうという観測があった。最小の犠牲で最大の効果を得るためには、日本が対米戦によって戦力を低下させ、軍事的弱体化が露呈した時に参戦しても遅くはないと考えられた。第二に、天候の問題がある。冬季到来以降の軍事作戦は困難であるため、それ以前には参戦するものと考えられた。第三に、シベリア鉄道の輸送能力などから、参戦の準備が八、九月頃には整うものと予測されていた。[34]参謀本部作戦課長の天野正一は、「無条件降伏と云うことは何時でも出来よう」として、「対米決戦の前にソ連を起たしめない」ようにし、「本土決戦に成功を収めて終戦の好機を把握」しようとしていた。陸軍は対ソ戦には自信がなく、ソ連が参戦した場合には「万全の策案無く」、関東軍の「持久」を「念願」するほかなかった。[35]また、石油や食糧が尽きかけていたため、米軍が本土上陸を延期することもおそれていた。参謀次長の河辺虎四郎は「敵がおそくも此の年の秋（台風季節後）までに日本本土に向い大規模に来攻するであろうことを判断して居たが、それと同時に、此の来攻の時期が次年にまでも遅れることのないようにと希望して居た」と回想している。[36]

四月七日、沖縄突入を目指していた海上特攻隊（戦艦大和・第二水雷戦隊）が米艦載機の攻撃を受けて壊滅し、三七二一名の戦死者を出した。また、海軍は体当たり攻撃を主体とする航空総攻撃を組織的に行った。一方、沖縄の現地軍（第三二軍）は、当初から水際決戦を放棄し、本土決戦のための時間稼ぎとも考えられる持久戦を採用した。昭和天皇は、沖縄の陸軍部隊が飛行場を確保しなかったことに不満で、参謀総長に対して「現地軍ハ何故攻勢ニデヌカ。兵力ガ足ラザレバ逆上陸モヤッテドウカ」と攻勢作戦を督促した。[37]昭和天皇は戦後も沖縄戦の作戦方針には不満が残ったようで、「作戦不一致、全く馬鹿馬鹿しい戦闘であった」と強い口調で述べている。[38]

五月七日、ドイツ軍は連合国に無条件降伏し、日独伊単独不講和条約が消滅した。政府・大本営は、五月一一日、一二日、一四日の三日間にわたり最高戦争指導会議構成員会議（六巨頭会議）を開催して、善後策を討議した。会議の出席者は首相、外相、陸海軍大臣、両統帥部長の六人に限定され、陸海軍の軍務局長は出席を許されなかった。これは、対ソ外交・軍事上の機密が漏れることをおそれたための措置であった。[39]そしてこの会議では、ソ連参戦の場合には「死命ヲ制セラル」という前提の下に、[40]①ソ連の参戦防止、②ソ連の好意的態度の誘致、③ソ連への和平斡旋の依頼、という三つの項目が検討された。そして、第一項・第二項を目的として対ソ交渉が開始することとなり、第三項は当面の間は留保されることとなった[41]。また、日露戦争以前に近い状態に戻ることを前提とし、南満州の中立化などが譲歩の限度とされた。さらに、ソ連を説得する際のロジックとして米ソ対立の必然性と日ソ提携の必要性が次のように説かれた。「将来蘇連が米国と対抗するに至るべき関係上日本に相当の国際的地位を保たしむるの有利なるを説き、且又日蘇支三国団結して英米に当るの必要あるを説示し、もってソ連を前期諸目的に誘導するに努むべきなるも、蘇連が対独戦争終了後その国際的地位向上せるとの自覚並びに近来帝国の国力著しく低下せりとの判断を有し居ること想像に難からざるをもって、その要求大なるを覚悟する必要あり[42]」。また、ソ連を米英から引き離し、日本に接近させる外交を行うためには、「土産」を持参する必要があるとも考えられた。五月二二日、米内海相は腹心の高木惣吉少将に対して、「元来対ソ問題ヲ考ヘルニハ土産ヲ持ツテ行カネバナラヌ」として、「和平斡旋ノ為ニ蘇ニ土産ヲ出シテ、更ニ戦争終結ノ為ニ何ヲ犠牲ニスルカトイフコトハ、考ヘテ置カネバナラヌ」と研究を命じた[43]。さらに同時期、海軍省軍務局第二課長の末沢慶政は、海軍の残存艦艇とソ連の飛行機の物々交換をソ連大使館に秘密裏に提案していた[44]。

日本側にとって最も望ましい状況は、ソ連側から好意的な和平提唱があることであった。この場合、日本は自国の弱味をさらさずにすむ。また、逆に、日本側から戦争の大義名分に反するような和平条件を提示した場合、日本国内が大混乱に陥ることが予想された。そこで日本は、重臣の広田弘毅に依頼し、ソ連側の意図を偵察することとした。六月三日、広田は散歩の途中と称して、箱根の強羅ホテルにマリク大使を訪問し、ソ連側の意向を打診した。翌日、マリク大使は夕食に広田を招待して、日本が米英に対して直接交渉を試みようとしているかどうかを探ろうとした[45]。他方、広田は、日本側の具体的な和平条件をマリクに提示せずに、ソ連の意向を探ろうとした。日本側がより踏み込んだ発言をしていたならば、マリクは興味を示したかもしれなかった[46]。六月七日、マリクは外務人民委員部への電報の中で「日本側は、最大限の譲歩として、南サハリンをわれわれに返還すること、ソ連の協定水域内の漁業を放棄すること、おそらく千島列島の一部をわれわれに引き渡すことに応ずるかもしれないと考えるのは当然であろう。われわれにとって有利となる何らかの本質的な変更、つまり満州、朝鮮、関東州、華北における日本の立場の変更に日本側が自発的に応じることを期待するのは難しい。日本が完全に軍事的に敗北し、無条件降伏する結果にならなければ、このようなことは起こりそうにない」と報告している。具体的和平条件を提示しない広田の態度は、マリクには曖昧なものに映った。モスクワはマリクに一般的なことを話すように指示し、日本側に明確な回答を与えない方針をとった。苛立った広田は、六月二四日と二九日にマリクと会談し、①満州国の中立化、②漁業権の解消、③「日本側は、ソ連側が検討を希望するその他のすべての問題を検討する用意がある」ことを伝えたが、ここでも具体的条件は提示されなかった。広田は、陸軍大国のロシアと海軍大国の日本の合同を示唆したとも、示唆しなかったともいわれている[47]。この広田・マリク会談が失敗に終わったのは、日本側の和平条件が決まっておらず、日本側から具体的な提案を行わなかったからである。また、軍事的にも若干の時間的余裕があると考えられていた[48]。日本は、本土水際決戦前後のぎりぎりの時期に、なるべく良い条件で戦争を終わらせようとしていたのである。

六月八日、御前会議が開催され、「飽く迄戦争を完遂」して、「国体を護持し皇土を保衛」するという第四回戦争指導大綱が決定された。前者は本土決戦方針を決定したものであり、後者は戦争目的を再定義したものであった[49]。また、この御前会議には、出張中の梅津参謀総長に代わって河辺虎四郎参謀次長が出席した。

この御前会議において、昭和天皇を落胆させたのは、国力に関する見通しであった。「国力の現状」という報告書の中では、「本年末に於ては使用船腹量は殆んど皆無に近き状態」、「六月以降殆んど其の計画的交通を期待し得ざる」、「鋼船の新造補給は本年中期以降は全然期待し得ざる」、「局地的に飢餓状態を現出するの虞あり」という悲観的見通しが報告され、国力は八、九月頃迄しか持たないことが示されたのである。特に、航空用ガソリンの不足は深刻であった。海軍省第一課は、海軍の現在の保有量は国内三万八七〇竏（キロリットル）で、月一万五〇〇〇竏の使用に切り詰めたとしても八月一杯までしか持たないとしている。「国力（航油）海軍ハ八月迄、陸軍ハ九月迄」という危機的状況であったのである。大本営・政府の首脳者は、国民に対しては特攻精神を怒号しながらも、肝心の航空用ガソリンが一〇月以降には無くなることを知っていた。この石油要因は出席者に大きな衝撃を与えたようで、敗戦後、昭和天皇は「油故に開戦し油故に敗る」と語っている。(50)

しかしながら、陸海軍は、会議の席上、本土決戦における必勝を確信すると勇ましく述べた。陸軍の河辺次長は、米軍の九州・四国上陸は七、八月、関東上陸は初秋以降と判断し、陸上戦では「挙軍刺違の戦法を以て敵を大海」に突き落とすと述べた。海軍の豊田副武総長もこれに続き、軍令部は敵輸送船の二割程度しか沈め得ないと判断していたにもかかわらず、「約半数ニ近キモノハ水際到達前ニ撃破シ得ル」と根拠なき数字を述べた。(51)この御前会議では、和平論はほとんど議論とならず、強気一本槍の建て前論が相次いだ。鈴木首相は「死中に活を求むる」と述べ、平沼枢相も「要スレバ弾圧」も必要であり「和平ヲ思フハ此時局ニ合ハヌ」と述べた。これは、出席者が、会議の内容が河辺次長や両軍務局長を通じて外部に漏れることを恐れていたためである。他方、陸軍の河辺次長は御前会議の内容に感激し、「更ニ何ヲカ申サンヤ、唯死ヲ以テ頑張ランコトヲ期スルアルノミ」と決意を固めた。(52)

御前会議の翌日にあたる六月九日、臨時議会が開催された。米内海相は、和戦に対する政府の「腹」が決まっていないうちに議会を開くことに反対していた。鈴木首相や阿南陸相がどのような決意を述べるのかを心配していたからである。(53)その鈴木首相は施政方針演説おいて次のように述べた。

今次ノ世界大戦ノ様相ヲ見マスルニ、交戦諸国ハソレ〴〵其ノ戦争理由ヲ、巧ミニ強調致シテ居リマスケレドモ、畢竟スルニ人間ノ弱点トシテ洵ニ劣等ナ感情デアル、嫉妬ト憎悪トニ出ヅルモノニ外ナラナイト思フノデアリマス。

私ハ曾テ大正七年、練習艦隊司令官トシテ米国西岸ニ航海致シマシタ折、「サンフランシスコ」［ニ］於ケル歓迎会ノ席上、日米戦争観ニ付テ一場ノ演説ヲ致シタコトガアリマス、其ノ要旨ハ、日本人ハ決シテ好戦国民ニアラズ、世界中最モ平和ヲ愛スル国民ナルコトヲ、歴史ノ事実ヲ挙ゲテ説明シ、日米戦争ノ理由ナキコト、若シ戦ヘバ必ズ終局ナキ長期戦ニ陥リ、洵ニ愚ナル結果ヲ招来スベキコトヲ説キマシテ、太平洋ハ名ノ如ク平和ノ洋ニシテ、日米交易ノ為ニ天ノ与ヘタル恩恵デアル、若シ之ヲ軍隊輸送ノ為ニ用フルガ如キコトアラバ、必ズヤ両国共ニ天罰ヲ受クベシト警告シタノデアリマス、然ルニ其ノ後二十余年米国ハ此ノ真意ヲ諒得致シマセズ、不幸ニモ両国相戦ハザルヲ得ザルニ至リマシタコトハ洵ニ遺憾トスル所デアリマス。(54)

これは米国に対する呼びかけでもあった。この鈴木演説は、海外にも伝えられ、対日プロパガンダ放送を担当していたザカリアス大佐は鈴木首相の平和への意図を読みとったという。(55) 一方、議会では、護国同志会の小山亮が反発し、宣戦の詔書には「天佑ヲ保有シ」という言葉があり、国民は「天罰ヲ受ケヨウナドト云フ考ヘハ、毛頭持ツテ居ラナイ」として、開戦詔書と鈴木演説との矛盾点を指摘し、議場は大混乱に陥った。(56) 情報局総裁であった下村宏は「天佑天罰事件は、いつの間にか倒閣運動」となり、護国同志会の「声明書はガリ版となりバラまかれ、それも議会内の陸軍部の一室で刷られたなどといふ流言」まであったと回想する。(57) この時、米内海相は、鈴木内閣に失望し、辞意を表明したようだ。だが、阿南陸相は米内海相を慰留し、六月一二日には陸軍部内に訓示を与えて倒閣運動を戒めた。(58)

第三節　沖縄の陥落と昭和天皇の態度の変化

昭和天皇の戦争に対する態度は、沖縄での反撃に失敗し、ドイツが降伏した五月上旬頃に変化の兆しをみせ始めたようである。この頃、木戸内大臣は近衛文麿に対し、「従来ハ、全面的武装解除ト責任者ノ処罰ハ絶対ニ譲レヌ、夫レヲヤル様ナラ最後迄戦フトノ御言葉デ、武装解除ヲヤレバ蘇連ガ出テ来ルトノ御意見デアッタ。ソコデ、陛下ノ御気持ヲ緩和スルコトニ永クカカッタ次第デアルガ、最近（五月五日ノ二、三日前）御気持ガ変ッタ。二ツノ問題モ已ムヲ得ヌトノ御気持ニナラレタ。ノミナラズ今度ハ、逆ニ早イ方ガ良イデハナイカトノ御考ニサヘナラレタ」と語っている(59)。

この前後の五月七日、東京帝国大学教授の南原繁と高木八尺は、木戸内大臣を訪問し、戦局の前途について意見を述べた。彼らは「国務省グルー等中心ノ考ハ比較的健実デアッタ。最近ノライシャワー論説モ、国務省ノ意向ヲ反映セルニアラズヤ。国体ニハ触レナイコトヲハッキリ言明セルガ如シ」という考え方を持ち、ソ連ではなく「米ヲ相手ニシテ、率直ニ日本ノ真意ヲ披瀝スルコト」を望んでいた。米国を信頼した上での、対米直接交渉論である。また、元外相の有田八郎も「直接英米に講和を申入れろ」という同様の考え方を持っており、重光葵元外相を通じて木戸内大臣に対米直接交渉を進言していた(60)。

B29による空襲も昭和天皇の身辺をおびやかしていた。五月二五日の夜、米爆撃機は東京に焼夷弾を投下し、都内は大火災となった。その猛火の勢いは皇居にも飛び火し、翌日の早朝、皇居の宮殿は焼け落ちた。この消火活動のため、皇居内において三十数名の殉職者を出している。豊明殿の噴水池の中には、手押しポンプを持ったままの近衛兵の死体が浮かんでいたという。昭和天皇は、二七日の午前と午後、宮殿の焼け跡を見てまわり、「戦争のためだから、やむを得ない。それよりも多数の犠牲者を出し、気の毒だった。残念だったなあ」と述べたといわれる(61)。

前述の六月八日の御前会議の終了後、昭和天皇から会議の模様を聞いた木戸内大臣は、同日、早期交渉・撤兵を骨子とする「時局収拾の対策試案」を起草した。この木戸試案は、国力の観点から軍は七月以降戦争を継続できず、国民も冬には食糧・衣糧の不足に動揺すると説き、「独乙の運命」と同じ轍を踏まないためにも、天皇の「御親書を奉じて」ソ連と交渉すべきであると主張した。その講和条件は、最低限の「名誉ある講和」であり、占領地から撤兵し、軍備の縮小を受け容れるというものであった。また、敵側の現在の「主要目的」は日本の「軍閥打倒」であるが、このまま戦争を継続して「時機」を失すれば、「皇室の御安泰、国体の護持」も危うくなると考えた(62)。ここで注意したいのは、この木戸試案は、陸軍も原則的に賛成し得る「交渉による終戦」の枠内にとどまり、無条件降伏を前提とする交渉案ではなかったことである(63)。木戸は、この試案を松平康昌内大臣秘書官長、外務省の加瀬俊一秘書官、陸軍の松谷誠大佐に見せた上で、六月九日午後一時半、天皇に拝謁し、この試案を陸海外三相と協議する許可を得た。木戸の拝謁後、昭和天皇は、四〇分間にわたり皇居内を「御散策」しており、この時、戦争の前途について思い悩んだに違いない(64)。

六月一一日、昭和天皇は、大陸視察から戻った梅津美治郎参謀総長から「支那総軍の装備は大会戦をなすとせば一回分にも充たない装備を有するに過ぎない」と悲観的報告を受けた。天皇から相談を受けた木戸が「軍隊が木の銃や大砲で練兵して居る」と述べると、昭和天皇は「精鋭師団はそんなことはないと思ふ」と淡い希望をつないだ(65)。ところが、翌日には、今度は海軍の長谷川清大将から、横須賀・呉・佐世保の水上・水中特攻兵器（震洋・回天・海龍・蛟龍）の査察報告を受け、特攻戦備の貧弱さや「魚雷」生産の遅れが報告された。この時、昭和天皇は「かくなつては国は守れぬ」と思ったという(66)。六月一三日、阿南陸相は松代の地下壕を視察し、陸軍の蓮沼蕃侍従武官長は内大臣に松代への大本営移転計画を説明した。木戸内大臣は、すぐに宮相石渡荘太郎、次官大金益次郎、侍従長藤田尚徳、皇后宮太夫広幡忠隆らと対策を協議し、午後一時四〇分に天皇に拝謁して、即日、宮内省総務局長加藤進を松代に派遣することを決めた(67)。さらに悪いことは続き、木戸内大臣が天皇に松代移転計画を説明した直後、今度は海軍の豊田総長が、沖縄の海軍守備隊（司令官・大田実少将）が玉砕したことを報告した(68)。

昭和天皇が過度の心労から倒れたのは、六月一四日のことであった。この日の昭和天皇は、御進講中に気分が悪くなり、「御嘔吐あらせらる」という状況で、夜は下痢に苦しみ、翌日も「終日御床」という病状であった(69)。おそらく、昭和天皇はこの病床において本土決戦不能を確信し、国体護持のためにあらゆるものを犠牲とする決意を固めたと思われる。そして、その天皇の意向を伝える役割を果たしたのは木戸内大臣であった。木戸は、六月一八日、阿南陸相に天皇の「御内意」を伝えた。この時、阿南は「和平斡旋を依頼する前に一度敵の本土上陸の機会に乗じ痛撃を与え少しでも有利な条件で終戦したい」と述べたが、木戸内大臣は「若し敵に上陸されて了つて、三種の神器を分取られたり、伊勢大廟が荒らされたり、歴代朝廷の御物がボストン博物館に陳列されたりしたらどうするつもりか」と天皇の内意をほのめかして詰め寄った。同日夕方、六巨頭会談が開催され、米内海相は対ソ外交を直ちに開始するように主張したが、阿南陸相と両総長は「偵察ヲ先ニスベシ」と主張し、妥協案として、七月上旬までソ連の態度を偵察した上で対ソ外交を開始することで合意が形成された。木戸の試案と天皇の内意を基礎とする根回しが、一定程度ではあるが、成功したのである。(70)

六月二二日、昭和天皇は、天皇自らの発意で最高戦争指導会議の構成員を集めて、「懇談会」（秘密御前会議）を開催した。天皇が自らのイニシアティブで会議を開くことは異例のことであり、昭和天皇は次のように述べたという。

〔天皇〕　御言葉　先般の御前会議決定に依り飽く迄戦争を継続すべきは尤ものことなるも亦一面時局収拾につき考慮することも必要なるべし、右に関する所見如何。

暫らくの間進んで奉答するものなし。遂に御言葉あり、先づ首相の所見を問ふ。

○首相〔鈴木貫太郎〕　御言葉を拝し恐懼の至りに不堪。飽迄戦争完遂に力むべきは勿論のことなるが、之と併行して外交上手を打つこと亦必要なりと思考す。

首相より海軍大臣はとの言葉あり。

○海相〔米内光政〕　外務大臣より先ず奉答すべきは順序なりと思考するも便宜上海軍大臣より奉答すと前提し、実は五月十一日以降数回に亘り最高戦争指導会議構成員のみを以てする懇談会を催し時局柄主として対ソ問題につき討議し概ね左の結論を得たり。
一、ソとの中立関係を持続すること
二、ソの好意的中立を取付くること
三、ソをして大東亜戦争の終結を斡旋せしむること
当時海軍大臣は叙上の第三を延期し暫く時機の到来を待つを可とする旨発言し構成員諸官の同意を得たり。

然るに過般の御前会議に先だち六月六日綜合計画局長官より国力の現状に関する説明を聴取し頗る憂慮に堪へざるものあり、仮令武力戦に於て負けざる覚悟ありとしても綜合国力が戦争継続に困難ありとせば前途は知るべきのみ、茲に何とか戦争の終局に稽へ所要の対策を講ずるの要を痛感し前述第三を発動すべき時機正に到来せるを思はしめたり。最後の構成員懇談会（六月十七日［十八日］）に於て発動時機に関し慎重に論議を重ねたる結果、第三項は発動すべし、但し発動するとしても発動迄の順序と方法には至大の注意を払ふの要あるべく何れにしても之に関するソ側の意向を先以てサウンドせざるべからずとの意見の一致を見、外務大臣は叙上のラインに沿ひ外交を指向することとなせり。右は時局収拾に関する構成員の一致したる意見の概要なり。何れ外務大臣より補足及び詳細後述せらるべし。これを以て奉答を終ります。
○外相［東郷茂徳］　只今海相の述べたることは間違ひありません、只茲に若干補足すべしと前提し発動に付ての利害得失につき詳細説明す（詳細は外相の手記に譲る）。
次で梅津参謀総長に対し、軍部の所見如何との御下問あり。
○参謀総長［梅津美治郎］　先程海軍大臣の申述べた通りと前提し意見を開陳す（意見は総長の手記に譲る）。
次に陸軍大臣は如何との御下問に対し
○陸軍大臣［阿南惟幾］　特に申上ぐることなし

右にて終了、入御。時に午後三時三十五分なり。(71)

この六月二二日の懇談会によって、最高戦争指導会議の構成員（首相、外相、両大臣、両総長）は、従来間接的に聞いていた天皇の意向を直接確認することができた。この会議の模様は、木戸や東郷、海軍の史料などから、その大部分を知ることができる。会議の冒頭、昭和天皇が戦争終結の問題について発言し、米内海相が最高戦争指導会議の申し合わせ事項について説明した。その内容は「第三項〔ソ連への和平斡旋依頼〕は発動すべし、但し発動するとしても発動迄の順序と方法には至大の注意を払ふの要あるべく、何れにしても之に関するソ側の意向を先以てサウンドせざるべからず」というものであった。ソ連に和平斡旋を依頼することでは原則的に一致していたが、時期や方法については明確に決まっておらず、広田・マリク会談によってソ連の意向を探っている段階であったのである。次に、東郷外相が「瑞典等を通ずるも敵は無条件降伏に依るの外なしとの素気なき回答をなすこと略ぼ明らかなるにより相当の危険あるもソ連を通ずるの外なき」とソ連仲介論を述べ、「ピース・ムーヴメント」は「国民の士気」に影響するが、「成功シナカツタ場合ニハ、却テ国民ニ最後ノ決意ヲ堅メシメルコトモ出来ル」と述べた。また、条件については「相当の覚悟を要すべき」と述べ、時期についてはポツダム会談との関係から「七月上旬には話しを決めて特派大使を送りたい」と述べた。次いで昭和天皇が軍の意見を尋ねたところ、梅津参謀総長は「之が実施には慎重を要す」と慎重論を述べ、阿南陸相も「戦局を収拾することには異議はないが功を急ぎ過ぎて我が方の弱味を暴露してはなりません。慎重に考慮を廻らす必要がある」と時期については慎重な態度をとった。これに対し、昭和天皇は「実施には慎重を要することは勿論なるも、其の為め時期を失することはなきや」、「慎重に措置すると云ふのは敵に対し更に一撃を加へた後にと云ふのではあるまいね」という趣旨の意見を述べた。この昭和天皇の発言に対し、参謀総長は正面から反対するわけにもいかず、「其意味でない」と述べ、会議は終わった。昭和天皇の積極的なイニシアティブによって、第三項を推進することで合意が形成されたのである。この会議の直後、米内海相は「問題ハコレカラガ難シイト思フ。方針ガ決ツテモ、具体的ニドウ持ツテ行クカトイフコトニナルト中々容易デナイ。今迄ハマア大シタコトハナカツタ。コレカラガ問題ダ。自分ハＡ〔陸軍〕ノ下の方ノ動キハ知ラヌが、場合ニヨツテハ二、二六ノ様ナコトガナイトハ限ラヌ」と感じていた。具体的な条件や方法を決めるは容易なことではなく、陸軍がそれに不満を持てば二・二六事件のようなクーデターが起こりかねなかった(72)。

最高戦争指導会議の方針は、広田・マリク会談の結果を待ち、七月上旬以降にソ連に対して申し入れを検討するというものであった。閣内においても意見が完全に一致していたとは言い難く、阿南陸相は「危険大ナリト高唱」し、「尚偵察ヲナシツツ前進ノ外ナキニ至ル」という状況であった。陸軍は本土沿岸決戦後の方が好条件が得られるとして、なるべく交渉開始の時期を延ばそうと考えていた。米内海相も東郷外相を批判して「東郷ハ「スローモー」ダ。用心スルニシテハ程度ガスギル」と述べていたし、米内の腹心の高木少将も「外相ハ、本土上陸ガ延ビレバ外交ニモ余裕ガ出来ル様ニ考ヘテ居ラレルトスレバ、重大ナ喰違ニナルト思フ」と政府内の足並みの乱れを懸念していた(73)。

昭和天皇は七月上旬になっても対ソ外交に進展がないのに不満を持ち、七月七日、モスクワへの特使派遣を提案して政府を督促した。さらには、特使派遣が決定すると、七月一二日、近衛文麿を呼んで特使を引き受けるよう依頼した。この時、昭和天皇と近衛文麿との間で、和平の条件や方法について何らかの話し合いが行われたものと考えられる。近衛の戦後の手記によれば、「ソ連へ対しては何等の条件をも提示せずモスコーで話合の上そこできめた条件をもつて陛下の勅裁を仰ぎ、これを決定することとし、このことを特に陛下から御許を得た次第であった」という(74)。近衛は無条件降伏に近い条件で条約を締結し、昭和天皇の「聖断」によって、モスクワから日本国内の反対論を封じ込めようとしていたのだろう。だが、特使派遣は実現することはなかった。スターリンがポツダム会談への参加を理由に、回答を引き延ばしたからである。後にソ連が参戦した後、鈴木首相は「ソ連に対する外交も不運であった。いま少し早く始めればよかった。組閣当初から交渉すればよかった。時期を失したのは残念である」と後悔した(75)。

七月の時点では、ソ連に戦争終結の斡旋を依頼することは決まっていたが、和平条件の問題については合意が形成されていなかった。「ざっくばらんに仲介を頼む」という形になったというのが真相だろう。したがって、日本は、外交によって良い条件が得られれば戦争を終結するが、良い条件が得られなければ戦争を継続するという和戦両用の構えであったとみてよい。昭和天皇は、七月七日、鈴木首相に「外交ガウマク行クカドウカハ解ラナイコトダガ、順調ニ行ケバ、戦争終末ノ斡旋ヲヤラセルコトガ出来ルシ、若シ又旨ク行カナケレバ却ツテ国民ノ結束ヲ堅メテ、飽ク迄戦争継続ガ出来ルコトニナルト思フ」と語っている(76)。また、米国が無条件降伏に固執した場合には、本土決戦のシナリオも念頭にあったようで、七月三一日、木戸内大臣に対して次のように述べている。

［昭和天皇］　先日、内大臣の話た伊勢大神宮のことは誠に重大なことと思ひ、種々考へて居たが、伊勢と熱田の神器は結局自分の身近に御移して御守りするのが一番よいと思ふ。而しこれを何時御移しするかは人心に与ふる影響をも考へ、余程慎重を要すると思ふ。自分の考へでは度々御移するのも如何かと思ふ故、信州の方へ御移することの心組で考へてはどうかと思ふ。此辺、宮内大臣と篤と相談し、政府とも交渉して決定して貰ひたい。万一の場合には自分が御守りして運命を共にする外ないと思ふ(77)。

昭和天皇は、万が一の場合には、松代大本営において、三種の神器と「運命を共にする」気持ちであった。この発言から、昭和天皇は、ある一定の状況下においては本土決戦の可能性があると考えていたことがわかる。昭和天皇も、戦局の成りゆきによっては、最悪の事態を覚悟せざるを得ない客観情勢であった。

第四節　対ソ外交をめぐって

日本は、近衛文麿をモスクワに派遣するにあたり、どのような条件と「土産」を持参するつもりであったのか。まず条件の問題であるが、一九四五年上旬から、陸海外の秘書官クラスがこの問題を討議している。出席者は、外務省の加瀬俊一、海軍の高木惣吉少将、陸軍の松谷誠大佐、内大臣秘書官長の松平康昌の四人であった。この四人はそれぞれ上司の密命によって「時局収拾」の研究をしており、近衛特使の訓令案もこれらのグループが起案している。一九四五年七月上旬に外務省の加瀬俊一が起案した「対蘇交渉案要旨」によれば、「(1)即時停戦、(2)全占領地よりの自主的撤兵（装備放棄）、(3)皇室の安泰と国体の維持、(4)政治の刷新、(5)内政不干渉、(6)国民生活の確保、(7)非占領、(8)戦争犯罪者の自主的処理、(9)東亜諸国の自主独立、(10)領土割譲、(11)賠償、(12)軍備の自主的制限」の一二項目が挙げられている。この原案に対しては、陸軍の松谷誠大佐が「項目細かすぎる」として「皇室ノ安泰ト国体ノ維持」だけで全権を派遣すべきであると主張したが、海軍の高木惣吉少将は「交渉上ノ最後ノ腹ハ或ハ然ランモ、直接米英トノ交渉ニ非ズ。蘇連仲介ノ際ナレバ一応、原案ノラインニテ内容ヲ熟考シ置クヲ利トス」と反論した。高木少将は、なるべく少しでも良い条件を得るために、最終的には譲歩することを覚悟しつつも、複数条件から交渉を開始すべきであると考えていた。ただし、最低譲歩ラインを「皇室の安泰と国体の維持」とすることでは四人の考え方は一致していた。(78)

すでに述べたように、ソ連に和平斡旋を依頼する場合には、何らかの代償が必要であると考えられていた。いわゆる「土産」が必要であったのである。高木少将が豊田副武軍令部総長に提出した「日ソ新関係設定に関する腹案」という意見書によれば、「友好増進上ノ措置」として「〇満州国内関税障壁ノ撤廃、〇満州国内、ソ連人ノ居住営業ノ自由。〇日ソ間特別関税措置ノ実施。〇日ソ支ヲ包含スル東亜安全保障機構ノ設定。〇已ムヲ得ザル場合、元、東清鉄道ノ譲渡、〇攻守軍事同盟ノ締結（二〇年程度）。（対米英ヲ主体トス）〇「ソ」ノ南洋進出ニ関スル協力（前項ト関連セシム）」が挙げられている。ソ連と二〇年程度の軍事同盟を締結し、ソ連を南洋諸島に進出させ、東アジアにおける米ソ対立を誘致し、相対的に日本の地位を確保しようという構想である。これは戦後、ソ連の勢力下に入ることを暗に意味していた。さすがに、最終報告書ではこの軍事同盟案は削除されていたが、海軍は、ソ連が戦争終結に好意的斡旋を行うのであれば、その要求を全面的に受け容れる予定であった。高木少将と共に和平条件を研究していた藤井茂海軍大佐は「今後三〇年、対蘇親善政策ヲ変更セザルコトヲ示スコト」を高木少将に進言している。[79]

七月一三日、モスクワの佐藤尚武大使は、ソ連側に対し、「天皇陛下に於かせられては今次戦争が交戦各国を通じ国民の惨禍と犠牲を日々増大せしめつつあるを御心痛あらせられ戦争が速かに終結せられんことを念願せられ居る次第なるが大東亜戦争に於て米英が無条件降伏を固執する限り帝国は祖国の名誉と生存の為一切を挙げ戦ひ抜く外無く、之が為彼我交戦国民の流血を大ならしむるは誠に不本意にして人類の幸福の為成るべく速かに平和の克服せられんことを希望せらる」という天皇の親書を手渡し、特使の受け入れを申し入れた。当初、佐藤大使はモロトフ外相に面会を求めたが、モロトフはポツダムに出発直前を理由に面会せず、外務人民委員代理のロゾフスキーが代わりに対応した。そして、七月一八日、ロゾフスキー代理は、日本側の特使派遣の提案が「一般的形式を有し何等具体的提議を包含し居らざる」として、明確な回答を避けた。[80]

対ソ外交のあり方をめぐって、モスクワの佐藤尚武大使と東京の東郷茂徳外相との間で意見が食い違ったことはよく知られている。結果的には、日本はソ連に対して具体的条件を申し入れることはなく、ソ連参戦の報に接することになるが、そこには、外交上の現実に重点を置くモスクワと、内政上の現実に重点を置く本省との立場の違いをみてとることができる。

東京の東郷外相とモスクワの佐藤大使とでは、降伏を受容するという政治的方向性においては完全に一致していたが、その具体策においては、次のような違いがみられた。第一に、外交交渉の前提となるべき軍事的勝敗の見通しである。東郷外相は、「戦争遷延の場合敵も味方も更に多くの出血を見る」(七月二一日)と述べているように、日本に軍事力が残されていることを基礎に外交交渉にのぞもうとしていた(81)。そして、日本側ではなく米国側こそが本土上陸作戦による人的犠牲を回避するために、無条件降伏を緩和すべきであると主張していた。他方、佐藤大使は、本土決戦における軍事的勝敗を基礎に外交交渉にのぞもうとしていた。たとえば、佐藤大使は、外相宛電報の中で、「我が方の戦力は今なほ敵に相当の打撃を与へ得べきことは統帥部のみならず政府に於ても確信し居る処なるが反覆来襲すべき敵に対しては必ずしも万全とのみ安心し得ざるものある」(七月一七日)と述べ、「日本の平和提唱の決意が一日も早く連合側に通達せらるれば夫れ丈条件緩和の度を増すこととなる」(八月四日)と考えていた。外交交渉を行うのは戦争に勝ち目がないからであり、早期に降伏するのはより良い降伏条件を得るためであった(82)。第二に、降伏条件の問題である。東郷外相は、無条件降伏であるならば、戦争継続を支持する姿勢を明確に打ち出し、あくまでも無条件降伏の緩和に固執していた。たとえば、佐藤大使宛電報の中で、「敵にして飽く迄無条件降伏を固執するに於ては帝国は一丸となり徹底的に抗戦する決心なるは畏くも上御一人に於ても御決意せられ居る次第なれば「ソ」連に依頼して無条件降伏に等しき斡旋を求めんとするものに非ざる」(七月一七日)と述べている。ただし、東郷は、「当方としても無条件降伏は如何なる場合にも受諾不可能なるも大西洋憲章の基礎における平和回復には異存なき所なる旨を適当なる方法をもつて先方に通じ度き意向なり」とも述べており、無条件降伏を回避して国体を護持できるのであれば、大西洋憲章の基礎として連合国側の要求を受け容れるつもりであった(83)。一方、佐藤大使は無条件降伏もやむを得ないと考えており、「結局帝国において真実戦争終結を欲する以上無条件又はこれに近き講和を為すの他なきこと真に已むを得ざる所なり」(七月一五日)と述べている。また、国体護持と無条件降伏を両立させるため、「国体保持の問題は国内問題なりとして講和条件より除外することもあるいは一方法とすべきか」（七月二〇日）とも述べている[84]。第三に、具体的条件を提示する時期と方法の問題である。東郷は「近衛公をして大御心に基く我方の具体的意図を「ソ」連邦に伝達し東亜に対する「ソ」連の要求と睨み合はせつつ話合の上米英側に当らしめんとする次第なり」（七月二一日）と述べ、近衛特使の到着後に具体的交渉に入ることを希望していた。これは、降伏条件をめぐって国内で合意を形成することが難しかったからである。東郷にとって、「直に具体的条件を示すことはこれ又対内関係上並びに対外関係上不可能」（七月二一日）であった。他方、佐藤大使は、即座にソ連に対して具体的条件を申し入れるべきだとしていた。「具体案なくして特使派遣を申入るるも「ソ」側は初めより問題とせずして態よく謝絶するか又は派遣を承諾する場合条件として具体案の大綱を求め愈々あつ旋に乗出すや否やの肚を決めんとするべく又幸にして右の如き前提条件なくして派遣を受諾し来たる場合においても莫斯科到着後「ソ」側と協議の末漸く我方態度を決定せんとするが如きことにては到底埒明かずあるひは交渉を中途にして挫折引揚の已むなきに至るなきやを保せず」（八月三日）というのである。また仮に近衛特使がソ連側に具体的条件を提示できなければ、「累を皇室に及ぼす」（七月一三日）と警告している[85]。

おわりに

昭和天皇と陸海軍にとって完全な無条件降伏は絶対に受け入れられないことであった。したがって、無条件降伏を回避するため、外交と軍事の双方において「無理」を行い、「万一の僥倖」を求める必要があった[86]。同時に、「万一の僥倖」を頼まなければ計画が立たないほど戦力差が拡大していたため、日本の軍事と外交は、自国に都合の良い前提を想定して、その前提の枠組みの中で政策が立てられた。そして、このような悲観的現実を裏返しにした楽観論は、モスクワの佐藤尚武大使と内外の第一線部隊に不可能な要求をつきつけた。六月八日、モスクワの佐藤大使は、中央の対ソ外交方針に反発して「本使としては到底その望なきを信ずる」と意見具申し、七月一二日には、「ソ連を我方に引付け我方の話に上らす余地絶無と申すも過言にあらず」とまで言い切った[87]。一方、最悪の現実に直面していた陸海軍は、不可能を可能にする計画の作文を行い、必勝の信念を持ち続けた。日本は軍事と外交の双方において、起死回生の一か八かの賭けを行うことで、その継戦意思を支えたといえる。

以上を前提とした上で、本章で明らかになったことをまとめておく。

第一に、鈴木貫太郎内閣期の対ソ外交には、継戦外交と終戦外交の両方の側面があり、対米終戦論と日ソ提携継戦論とが奇妙な形で混じり合っていた。後者についていえば、海軍の高木惣吉少将は、「米国ノ対日圧迫苛烈化スレバスル程日本ノ指導勢力（特ニ陸軍）ハ対蘇接近ノ色彩濃厚」とみている[88]。米国の軍事的圧力は、日本をして第三国に接近させる副作用があった。しかしながら、天皇と陸海軍のソ連に対する不信感は強く、ソ連の腹を探るという「偵察戦」をしているうちに、ソ連の対日参戦をみることとなる。万が一、ソ連が日本に対して好意的な条件を提示していれば、その後の歴史的展開もかなり違った様相を帯びたかもしれない。また、陸軍が対ソ外交の開始に反対しなかったのは、本土沿岸の短期決戦には自信があっても、対米長期戦や対ソ戦には自信がなかったからである。陸軍の作戦当局者にとって、対ソ外交は、本土沿岸決戦における軍事的勝利が前提となっていた。

第二に、昭和天皇の態度が大きく転換したのは、沖縄戦の後であった。沖縄の陥落によって本土決戦が現実味を帯びると、昭和天皇は、軍上層部や査察使などから戦備の実態を聞き、本土決戦不能論者となった。そして、米軍に本土の一部を占領された後では国体は護持できないと考え、国体の護持を目的として本土決戦を回避しようとした。

第三に、戦争の終盤段階では、米ソの軍事的外圧は、陸海軍に軍事が半壊状態にあることを認識させた。陸海軍は、米軍の本土上陸の第一波には勝てると考えたが、第二波、第三波には負けると考えた。このように勝利と敗北が並立する見通しは、軍事指導者の行動に二重性をもたらした。対外的には勝利を前提として和を乞う強気な外交を行い、対内的には内心の弱音をかくして強硬論を主張した。たとえば、六月八日の御前会議においては、内閣が「戦争はもう出来ぬ」という悲観的な報告をしたにもかかわらず、統帥部は堂々と「勝利疑なし」と述べ、昭和天皇は「政府側の報告と非常に矛盾してゐる」と憤慨し、「政府も軍人も二股かける傾向がある」と感じた。(89)

最後にその後の展開についても触れておく。この時期に日ソ提携論があったことは、終戦直後の混乱に暗い影を落とした。一九四五年八月二七日、関東軍から大本営に対して「原子爆弾保管の件」という奇妙な電報が打たれている。内容は「長崎より東京に持帰りたる不発原子爆弾を速かに「ソ」連大使館内に搬入保管しおかれ度」というもので、「不発原子爆弾」をソ連大使館に運搬するよう依頼したものであった。(90)どのような状況下でこの電報が打たれたか不明だが、陸軍の一部において、原子爆弾に関する情報をソ連に提供しようとした動きがあったことは確かであろう。

（1）細谷千博「太平洋戦争と日本の対ソ外交――幻想の外交」（細谷千博・皆川洸編『変容する国際社会の法と政治』有信堂、一九七一年）は、この対ソ外交を外務省と軍部の和戦をめぐる対立として描き、「幻想の対ソ外交」と位置づけ、東郷外相を高く評価した。この枠組みはその後の研究に強い影響を与え、波多野澄雄「鈴木貫太郎の終戦指導」（軍事史学会編『第二次世界大戦（三）――終戦』錦正社、一九九五年）、長谷川毅『暗闘――スターリン、トルーマンと日本降伏』（中央公論新社、二〇〇六年）、庄司潤一郎「戦争終結をめぐる日本の戦略」（『平成二一年度戦争史研究国際フォーラム報告書』防衛省防衛研究所、二〇一〇年）なども同趣旨と思われる。他方、伊藤隆『日本の内と外』（中央公論新社、二〇〇一年）や平間洋一『第二次世界大戦と日独伊三国同盟』（錦正社、二〇〇七年）は、この対ソ外交を外務省・軍部と近衛文麿の戦後構想をめぐる対立として描き、近衛の路線を高く評価する。また、Yukiko Koshiro, "Eurasian Eclipse: Japan's End Game in World War II," *American Historical Review*, Vol. 109, No. 2 (April, 2004) のように戦後構想に着目する研究もある。

本書は、本土決戦には沿岸短期決戦論と内陸持久戦論の二つの構想があったとし、外交交渉のタイミングや方法、条件の問題をめぐる対立に着目している。従来の枠組みで説明するならば、「和平派」と「継戦派」の政治対立だけではなく、「和平派」や「継戦派」の内部対立とその変化に着目する手法であるといえるだろう。

（2）防衛省防衛研究所所蔵『隠された一軍人の手記』（中央・軍事行政回想手記・二四）二三、二五頁、山本智之『日本陸軍戦争終結過程の研究』（芙蓉書房出版、二〇一〇年）一一頁。戦後の軍人の回想においても解釈がわかれる。そもそも「和平派」という言葉の定義が問題である。陸軍省軍務課長の永井八津次は、戦後、「和平、継戦の区別は結局は条件の差異の問題」として、陸軍首脳部にも「和平」という空気は相当にあった」として、それは「何とか有利に戦局を醸成して出来る限り好条件の下に和平を結び度いという考え」であったとする（佐藤元英・黒沢文貴編『GHQ歴史課陳述録　終戦史資料』上巻、原書房、二〇〇二年、四三一、四三六頁）。他方、参謀本部の作戦部長であった宮崎周一は「同じ和平に於ても我希望達成をいくらでも条件克くし度いのが継戦派」と述べている（同書下巻、七〇五頁）。本書も、条件論者は、和平の時期や最低条件の問題でその主張に違いが出てくると考えている。ただし、当時の政治家・軍人の全てが条件論者であったわけではなく、「聖戦」イデオロギーや反共イデオロギー、戦後構想を基底とする議論は、国家間の条件の問題とは別次元において考察しなくてはならない。

（3）江藤淳監修、栗原健・波多野澄雄編『終戦工作の記録』上巻（講談社、一九八六年）四二五頁。

（4）読売新聞社編『昭和史の天皇』三巻（読売新聞社、一九六八年）一七―一八頁。

（5）天野芳太郎『南米史話アラウカノ族の如く』（汎洋社、一九四四年）は、「スペイン人はアラウカノ族の闘志が、其の武器や数の劣勢を補ふて余りある事を知つた。否、知らしめられた。未だ曾つて、いかなる外敵にも征服されなかつた此の種族は、戦場に於いて驚くべき伝統を発揮した。彼等は死に対する恐怖を持たなかつた。惜しむのはその生命ではなかつた、名節であつた。願ふことは単にアラウカノ族らしく戦ひ度いと云ふことでしかなかつた」と述べている。また、「捕虜となつたアラウカノ達も見事な最後を遂げた。其の頃スペイン軍には刑吏が不足してゐた。一々刑吏の手で殺すことは出来なかつた。そこで捕虜に一本宛縄を渡し、これで各自縊れて死ねと命じた。彼等は大きな樹の下に集つた。一つの合図と共に、丸で運動競技の様にそれに登つた。そして適当な枝を撰んで我劣らじと縊れて死んだ」という記述もある（七、一五二頁）。

日本陸海軍には、名誉を重んじ、死を軽んじる傾向が強かった。

(6) 原剛「「幻の松代大本営」の全容」(『歴史と人物』一七三号、一九八六年)三〇六―三〇八頁、青木孝寿『松代大本営 歴史の証言』(新日本出版社、一九九二年)六三―六四頁。なお、海軍も一九四五年六月下旬に松代の近くに地下壕を掘り始めている(防衛省防衛研究所所蔵『第三〇〇設営隊戦時日誌』)(四・戦闘詳報戦時日誌・三七〇)。

(7) 前掲『終戦工作の記録』上巻、四三〇頁。

(8) 西内雅・岩田正孝『大東亜戦争の始末』(錦正社、一九八二年)三一二頁。

(9) 伊藤隆ほか編『高木惣吉　日記と情報』下巻(みすず書房、二〇〇〇年)七九四頁。

(10) 共同通信社編『近衛日記』(共同通信社、一九六八年)四五―四六頁。

(11) 防衛庁防衛研修所戦史室『大本営陸軍部〈一〇〉』(朝雲新聞社、一九七五年)九―一二頁。

(12) 種村佐孝『大本営機密日誌』(芙蓉書房、一九七九年)二六五頁、前掲『大本営陸軍部〈一〇〉』九、七三頁、軍事史学会編『宮崎周一中将日誌』(錦正社、二〇〇三年)七五頁。

(13) 軍事史学会編『機密戦争日誌』下巻(錦正社、一九九八年)六七九頁。

(14) 前掲『大本営陸軍部〈一〇〉』三〇八―三〇九、三一〇頁。防衛省防衛研究所所蔵『幡部隊作戦教令(昭和二〇年八月三日)』(本土・東部・二六八)によれば、「敵ヲ水際附近ニ撃滅シテ其ノ海空ノ基地、橋頭堡等ノ奪取企図ヲ破摧シ特ニ其ノ戦車、砲迫ヲ上陸未完ニ乗ジ潰滅スルニ在リ」となっている。陸軍の水際決戦方針が明確に示されている。

(15) 前掲『GHQ歴史課陳述録　終戦史資料』下巻、六九四、七〇八頁。東京の大本営は通信機能を失うおそれがあり、通信確保のため松代移転を考え、二月頃、松代を中心に通信演習をしたという。なお、宮崎作戦部長は、米国を火に、ソ連の軍事力を水にたとえ、火と水を相殺させるという比喩を日誌に書き留めている。宮崎は、現状を「南方ノ猛火ハ容易ニ食ヒ止メ難ク、ウマク行ッテモ其ノ焔先ヲ一時ニ止メ得ルニ過ギズ。而カモ飛火ニ依リ内懐ヲコガシ尽サントス」、「北方ノ豪水決潰ハ堤防ノ補強工事ノミデ以テ防ギ得ズ。只々決潰ニ先立チ増水ノハケ口ヲ作ルコトニ依リ氾濫ヲ局限シ得ベシ。ハケ口ハ機ヲ延セバ決潰スベシ」と分析した。前者は、米軍の本土上陸に「一撃」を与え得たとしても一時的なものでしかなく、しかも無差別爆撃によって国力が低下していることを暗示し、後者は、関東軍を強化したとしてもソ連軍を防ぐことができず、ソ連参戦以前に対ソ施策を行う必要があることを暗示していた。そして、宮崎の結論は「猛火ノ焔ハ烈風ニ乗テ燃エカカッテ居ルカラ最モ危険ニシテ必死ニナッテ真正面カラ力デカカル外ニ手ハナイ」、「飛火ヤ浸水ニ臨デ面子ヤ物ニ執着スレバ自ラノ命ヲ失フ」、「北方ノ氾濫ハハケ口ヲ一刻モ早ク作ルコトデアル。其ハケ口ノ作リ方ハ南方ノ猛火ヤ西方ノ浸水ト相殺合流セザル様ニスルノガ賢明デハアルガ、ハケ口ノ浸水ガ少シモ己カ身ニ及バナイ様ニト念願スルノハ凡愚ノ煩悩デアル」というものであった。それは、本土決戦を全力で行い、無差別爆撃の被害や赤化の危険性には執着せず、東アジアにおいて米ソを対峙させることで国家の生命を救おうという発想であったと考えられる（前掲『宮崎周一中将日誌』一七九―一八〇頁）。

(16) 前掲『大本営陸軍部（一〇）』七〇頁。
(17) 前掲『大本営機密日誌』二四八頁。
(18) 大西一『私の歩んだ道』（非売品、一九八八年）一二四―一二八頁。
(19) 瀬島龍三『幾山河』（扶桑社、一九九六年）一二九頁、半藤一利『ソ連が満洲に侵攻した夏』（文芸春秋、一九九九年）一六五―一六七頁、歩兵第十四連隊史編纂委員会編『歩兵第十四連隊史』（非売品、一九八七年）四一六頁。
(20) 木戸日記研究会編『木戸幸一関係文書』（東京大学出版会、一九六六年）五〇九頁。
(21) 前掲『敗戦の記録』二三〇―二三一頁。ただし、関東軍は、ソ連の対日参戦は一九四六年春になるのではないかと陸軍中央以上に甘い判断をしていた。これは、関東軍の主力が南方に抽出されていたため、夏では作戦準備が間に合わなかったからである（前掲「戦争終結をめぐる日本の戦略」一三〇、一三五頁）。
(22) 海軍省軍務局第二課「情報摘録（昭和二〇年自六月一日至六月三〇日）」（防衛省防衛研究所所蔵『情報摘録』九・高木・五四）によれば、海軍は「「ヤルタ」会談ニ於テ極東ノ戦争期限ヲ定メ右時期ニ日本ガ屈服セザル場合ニハ対日戦ニ関シ英米ヲ援クル旨約セリト（在瑞西武官、五月二四日）」という情報を入手している。日本の海外における情報活動については、宮杉浩泰「「在外武官（大公使）電情報網一覧表」にみる戦時日本の情報活動」（『政経研究』四六巻二号、二〇〇九年）を参照されたい。
(23) 前掲『敗戦の記録』三四三―三五二頁。

（24）松谷誠『大東亜戦争収拾の真相』（芙蓉書房、一九八〇年）二九六頁、前掲『第二次世界大戦と日独伊三国同盟』二六八頁。また、松谷大佐と共に終戦構想・戦後経営の研究を進めていた毛里英於菟（総合計画局第一部長）は、終戦時にソ連に接近しておけば、戦後に社会主義を建設する上で有利と考えていた（樋口秀実『日本海軍から見た日中関係史研究』芙蓉書房出版、二〇〇二年、二八七頁）。対ソ提携論については、その全体像が十分に明らかではない。二月二日の最高戦争指導会議において、重光葵外相は、「如何ナル事アルモ「ソ」連ニ基地ヲ与フルカ如キハ不可ニシテ斯クノ如キ事ニヨリ「ソ」連ヲ釣リ得ルト考フルハ誤ナリ」と意見を述べており、ソ連に軍事基地を提供するという対ソ提携論が存在していたのだろう（伊藤隆・武田知己編『重光葵最高戦争指導会議記録・手記』中央公論新社、二〇〇四年、二九二頁）。また、木戸内大臣は、三月三日、友人の宗像久敬に対し、「共産主義ト云ふガ、今日ハソレホド恐ロシイモノデハナイゾ、世界中ガ皆共産主義デハナイカ、欧州モ然リ、支那モ然リ、残ルハ米国位ノモノデハナイカ」と語り、宗像を驚かせている。その驚きぶりは、帰宅した宗像が「今日本ガ率直ニ米ト和シ（時期ハ別トシテ）民主主義ヲ容レ皇室及国体ヲ擁護スルヤ、ソビエツトト手ヲニギリ共産主義デユクベキカ之ハ大ナル問題ナリ」と記していることからも窺える（松浦正孝「宗像久敬ともう一つの終戦工作（下）」『UP』二六巻二号、一九九七年、二五―二六頁）。

（25）前掲『木戸幸一関係文書』四九五頁。

（26）庄司潤一郎「「近衛上奏文」の再検討」（『国際政治』一〇九号、一九九五年）六二―六六頁。吉田裕「近衛文麿――「革新」派宮廷政治家の誤算」（吉田裕・小田部雄次・功刀俊洋・荒川章二・荒敬・伊藤悟『敗戦前後――昭和天皇と五人の指導者』青木書店、一九九五年）三四―三七頁。同時期、外相の重光葵は、近衛上奏文と同じような国際情勢認識を持っていたようである（武田知己『重光葵と戦後政治』吉川弘文館、二〇〇二年、一五九頁）。

また、近衛文麿は、戦後、「宇多法皇の先例にならって、陛下を仁和寺にお迎えし、落飾を願っては」どうかと考えていた。一月二〇日（もしくは一月二五日）、京都の陽明文庫で近衛文麿・岡田啓介・米内光政・岡本慈航（仁和寺門跡）の四者が会談したとする説がある（山本健吉・森諦円『古寺巡礼　京都11　仁和寺』淡交社、一九七七年、九三頁、高橋紘、鈴木邦彦『天皇家の密使たち』徳間書店、一九八一年、一一頁）。近衛文麿は、細川護貞に、「その際は単に御退位ばかりでなく、仁和寺或は大覚寺に御入り被遊、戦没将兵の英霊を供養被遊るのも一法」と語っている（細川護貞『細川日記』中央公論社、一九七八年、三四一頁)。この点、松尾尊兊「敗戦前後の佐々木惣一――近衛文麿との関係を中心に」(『人文学報』九八号、二〇〇九年)は、出家案の有無については肯定的、四者会談の有無については否定的である(一三八―一三九頁)。海軍大臣官房「日誌」(国立国会図書館憲政資料室所蔵『Japanese Records during World War II』JRW-1, Reel 15)には、「大臣次官軍令部戦況説明傍聴」、「百武三郎大将来省(大臣応接)」(一月二〇日)という記述があり、米内の京都行きの形跡は見あたらない。ただし、海軍の高松宮を通じて、近衛・岡田・米内の間に何らかの話し合いがあったとしても不思議ではないだろう。

(27) 前掲『木戸幸一関係文書』四九七―四九八頁。史料批判が必要であるが、この時、昭和天皇が「九日に大本営の幕僚長として梅津参謀総長から奏上があつたが、それによると、全く、卿と大本営の意見が正反対で、大本営の意見では、アメリカの戦争に対する方針が、日本の国体を破壊し、日本を焦土にしなければ飽き足らぬものであるから、絶対にアメリカとの講和は考えられない。それに反してソヴイエトは日本に好意を有してゐるから、日本本土を焦土にしても、ソヴイエトの後援の下に徹底して対米抗戦を続けなければならぬということであつた」と述べたとする史料もある(外務省編『終戦史録』官公庁文献研究会、一九九六年、一九九頁)。

(28) 重光葵『重光葵手記』(中央公論社、一九八六年)四四三―四四四頁。

(29) 前掲『日本の内と外』三四八―三五〇頁、加藤哲郎『情報戦と現代史――日本国憲法へのもうひとつの道』(花伝社、二〇〇七年)一三六―一四〇頁。

(30) 木戸幸一『木戸幸一日記』下巻(東京大学出版会、一九六六年)一一八八―一一九四頁、藤田尚徳『侍従長の回想』(中央公論社、一九八七年)一〇〇頁。

(31) 米内留任の経緯については手嶋泰伸「海軍よりみた小磯国昭内閣」(『軍事史学』四五巻二号、二〇〇九年)を参照されたい。

(32) 前掲「鈴木貫太郎の終戦指導」五八頁、鈴木一編『鈴木貫太郎自伝』(時事通信社、一九六八年)二七八―三〇九頁。

(33) 前掲『敗戦の記録』二六七頁。四月一〇日の段階での海軍の状況判断は、九州・四国に米軍がくる場合は六月、直接関東に上陸する場合は七月という予想であったようだ(防衛省防衛研究所所蔵『山本資料・決号作戦準備』九・その他山本・一一二）。同史料によれば、海軍省軍務局第一課長の山本善雄は「硫黄島ノB29用滑走路完成ノ暁（五月中ト認ム）ニハB29ハ小型機ノ完全ナル援護下ニ大挙大量爆弾携行都市本格的爆撃敢行ノ算大ナリ。仮ニ一屯以上ノ爆弾ヲ数ケ搭載一〇〇キ程度ノモノ連日爆撃可能ナリトセバ六月中ニハ大都市ハ完全ニ壊滅スベク官庁ハ全滅全機能ヲ喪失スベシ」と憂慮している。米軍は、一四個師団（うち空挺一個師団）を一一月一日に南九州に上陸させる予定であり、この点に関する日本陸軍の情勢判断は、ほとんど的中していたようである（防衛庁防衛研修所戦史室編『本土決戦準備（二）』朝雲新聞社、一九七二年、四四二頁）。

（34）林三郎『関東軍と極東ソ連軍』（芙蓉書房、一九七四年）二四八頁。

（35）前掲『GHQ歴史課陳述録　終戦史資料』下巻、七三九―七四二頁。

（36）前掲『GHQ歴史課陳述録　終戦史資料』下巻、六八三頁。

（37）山田朗『昭和天皇の軍事思想と戦略』（校倉書房、二〇〇二年）三一五頁、前掲『宮崎周一中将日誌』一〇〇頁。

（38）寺崎英成、マリコ・テラサキ・ミラー編著『昭和天皇独白録　寺崎英成・御用掛日記』（文芸春秋、一九九一年）一一四頁。

（39）最高戦争指導会議の運営については関口哲矢「鈴木貫太郎内閣期の国策決定をめぐる政治過程」（『日本歴史』七一六号、二〇〇八年）を参照されたい。

（40）すでに述べたように、日本側の予測がはずれたのは、ソ連参戦の有無ではなく、その時期であった。参謀本部が七月一日に作成した「昭和二一年春頃ヲ目途トスル情勢判断」によれば、二月下旬から六月末までに増強された兵力を兵員約五五万、飛行機三七〇〇機、戦車約二〇〇〇両とした上で、ソ連の現有戦力を兵員約一三〇万、飛行機五四〇〇機、戦車三〇〇〇両と見積もっている。そして「八月ごろには東亜情勢の変転に応じ随時武力発動可能の態勢を整え得るであろう」と予測していた（防衛庁防衛研修所戦史室『本土防空作戦』朝雲新聞社、一九六八年、五八二―五八三頁）。七月二七日、参謀本部第五課（ロシア課）は宮崎作戦部長に対して、ソ連兵力は九月頃には狙撃師団が五〇個になるとして、「八、九月対日開戦ノ公算大」と報告している。実際に参戦した兵力は狙撃師団七一個であり、参謀本部はソ連軍を過小評価し、スターリンは日本軍を過大評価していたということになる（前掲『宮崎周一中将日誌』一八八頁、前掲『関東軍と極東ソ連軍』二四七頁、横手慎二「スターリンの日本認識」『法学研究』七五巻五号、二〇〇二年、一七頁)。
(41)外務省編『日本外交年表竝主要文書』下巻(原書房、一九六五年)六一一—六一二頁、前掲『高木惣吉　日記と情報』下巻、八六七—八六八頁。
(42)前掲『終戦史録』三三二頁。
(43)前掲『高木惣吉　日記と情報』下巻、八六八頁。
(44)読売新聞社編『天皇の終戦』(読売新聞社、一九八八年)一八三頁。七月一七日の閣議で、米内海相は、艦艇提供案を言い出したようであり、同席の阿南惟幾陸軍大臣を「海相ヨリ艦艇提供案出ヅ、驚クノ外ナシ。進デ海軍全廃ノ提言カ?」と驚かしている(防衛省防衛研究所所蔵『阿南惟幾メモ』中央・軍事行政回想手記・六〇、一七七九頁)。この頃、米内海相の首席副官であった横山一郎大佐は、モスクワ行きを命ぜられ、五月二〇日付で軍令部出仕・海軍少将となり、モスクワ行きの準備を進めた。荷物をハルビンに送り、航空本部の一室でロシア語の勉強をしながらビザの発給を待ったという。横山少将は、「今考えると第一の任務は、当時軍務局が企画していた戦艦長門、重巡利根、空母鳳翔、プラス駆逐艦数隻を浦塩に回航し、燃料つきのソ連飛行機と交換することであったかも知れぬ」と回想している(横山一郎『海へ帰る』原書房、一九八〇年、一八八—一九〇頁)。横山一郎日記によれば、八月七日、横山少将は、「強羅ホテルにラヂオノフ大佐訪問」している。また、八月八日に、「六日広島爆撃ハ一発ノ原子爆弾ニテ人口ノ半分死傷トノコト。ウラニウム研究ノ要ヲ説キタルコトアリシヲ回想ス。ロシア語勉強、午後復習」と原子爆弾について聞き、八月九日に「海上護衛司令部ニテ大井参謀ヨリソ連ノ対日宣戦ヲ聞ク。ロシヤ行取止ハ甘受スルモ、戦争前途憂慮ニ不堪」とソ連行きが中止となっている(「昭和二十年当用日記」東京大学法学部附属近代日本法政史料センター所蔵『横山一郎関係文書』二—一　八)。
(45)波多野澄雄「広田・マリク会談と戦時日ソ関係」(『軍事史学』一一六号、一九九四年)一八頁。
(46)ジョナサン・ハスラム「ソ連の対日外交と参戦」(細谷千博・入江昭・後藤乾一・波多野澄雄編『太平洋戦争の終結——アジア・太平洋の戦後形成』柏書房、一九九七年)九二頁。
(47)ボリス・N・スラヴィンスキー(加藤幸廣訳)『日ソ戦争への道』(共同通信社、一九九九年)三九七—三九九頁、コンスタンチン・プレシャコフ「太平洋戦争・スターリンの決断」(細谷千博・本間長世・入江昭・波多野澄雄編『太平洋戦争』

東京大学出版会、一九九三年）一九一頁。安東義良「終戦外交の内幕」（『拓殖大学』論集』一〇四・一〇五合併号、一九七六年）によれば、広田は、「今後帝国が海軍力を増強し、ソ連の陸空軍と併せ用いるならば、世界無比の強さとなるべく、就ては我方としてはソ連より石油の供給をうけ度く、之に対し我方はゴム、錫、鉛、タングステン等南方物資を供給できるであろう」と述べたという（二二頁）。日本側の記録では「漁業権ヲ石油ノ供給アレバ解消スルコト差支ナシ」となっている（竹内桂『戦時日ソ交渉史』下巻、ゆまに書房、二〇〇六年、九一八頁）。服部龍二『広田弘毅』（中央公論新社、二〇〇八年）も、広田・マリク会談を「交渉以前ともいうべき腹の探り合い」と位置づけている（二二二頁）。

（48）前掲『高木惣吉　日記と情報』下巻、九二四頁。ソ連側から見れば、日露戦争への「復讐」の願望があったと考えるべきであろう（前掲「広田・マリク会談と戦時日ソ関係」一七頁）。

（49）前掲『大本営陸軍部（一〇）』三三三頁。

（50）前掲『終戦史録』三五六―三七一頁、前掲『宮崎周一中将日誌』一六二頁、木下道雄『側近日誌』（文芸春秋、一九九〇年）七四頁、前掲『昭和天皇独白録』五四頁。

（51）前掲『終戦史録』三六六頁、前掲『大本営海軍部・連合艦隊（七）』三四八―三四九頁。

（52）前掲『終戦史録』三五六頁、前掲『宮崎周一中将日誌』一六三―一六四頁、前掲『大本営機密日誌』二九五頁、前掲『大本営陸軍部（一〇）』三二四頁。六月一四日、陸軍の河辺次長は、駐ソ武官の矢部忠太大佐からの意見具申に対して、長文の返電を送った。モスクワの矢部大佐は、日米の和平問題に関してソ連を「調停」に立てるべきであると考えていたが、河辺次長は、それは「結局、「ソ」を通じて無条件降伏を敵に申し込む」ことになると考えていた。河辺次長の反論は、仮に日清戦争以前の日本に戻ることを条件に「和解（降伏）」が成立したとしても、「無条件降伏よりも遥かに「マシ」」とは言い得ず、また、矛を収めた後に「勝利者が永続性を事実上許容」しないというものであった。河辺は、現状において得られるであろう講和条件に不満であり、かつ、条件の履行に関して敵への不信感を持っていた。さらに、軍事的見通しについては、米軍を追い返すことはできないが、「敵米の戦意を消磨し、彼が其の遠征の愚（採算甚だ合はず）なるを覚らしむる」ことはできると主張し、米軍の継戦コストを高めることでその戦意を喪失させることができると考えていたのである。河辺次長は、この電報を梅津総長に見せたが、梅津総長は何も意見を述べなかったという（河辺虎四郎文書研究会編『承詔必

謹』国書刊行会、二〇〇五年、九四―九七頁、前掲『大本営陸軍部（一〇）』三三九頁）。
(53) 前掲『高木惣吉　日記と情報』下巻、八七一頁。
(54) 衆議院事務局『帝国議会衆議院議事速記録（一九四五年六月九日）』八〇巻（東京大学出版会、一九八五年）三頁。
(55) E・M・ザカリアス（日刊労働通信社訳）『日本との秘密戦』（朝日ソノラマ、一九八五年）二七五―二七六頁、小堀桂一郎『宰相鈴木貫太郎』（文芸春秋、一九八二年）一一二頁、平川祐弘『平和の海と戦いの海』（新潮社、一九八三年）八六―九二頁。なお、本書は、「両国共に天罰を受くべし」という発言を、ソ連を仲介とした和平構想を前提として理解する。
(56) 衆議院事務局『帝国議会衆議院委員会議録　昭和篇』一五七巻（東京大学出版会、二〇〇〇年）四五頁。なお、護国同志会は、政府が提出した戦時緊急措置法案に反対していた。この点については、官田光史「「超非常時」の憲法と議会――戦時緊急措置法の成立過程」（『史学雑誌』一一六編四号、二〇〇七年）を参照されたい。
(57) 「第八七臨時議会関係原稿　天佑天罰事件他」（国立国会図書館憲政資料室所蔵『下村宏関係文書』七九二B）。
(58) 前掲『高木惣吉　日記と情報』下巻、八八五頁、前掲『機密戦争日誌』下巻、七二九頁。
(59) 前掲『高木惣吉　日記と情報』下巻、八五五頁。同様の情報が、近衛の女婿の細川護貞の日記にも残されている（細川護貞『細川日記』下巻、中央公論社、一九七九年、三九四頁）。
(60) 前掲『高木惣吉　日記と情報』下巻、八八六頁、前掲『木戸幸一日記』下巻、一一九九頁、前掲『昭和天皇独白録』一二二―一二三頁。
(61) 前掲『昭和史の天皇』二巻、一七五―一九九頁。昭和天皇は、一九七五年一〇月三一日、米国訪問から帰国した後の記者会見の中で、原爆に関する質問に対し、「原子爆弾が投下されたことに対しては遺憾には思ってますが、こういう戦争中であることですから、どうも、広島市民に対しては気の毒であるが、やむを得ないことと私は思ってます」と述べているが、この発言の裏には、戦時中の発言の記憶が念頭にあった可能性がある（高橋紘『陛下、お尋ね申し上げます』文芸春秋、一九八八年、二二七頁）。また、死傷者一二万人以上を出した三月一〇日の東京大空襲の時には、三月一八日に死臭の残る焼け跡を見てまわり、車中ではほとんど口をきかず、侍従長藤田尚徳に対し、「悲惨だね。侍従長！　これで東京もとうとう焦土になったね」と述べたという（前掲『昭和史の天皇』一巻、二六五―二六九頁）。

(62) 前掲『木戸幸一日記』下巻、一二〇八―一二〇九頁。
(63) 前掲『GHQ歴史課陳述録　終戦史資料』上巻、二一頁。
(64) 徳川義寛著、御厨貴・岩井克己監修『徳川義寛終戦日記』(朝日新聞社、一九九九年)二三四頁、前掲『木戸幸一日記』下巻、一二〇九―一二一〇頁、前掲『木戸幸一関係文書』七七頁。
(65) 前掲『高木惣吉　日記と情報』下巻、八八六頁、前掲『木戸幸一関係文書』一三三頁。
(66) 吉田英三「特攻部隊の巡閲にお供して」(長谷川清伝刊行会『長谷川清伝』非売品、一九七二年、二七九―二八〇頁)、前掲『徳川義寛終戦日記』二二五頁、前掲『昭和天皇独白録』一一七―一一八頁、前掲『GHQ歴史課陳述録　終戦史資料』下巻、五七〇頁。
(67) 前掲『木戸幸一日記』下巻、一二一〇頁、柴田紳一『昭和期の皇室と政治外交』(原書房、一九九五年)一八三頁、前掲『昭和史の天皇』三巻、八五頁。半藤一利解説「小倉庫次侍従日記」(『文藝春秋』八五巻五号、二〇〇七年)によれば、加藤総務局長、小倉庫次侍従、井田中佐は、六月二七日に松代を視察している(一九〇頁)。
(68) 前掲『徳川義寛終戦日記』二二六頁、防衛庁防衛研修所戦史室『大本営海軍部・連合艦隊(七)』(朝雲新聞社、一九七六年)三〇三頁。
(69) 秦郁彦『裕仁天皇五つの決断』(講談社、一九八四年)四六頁、前掲「小倉庫次侍従日記」一八七頁、「侍従武官野田六郎「終戦日記」」(『歴史と人物』一五〇号、一九八三年)三六六―三六七頁。
(70) 防衛省防衛研究所所蔵『木戸元内府の終戦に関する回想』(中央・作戦指導回想手記・一九九)、前掲『阿南惟幾メモ』、前掲「鈴木貫太郎の終戦指導」六八―六九頁。この背後には重光や米内の動きがあった。米内の動きについては、手嶋泰伸「鈴木貫太郎内閣の対ソ和平交渉始動と米内光政」(『日本歴史』七三五号、二〇〇九年)が詳しい。
(71) 前掲『終戦史録』四一二―四一四頁。前掲『木戸元内府の終戦に関する回想』によれば、木戸内大臣は、六月一八日に阿南陸相と会談し、「敵が上陸作戦の準備をしている現在が一番講和の話しを持ち出すのに都合のよい時機ではないか。若し上陸作戦が行われた後になると所謂兵の勢にまかれて爾後は簡単な条件では和平が出来ず所謂玉砕という処まで行きつき斯くては陸相の案ずる何より大切な皇室の安泰そのものが出来なくなるのではないか」と述べ、「結局陸相も私の案に同意を表するに至った」という。

(72) 前掲『高木惣吉　日記と情報』下巻、八九三頁、前掲『木戸幸一日記』下巻、一二一三頁、前掲『終戦史録』四一五頁、東郷茂徳『東郷茂徳外交手記』(原書房、一九六七年)三四〇頁、豊田副武述、柳澤健著『最後の帝国海軍』(世界の日本社、一九五〇年)一九九頁。

(73) 前掲『阿南惟幾メモ』一八一七頁、前掲『高木惣吉　日記と情報』下巻、九〇九、九一三、九二四頁。六月二二日と二五日の両日、東郷外相は、モスクワから帰朝中の守島伍郎公使と会い、「此の際政府は時局打開の為、ソ連に対し汎有る努力をしなければならない」と述べている。守島公使が「何も手はない」と対ソ外交不能論を述べると、東郷は「何か非常な事をしなければならない」として、具体的条件は「今は云へない」としながらも、「今度は相当大きな譲歩を覚悟して居る」と繰り返した。守島は、連戦連敗の時にソ連を利用しようとすると、逆に、ソ連から「武力をバックとする政治干渉」を招く危険があるとして政府の方針に反対していた。この時、東郷外相は「日ソ永遠の平和を計る目的で交渉して居る」と対ソ提携論を暗示したが、広田・マリク会談の内容や秘密御前会議の模様を知らなかった守島は、「何の事だか想像も付かぬ」と困惑した(守島康彦『昭和の動乱と守島伍郎の生涯』葦書房、一九八五年、一九六―一九九頁)。

(74) 前掲『終戦史録』四三四頁。

(75) 池田純久『日本の曲り角』(千城出版、一九六八年)一七九頁。

(76) 前掲『木戸幸一日記』下巻、一二一五頁、前掲『高木惣吉　日記と情報』下巻、九〇九頁。

(77) 前掲『木戸幸一日記』下巻、一二一二頁。

(78) 前掲『高木惣吉　日記と情報』下巻、九〇三―九〇四頁。

(79) 前掲『高木惣吉　日記と情報』下巻、九一二―九一六頁。高田万亀子『米内光政の手紙』(原書房、一九九三年)によれば、荒城義郎氏(荒城二郎中将三男)は、米内が「ソ連参戦は必ずある。満州及び朝鮮にも来る。北海道まで取られるだろう」と荒城二郎に述べるのを聞いたという(一九九頁)。ところで、高木惣吉の関係資料には、対ソ提携論の意見書が残っている。高木少将は、大野信三「「ソ」連ノ現勢ト我ガ対外政策(昭和二〇年五月)」(防衛省防衛研究所所蔵『ソ連の現勢とわが対外政策』九・高木・四二)を読み、「蘇と提携して米英にあたれといふ説」と書き込んでいる。五月二〇日、ソ連から帰国した大野信三中央大学教授は、海軍首脳部の前で講演をしている（前掲「『海軍大臣官房』日誌」）。このような日ソ提携論をどのように解釈するのかは意見のわかれるところであろう。前掲『第二次世界大戦と日独伊三国同盟』は、「和平交渉を契機として対ソ接近をはかり、対ソ工作と対中国工作を実施して西欧資本主義からアジアを開放し、日中ソ三国による地域秩序を東アジアに形成するという大東亜共栄圏構想であった」とする（二六七頁）。

(80) 工藤美知尋『日ソ中立条約の研究』（南窓社、一九八五年）二四四―二四五頁、前掲『日ソ戦争への道』四〇四頁、前掲『終戦史録』四四四頁。

(81) 外務省編『終戦史録』三巻（北洋社、一九七七年）一八〇頁。

(82) 前掲『終戦工作の記録』下巻、二四八、三三四頁。

(83) 前掲『終戦史録』三巻、一七六、一八六頁。この東郷外相の佐藤宛暗号を解読・英訳した米国は、「東郷が佐藤の国体の護持のみを条件とする無条件降伏を拒否した」と受け取った（前掲『暗闘』二四五頁）。

(84) 前掲『終戦史録』三巻、一七四、一九九頁。

(85) 前掲『終戦史録』三巻、一七一、一八〇、二〇二―二〇三頁。

(86) 前掲『昭和の動乱と守島伍郎の生涯』一八六頁。陸軍は、危険がさらに深刻になればなるほど「現実化しないようにとの希望をつなぎ」、誰かが根拠もなく「おそらく大丈夫だろう」とでもいえば、「大いに味方でも得たように感ずる」という特殊な心理状態に陥っていたともいえる（河辺虎四郎『河辺虎四郎回想録』毎日新聞社、一九七九年、一五五頁）。

(87) 前掲『終戦史録』四六八―四六九頁。

(88) 前掲『高木惣吉　日記と情報』下巻、八二六頁。

(89) 前掲『昭和天皇独白録』一一五、一一九頁。

(90) 共同通信社社会部『沈黙のファイル』（新潮社、一九九九年）一六八―一六九頁。原爆と一緒に投下された気象観測装置ラジオゾンデが、不発弾と誤認されたらしい。

第四章　ポツダム宣言の受諾

はじめに

一九四五（昭和二〇）年七月二六日、英米中はポツダム宣言を発表した。七月二八日、日本はこれを「黙殺」、八月六日、米国は広島に原爆を投下した。八月九日にはソ連も対日参戦してポツダム宣言に加わり、米国は長崎にも原爆を投下した。同日、最高戦争指導会議・閣議においてポツダム宣言の条件付受諾が話し合われたが、一条件論（国体護持）と四条件論（国体護持・自主的武装解除・自主的戦犯処罰・保障占領拒否）が対立して意見はまとまらなかった。八月一〇日、御前会議が開催され、昭和天皇は、一条件（国体護持）を条件にポツダム宣言を受諾するという「聖断」を下した。八月一二日、日本の申し入れに対する連合国回答文が到着したが、最高戦争指導会議・閣議においては、受諾論と再照会論が対立し、意見の一致をみなかった。八月一四日、二度目の御前会議が開かれ、昭和天皇は、この連合国回答文を受諾するという二度目の「聖断」を強行し、「終戦」となった。八月一五日、天皇の意見に反対する一部の陸軍将校が皇居に乱入し、玉音盤を捜索したが鎮圧され、正午、昭和天皇の玉音放送によって多くの国民は「終戦」を知ることとなった。

米国では、今日においても、原爆投下は必要であったとする説と不要であったとする説との間で論争が続いている。

米国政府の公式解釈は、原爆は日本を早期に降伏させ、本土決戦を回避し、多くの人命を救助したというものである。他方、研究者の中には、原爆投下の真の目的はソ連に対する牽制等であったとする意見もある。[1] 一九九五年、スミソニアン博物館が原爆を投下したB29を展示しようとした際、米国では、議会や学界、退役軍人なども巻き込んで激しい論争が繰り広げられた。[2]

日本でも、降伏の原因をめぐって、原爆投下を重視する説（原爆要因説）とソ連参戦を重視する説（ソ連要因説）との間で論争が続いている。原爆要因説は原爆投下こそが日本を降伏させたのだと主張するのに対し、ソ連要因説は原爆投下がなくとも日本は降伏していたとして、これに反論している。両者は、原爆投下の必要性の有無を論じる点では共通しているが、天皇・「和平派」・「継戦派」の三者をめぐる解釈では鋭く対立する。その歴史解釈の相違は多岐、かつ細部にわたるが、誤解を恐れずに大要を整理すれば次のようになろう。すなわち、原爆要因説は、①昭和天皇は八月八日に「終戦」を指示していた、②原爆投下は「和平派」の「終戦工作」を促進するという変化を生み出した、③「継戦派」はソ連参戦の前も後も一貫して「継戦論」を主張したという点でほぼ変わりがない、④原爆が陸軍の面子を救い降伏の口実になった、と主張する。[3] 他方、ソ連要因説は、①昭和天皇に「聖断」という切り札があれば、「継戦派」には陸相単独辞職・倒閣という切り札があった、②「和平派」は原爆投下の前も後も一貫して「和平論」を主張したという点でほぼ変わりがない、③ソ連参戦は、長期継戦を不可能とし、「継戦派」の「継戦論」を後退させるという変化を生み出した、④陸軍は原爆に対して最後まで強気であった、と主張する。[4] もっとも、両説を折衷させて、原爆投下もソ連参戦も同程度に重要であり、原爆投下もソ連参戦も必要であったとする説もある（「ダブル・ショック説」[5]）。

本章は、日本降伏の要因に、原爆要因やソ連要因だけではなく、本土決戦要因と条件要因を加えて考察する。本書の視角は、第一に、昭和天皇の決断に最も大きな影響を与えたのは、実は本土決戦要因であったという点にある。実際、八月一〇日の御前会議において、昭和天皇は、降伏理由として、原爆でもソ連参戦でもなく、九十九里浜の築城の遅れを理由に本土決戦不能論を述べていた。第二に、降伏なり本土決戦なりは政治的手段であって目的ではない。従来の研究は、当時の軍事・政治指導者を「降伏か、本土決戦か」の二者択一の間で苦悩するか、「腹芸」を行った存在として描く。(6) だが、当時の軍事・政治指導者の最大の関心事は、「降伏か、本土決戦か」ではなく、ある「条件」で降伏した場合、降伏後にどのような状況になるかという点であった。そして、その状況が戦争継続よりもより良いかどうか、あるいは戦争継続によってさらにより良い条件が得られるかどうか、という点において和戦の決断が行われるのである。現在の研究者は降伏後の結果を知っているが、当時の軍事・政治指導者はそれを知ることができず、降伏後のイメージが常に脳裏から離れなかったのである。(7)

第一節　ポツダム宣言の影響

七月二六日、米英中の三カ国はポツダム宣言を発表し、日本に対して「吾等の条件は左の如し（Following are our terms)」「吾等は右条件より離脱することなかるべし（We will not deviate from them)」として、軍国主義除去・保障占領・カイロ宣言履行・領土縮小・武装解除・戦犯処罰・軍隊の無条件降伏を要求した。また同時に、日本軍人の帰国・民主主義的傾向の復活強化・言論宗教思想の自由・基本的人権の尊重・原料入手許可・平和政府樹立後の撤兵などに言及した。ここで重要なことは、降伏後の日本国政府の存在を間接的に認め、国家の無条件降伏ではなく、「軍隊の無条件降伏（the unconditional surrender of all Japanese armed forces)」と述べたことである。米国は、従来の無条件降伏要求と背馳しないように「条件」（term）と「条件」（condition）という二つの単語を使い分け、「無条件降伏」の「条件」を示したといえるだろう[8]。

ポツダム宣言においては、原爆・ソ連・天皇制の三つの事柄についての言及がなかった[9]。原爆については、すでに米国は七月一六日に原爆実験に成功していた。だが、軍事的・政治的な観点から原爆保有を宣言せず、ポツダム宣言においては「迅速且完全なる壊滅」という曖昧な表現が使用された。ソ連についていえば、日ソ間には日ソ中立条約があり、また、米ソ間には微妙な政治的駆け引きもあり、ソ連はポツダム宣言に加入しなかった。また、天皇制についていえば、ポツダム宣言の原案には、グルー国務次官やスティムソン陸軍長官の主導により、「現皇室のもとでの立憲君主制（constitutional monarchy under the present dynasty）」を認めることが明記されていた。だが、国務省幹部の多くが難色を示したため、米国はこの天皇制条項を削除して発表したのである。この削除には原爆実験の成功が影響していたのかもしれない[10]。

七月二七日午前一一時、外相の東郷茂徳は昭和天皇に拝謁して、「直ちにこれを拒否するが如き意志表示をなす時は重大なる結果を惹起すべきと共に戦争終末につきソ連に申出中なる関係もあるによりこの辺を見定めたる上措置すること可なり」と述べた。昭和天皇は、「此の儘に受諾するわけに行かざるも、交渉の基礎と為し得べしと思はる」と述べ、「尚蘇とも愈々突込んで話すこととなりたるが如し」と「御満足の模様」であったという。その後、東郷外相は閣議に出席し、閣議では「ノー・コメント」でポツダム宣言を新聞発表することが決まった[11]。

ところが、翌日の新聞の朝刊は、ポツダム宣言を「政府は黙殺」すると報じた。当時、朝日新聞の政治部記者であった吉武信は、黙殺記事を書いたのは軍担当の記者で「少なくとも官邸の記者団はタッチしていなかったと思う」と回想する[12]。

七月二八日の最高戦争指導会議（六巨頭会議）では、統帥部から強硬な意見が出て、「黙殺」が決定されたようである。海軍の豊田副武総長の七月二八日の日記では、「政府ノ態度ニ付審議ノ結果黙殺ノ態度ヲ持スルコトニ意見一致」

したという[13]。そして、同日午後四時の記者会見の場において、鈴木貫太郎首相は、「私はあの共同宣言はカイロ会談の焼直しであると考えている。政府としては何ら重大な価値ありとは考えない。ただ黙殺するだけである。我々は戦争完遂にあくまでも邁進するのみである」と述べたといわれている。だが、実際に鈴木首相が「黙殺」という言葉を口にしたのかどうかはよくわからない[14]。新聞記者が勝手に書いた可能性があるからである。そもそも、日本政府は、カイロ宣言の時も「黙殺」方針をとっており、この時もカイロ宣言の時と同様に「黙殺」方針を採用したものと考えられる[15]。

この鈴木首相の「黙殺」談話は、同盟通信が「イグノア（無視）」と翻訳し、米国では「リジェクト（拒否）」と受け取られて、後に原爆投下・ソ連参戦の口実となった。もっとも、ポツダム宣言は、連合国から正式の外交ルートを通じて日本政府に申し入れがあったわけではなく、日本政府も正式な外交ルートを通じて回答したわけでもなかった[16]。

スイスの加瀬俊一公使は、ポツダム宣言を肯定的に評価する電報を本省に送った。加瀬公使は、「国体の下に国家生活を営み行く基礎を認むる考え」であるとし、米国は「無条件降伏の看板を下げずに事実上少しくこれを緩和」（七月三〇日）したと観察した。陸軍の参謀本部は、ソ連の動向に敏感に反応し、「「ソ」ノ介入必至ト見ラルル今日寧ロ事前ニ相互勢力範囲等ニ関シ協定ヲ遂ゲ、相当ノ代償ヲ与フルモ「ソ」連ノ参戦ニ依リ早期終戦ニ導カントスルコトアルハ考慮シ置クノ要アルベシ」と警鐘を鳴らした。国内の反響を観察していた内務省警保局は、一般的に「今後の蘇連の出方」に対する関心が強く、一部には「予想外に緩和せる条件」との感想を漏らすものや、政府の「黙殺」声明に関し不平を漏らし、政府内に「和平的空気」があると批判するものがあると述べている[17]。また、戦争終結に対する期待からか、株価も値上がりした[18]。

ポツダム宣言にソ連が加入していなかったことは、日本側に期待を抱かせることとなった。日本は、ソ連に対して近衛文麿の派遣と和平の斡旋を申し入れており、ソ連の回答を待ってから方針を決定することにした。海相の米内光政は「政府ハ黙殺デ行ク。「アセル」必要ハナイ」として「蘇側ノ返事ヲ待ツテ、此方ノ措置ヲ決メテモ遅クハナイ」と語っている。[19] 一方、陸軍部内では、ソ連参戦の見通しについての見方がわかれていた。七月二七日、参謀本部ロシア課は、ソ連兵力は九月頃には狙撃師団が五〇個になるとして、参戦の可能性が高いと警鐘を鳴らしていた。[20] ロシア課長の白木末成大佐は、ソ連兵力一五〇万、飛行機五四〇〇機、戦車三四〇〇両と予想し、ソ連軍は冬営準備をしていないことから、八月中には参戦して冬までに満州を占領する計画であろうと観測した。[21] 七月三〇日、白木課長は、作戦課で対ソ情勢判断を報告し、対日参戦は八月一〇日頃だろうと極言し、作戦に自信を失っていた作戦課を震え上がらせた。この報告を聞いていた戦争指導班の種村佐孝大佐は、作戦課には、「対米必勝の自信なく、日本の前途を対ソ外交のみに頼ろうとする風」があると感じ、大声で叱りつけて出て行ってしまった。作戦室を出た種村大佐は、「此ノ内幕ヲ国民知ランカ、オソロシキ事ナリ」と身震いをしたという。翌日、種村大佐は、朝鮮軍参謀へ転出の内命を受けた。[22]

このように日本はポツダム宣言を「黙殺」する形となったが、その後の降伏決定過程においては、ポツダム宣言こそが「無条件降伏」の「条件」の一つの基準となった。それは、日本側からみれば「戦いの停止に関する案内書」のような役割を果したといえる。[23] 戦後、東郷外相が「日本は無条件降伏と言うことをその時に容れ得る状態になかった」と回想するように、完全な無条件での無条件降伏は困難であったからである。[24]

第二節　原爆投下の影響

八月六日、広島では午前七時九分に空襲警戒警報発令、同七時三一分警戒警報解除、同八時一五分原爆投下、同八

時一六分、原子爆弾が爆発し、人々は熱線・爆風・猛火に包まれた[25]。空襲警報が解除され、人々がちょうど防空壕から出たところに、市の中心部の真上で爆発したのである。その悲惨さは、爆心地付近の人は圧死し、屋内にいた人は爆風に吹き飛ばされ、屋外にいた人は大火傷を負って皮膚がただれ落ちるというものであった。午前一一時二〇分頃、同盟通信広島支社の中村敏は、「広島市は全焼、死者およそ一七万」という第一報を本社に打電したという。同盟通信本社は、この数字を信じることができず、死者一万七〇〇〇人の間違いではないかと感じたらしい[26]。午後七時過ぎ、宮中の侍従武官府に「特殊弾攻撃をうけ市街大半倒潰」として「大爆発に引き続き大火災起こり、午後二時なお延焼中」という情報が届けられた[27]。

広島原爆の実際の死者数を確定することは困難であるが、年内だけでも、日露戦争の死者数を上回り、約一四万人といわれる。最近の研究では、米軍捕虜一二人が被爆死していたことも判明している。爆心地に近い相生橋付近では米捕虜を見たという目撃証言もある[28]。

同日、トルーマン大統領は、広島に投下した爆弾は原子爆弾であると発表し、ＴＮＴ爆弾二万トンに匹敵すると述べた。翌日、このトルーマン声明はラジオ放送によって日本に伝わり[29]、情報局は「敵性情報」として各界に配布し、理化学研究所の仁科芳雄博士にも届けられた[30]。陸軍省軍事課でもトルーマン声明が回覧され、軍事課長荒尾興功などが目を通した[31]。軍務課の竹下正彦中佐は、「原子爆弾真ナリトセバ戦争ニ又革命ヲ生ズルモノニシテ痛心ニ堪エズ」と心配した[32]。この段階で、放射能の人体に与える影響を想起した人は、原爆を研究していた仁科博士などを除けばほとんどいなかった[33]。

トルーマン声明はソ連と中国に強い衝撃を与えた。日本の降伏を予想したスターリンは、対日参戦の日程を早め、八月九日午前零時とすることを命令した。モスクワではラジオが原爆について報じ、『プラウダ』も「新原子爆弾に関するトルーマン発表」（八月八日）を報じた[34]。また、中国の重慶の『新華日報』は、「八年もの間、日本侵略者に、野蛮に屠殺されてきた中国人民は、だまされてきた無辜の日本人民は別にして、日本の軍閥に対しては何のあわれみも持たない。しかし、本来、人類の生活の幸福に奉仕すべき科学が、破壊と殺傷の武器に応用されたことは、全人類、とりわけ科学者に、深刻な感慨をいだかせるにちがいない」（八月八日）という文章を掲げ、重慶の国際ラジオ放送では井上徹、岡山隆が、「防空壕に逃げ込んだとしてもその防空洞が破壊される」、「人口三十万余万の広島市の百分《〔ママ〕》の六の六〇％以上を破壊」と流した。延安の『解放日報』も「戦争技術上の革命、原子爆弾が初めて敵国の広島を襲う、東京は広島のすべての生物が焼死したと認む」（八月八日）と見出しをつけ、トルーマン声明を報じた。[35]

八月七日、午前一〇時、首相官邸において閣議が開催された。この席上、東郷外相はトルーマン声明を基礎にして原爆に言及し、一一時五五分から閣議に参加した阿南陸相は原爆の調査報告を待つべきであると発言した。[36] 東郷外相は米国に対して抗議する必要があると考えていた。[37] また、この日、阿南陸相は、局長会報において、「一屯爆弾ニ五kgウランガ入ルト十屯〔爆弾〕ノ二〇〇〇〇倍ノ威力アリ」という報告を受けた。[38] 夜七時三〇分、陸相官邸において、外相と陸相は一時間半にわたって懇談した。東郷外相が「向うが日本に上陸して来て橋頭堡を作った以上は、日本がはっきり参るのは時の問題だ」と述べると、阿南陸相は「その通りなんだ」と正直に認めた。陸軍は、米軍の本土上陸の第一波を撃退することには自信があったが、長期継戦には自信がなかった。[39]

昭和天皇は、一時間おきに侍従武官に対して原子爆弾に関する情報を届けるよう催促したという。だが、広島は壊滅しており、七日中には詳細な情報が入らなかった。八月七日の段階で、内大臣木戸幸一の日記には「死傷者一三万」、侍従武官尾形健一の日記には「ウラニュームの原子爆弾」という情報が入っている。[40] 七日午後三時、海軍の豊田総長は、「昨六日〇八二〇頃広島市方面空襲ニ際シテハ、呉鎮部隊ハ千数百名——救護隊、工作隊ヲ派遣シ糧食ノ準備ヲ行フト共ニ第二総軍ト東京方面トノ通信連絡ニ任ジツツアリ」と奏上し、「広島市方面空襲」という表現を使用した。七日午後四時には陸軍の梅津美治郎参謀総長が「広島が大火事になって死傷者が多数に出ており、軍の死傷も大きい」という断片的な報告をした。[41] また、八月八日の空襲警報発令時、原爆を心配する側近が昭和天皇に対し地下壕への避難を勧めると、昭和天皇は、侍従の岡部長章に対し、「あの爆弾の強度のことだが……あれは、今まで聞いていない。初めて聞くのだよ」と述べたという。[42]

陸軍と海軍は、それぞれ別個に原爆調査団を広島に派遣した。呉工廠調査隊（八月六日）、呉鎮守府調査隊（八月七日）、有末調査団（八月八日）、大本営海軍部調査団（八月八日）、陸軍省広島災害調査班（八月八日午後六時）、京都大学調査団（八月一〇日）、大阪帝国大学調査団（八月一〇日）が現地入りした。[43] 呉工廠調査隊は、腕の皮膚が垂れ下がった人々、電車の中で座ったまま黒こげになって死んだ乗客、自転車に乗ったまま押しつぶされた死体などを見て衝撃を受けた。隊長の三井再男大佐は、あまりの悲惨さに被爆者にカメラを向けることができなかったという。[44] それでも、大本営は原爆による被害の範囲を少なく見積もった。初期の調査によれば、死者が二―三万人、傷者が一〇万人、合計で死傷者十数万人と見積もられている。当時の推定死者数は、現在の感覚では、かなり少ない。たとえば、「死者約三万、傷者約一〇万、尚増加ノ見込」（「陸軍省広島災害調査班速報（電報）」第三号、八月八日）、「死者約二―三万、傷者約一〇万」（同四号、八月九日）、「傷者ノ大部（八割）ハ火傷（顔面四股等露出面皮膚面ヲ主トス）ニシテ予後不良ナリ（入院患者ノ死亡率約三〇％ナリ）」（同五号、八月一〇日）、「総人口二五万、罹災民二〇万、死傷者一四万、内死者二、三万、重傷者（入院ヲ要スル者）二、三万、傷者中九〇％ハ熱傷、一〇％ハ外傷ナリ」（「呉病機密第一四九号、呉鎮守府広島派遣救護隊任務報告」、八月一〇日）、「十一日迄、収容屍体数一二〇〇〇、未収容屍体数推計（埋没又ハ焼失）約一〇〇〇〇、計約二万」（「新妻清一メモ」）といった数字がある。[45] 八月九日には、レントゲンフィルムの感光が確認され、八月一〇日には、陸海軍合同特殊爆弾研究会において原子爆弾であることが認定された。[46]

初期調査の段階において、原爆調査団に衝撃を与えたのは、被爆者の焼けただれた皮膚であった。その結果、調査団の関心は、どのようにしてこの火傷を防ぐかに集中した。八月一〇日に原爆調査団が大本営に報告した「対策」も、

「防空壕ニ待避スベシ」「防空壕ニ入リ得ザル者ハ遮蔽下ニ入リ、姿勢ヲ低クシ閃光後急遽空地ヲ脱出スベシ」「白色ノ下着ヲ使用スベシ」「火傷薬ヲ必ズ持参スベシ」「防空壕ニハ爆風除ケヲ付スベシ」「ガラス」窓ハ負傷ノ原因トナルヲ以テ直チニ［撤］去」といったものであった。(47) 防空総本部は次々と「新型爆弾」に対する心得を発表し、翌日の新聞に次のように掲載されている。「待避壕は掩蓋のあるものを選ぶこと」「新型爆弾に対しては手足などを露出しないやうにせねばならぬ」（『朝日新聞』八月九日）、「待避壕は極めて有効」「待避壕を咄嗟の場合に利用し得ない場合は地面に伏せるか堅牢建築物の蔭を利用すること」「八日発表した心得のほか以上のことを実施すれば新型爆弾もさほど怖れることはない」（八月一〇日）、「落下傘のやうなものが降下するから、これを目撃したら確実に待避すること」「鉄筋コンクリート造りの建物は安全度が高い」「傷害は爆風による傷と、火傷であるが、その内でも火傷が多い」（八月一二日）といった内容である。このように新聞報道は、熱線による火傷への対策を強調するものであった。当時、海軍兵学校教官だった野村実大尉は、「原子爆弾の威力についての知識は、すぐには広まらなかったんですよ。あのころ海軍では、白い服をカーキ色にそめていた。ところが、原子爆弾は白い服を着ていればいいということで、また染めるのをやめたことがあります。しばらくはそのくらいの考えであったのです」と回想している。(48)

八月八日午前一一時半頃、大阪中部軍司令部では、日本の憲兵隊が、捕虜となった米空軍パイロットのマーカス・マクディルダ少尉（Marcus McDilda）に対し、激しい暴行を加えていた。マクディルダ少尉は原子爆弾についてはほとんど何も知らなかったが、憲兵隊は原子爆弾について話せと執拗にせまり、憲兵隊の上官は抜刀して「あの爆弾のことをしゃべらないなら、首を切り落とすぞ」と脅迫した。殴られて流血したマクディルダは、生命の危険を感じ、「八月十二日東京ニ対シ使用スルトノ基地ノ風評アリ」、「爆弾内ニハ火薬ナシ。電気仕掛ヲ以テ爆発ス。爆発スルヤ「電気ノ小サキ嵐」ト謂フ強烈ナル「エネルギー」ト閃光ヲ発シ閃光ハ強力ナル振動波ヲ有スル外ニ風ヲ誘発シ地震ニヨリ物体原子ヲ破壊ス」、「原子爆弾ハ青天ノ場合有効ニシテ地面乾燥シ空色ヨリ明キ場合最モ有効ナリ。夜間雨天ノ場合効力尠シ」（呉鎮発機密〇九二三一四番電、八月一〇日）というでたらめな作り話をし、次の目標は東京と京都と答えた。この情報は、当時の陸海軍にとっては衝撃的だった。マクディルダ情報はすぐに憲兵隊から陸軍へと伝わり、陸軍から海軍へと伝わって、さらには、暗号解読によって米軍までもが知るところとなった[49]。情報が不足する中での新情報は信用され、京都帝国大学の原爆調査団は京都に引き返した。原爆調査団の調査ノートには「捕虜、基地硫黄島、八月十二日東京、電気ソーチニテ起バク」（「仁科芳雄ノート」）と書かれてある[50]。また、マクディルダ情報をあたかも裏付けるかのようにして、海軍の呉鎮守府は中央に対して「七日朝「サイパン」放送ハ米本国ヨリ太平洋方面へ「ウラン」爆弾一〇〇個ヲ送リ其ノ最初ノ一個ヲ広島ニ使用セリト云フ」（「呉鎮守府司令部広島空襲被害状況調査報告」、八月八日）という情報を送っていた[51]。さらに、日本が原爆研究を行っていたことも裏目に出た。八月九日、陸軍上層部から米国の所有原爆数の算定を依頼された山本洋一少佐（陸軍兵器行政本部第八技術研究所）は、「「アクチノウラン」235ハ「ウラン化合物」中約〇・八％含有スルモノトセバ米国ニ於テハ一ケ年三〇瓲《トン》ノ「アクチノウラン」化合物ヲ生産シ得、爆弾一個三〇キログラムトセバ五〇〇―一〇〇〇個ノ作製能力アリ、然レドモ此ノ種爆弾ノ作業ハ歩留頗ル不良ナル為、上記数量ノ二分ノ一以下位ナルベシト予想セラル」として、米国の原爆保有量を二五〇個前後と計算したのである[52]。軍事課の国武輝人中佐のメモにも、「仁科博士の研究によれば、米は月一屯は収集し得べし」という数字がある[53]。

当初、原爆調査団が知ることができなかったことといえば、放射能の人体に与える影響であった。そのすさまじさは、日を追うごとに明らかとなった。すなわち、いわゆる原爆症によって、白血球減少、脱毛、発熱、皮膚出血斑点、口内炎、舌潰瘍、下痢、吐血といった諸症状が現れ、犠牲者の多くは苦しみながら死んでいったのである。広島の救護所は死体であふれ、その死臭は生きている人間の鼻を突き刺し、生き地獄と化した光景は見るものの目を背けさせた。ある軍医は、「原爆症には安静ということが大変必要であるということが漸次分って来たものの、当初は人出不足と混乱がはげしかったので元気な人や外見上火傷など負わない人はどうしても起きて働き、過労と原爆症で斃れるという結果が起こりました」と回想する。[54] 朝鮮王族の李鍝公〔第二総軍参謀、陸軍中佐〕も出勤途中に被爆し、相生橋の下に避難し、午後一〇時頃船舶司令部に到着したが、翌日午前三時、原爆症により死亡した。八月九日、『京城日報』は、「李鍝公殿下御戦死」、「新爆弾使用で焦る米」と報じた。[55]

大本営は、原子爆弾が国民の士気に与える影響を憂慮した。陸軍の宮崎周一作戦部長は、八月六日の日誌に、「八時三十分広島ニ特殊爆弾アリ、いわゆる原子爆弾ならんも発表には考慮を要す」と書き留めている。[56] 情報局と外務省は、事実の即時報道を主張したが、軍部は国民への影響が大きいことと調査中であることを理由に反対し、「新型爆弾」という表現を使用することとなった。[57] 八月七日一五時三〇分、大本営は、「一、昨八月六日広島市は敵B29少数機の攻撃により相当の被害を生じたり。二、敵は右攻撃に新型爆弾を使用せるものの如きも詳細目下調査中なり」と発表した。八月七日、『朝日新聞〔東京版〕』は、「広島を焼爆」の小見出しで「焼夷弾爆弾」によって「若干の損害を蒙った模様」と報じ、八月八日には、「広島へ敵新型爆弾」という大見出しで、大本営発表と「トルーマンのごときも新型爆弾使用に関する声明を発してゐる」という事実を報じた。[58] 八月九日、『読売報知』は、最下段コラムで原子爆弾の原理をさりげなく解説した。[59]

この「新型爆弾」の報道は、食糧不足と空襲被害に苦しんでいた国民に影響を与えたようである。[60] 八月八日、海軍の高木惣吉少将は米内海相に対し「大臣ハ八月中カラ悪クナルト言ッテ居ラレマシタガ、確カニ此ノ二、三日来、特ニ広島〔八月六日〕以来ヒシヒシト各方面ノ空気ガ悪クナッテ来マシタ」と国民の動向を語っている。彼らは「コノ崩レ行ク国内民心」を心配していた。[61]

八月八日は毎月八日の大詔奉戴日であった。阿南陸相は、朝、剣道の練習で汗を流し、靖国神社と明治神宮に参拝して戦勝祈願をし、会食形式の課長会報に出席した。一方、米内海相は、八時半から靖国神社、明治神宮、東郷神社を参拝し、午後は広島で被爆死した李鍝公の邸を記帳のため訪問した(62)。

八日午前一一時四〇分、木戸内大臣は、昭和天皇に拝謁した。この時、木戸内大臣は、「我方の鶴首して待ち居りたるソ連の回答は来らず、八月六、七日頃にはスターリン・モロトフ何れもモスコウに帰来するので、其の上にて回答をよこすならんか」と淡い期待を抱いていた(63)。この時、昭和天皇は「一刻も早く戦争をやめなければ」という趣旨の発言をしたようである(64)。

八日正午、モスクワの佐藤尚武大使から本省に対し、緊急の電報が届いた。佐藤大使は、数度にわたり、日本側の和平仲介の申し入れに対するソ連側回答を督促し、モロトフ外相に会見を申し入れていたが、やっとモロトフ外相から八日の午後五時（日本時間午後一一時）に会見するという回答があったのである(65)。

八日午後一時半、以前から拝謁を希望していた情報局総裁の下村宏は、二時間にわたって昭和天皇に単独拝謁した。この拝謁は、当初は一時間の予定であったが、七一歳の下村総裁が椅子を離れようとすると昭和天皇の方から次々と発言があり、その内容は、太平洋戦、東条評、ビルマ戦にまで及んだ。おそらく、昭和天皇は、ラジオ演説の名人であった下村宏に対し、親近感を抱いていたのだろう。昭和天皇は、原爆についても言及し、「正義人道もあまりこちらだけえらがられない。お互様である。アメリカでは広島に総司令部のある事が知れてゐたのか」と述べた。下村総裁は「知れてゐたと思ひます、畑元帥の就任まで存じて居りませう、又このほど広島に逓信西部総局の人事が発表され関西中国九州の逓信事務を総轄する旨が新聞に見えましたから・・・この次は四十八時間の予告といひますが横須賀鎮守府それから・・・むしろ金沢殊〔ママ〕に新潟などが考へられます」と言上した(66)。

八日午後三時五五分、B29が東京に来襲したため空襲警報が発令された。昭和天皇は、皇居の地下にある御文庫附属室に待避した。午後四時、宮中に参内した東郷外相は、この地下室の中で、昭和天皇に拝謁した(67)。この時、東郷外相は、前述の佐藤大使の電報についても奏上したと推定される。終戦直後の東郷外相の回想によれば、昭和天皇から次のような発言があったという。

［天皇］　此種武器ガ使用セラルル以上敵軍ノ上陸ニ際スル戦争ハ不可能トナルニヨリ、有利ナル条件ヲ得ンガ為ニ戦争終結ノ時機ヲ逸スルコトハ不可ナリ、条件ヲ相談スルモ纏ラザルニ非ザルカ、成ル可ク速カニ戦争ノ終末ヲ見ルヤウ努力セヨ(68)

この回想が正しければ、原爆投下は昭和天皇の本土決戦不能論を一層強めたといえよう。沖縄陥落以降、昭和天皇は本土決戦を回避すべく、何度も外交交渉を督促していたが、原子爆弾が出現したことにより、再び外務大臣に督促したということになるだろう。東郷外相は、この昭和天皇の発言をふまえ、同日午後一一時（モスクワ時間午後五時）に予定されていた佐藤・モロトフ会見に対応できるよう、翌九日に最高戦争指導会議構成員会議を開催する根回しを行った(69)。

八日の陸海軍は、ソ連の対日回答を待ち続けていた。米内海相は高木少将に対し、「昨日外相ニ会ツタガ、未ダ電報ハ来ナイラシイ。尤モ五日ニ「スターリン」ガ「ポツダム」カラ帰ツタカラ、電報ニ二、三日カヽルシ、今日明日何トカ言ツテ来ルダラウ。明日会フカラ聞イトク。或ハロシアカラ何モ返事シテ来ナイ場合モ考ヘテ置カネバナラヌ」と語っている(70)。同日、陸軍省軍務課も、「「ソ」連ノ対日最後通牒ニ対シ採ルベキ措置ノ研究」という文書を作成している。軍事課は「米英「ソ」ヲ敵トスル戦争ハ帝国国力ノ推移ヨリ判断スレバ殆ド勝利ノ見込ナク帝国ヲ滅亡ニ陥ラシムル虞大ナルモノアリ」として米英ソを敵としては戦争に勝ち目がないことを率直に認め、ソ連をして「我ニ援助ヲ与ヘントスル方向ニ彼ヲ利導」することを希望していた。そして、「「ソ」連ノ大陸撤兵要求ナル対日最後通牒ニ対シ帝国ハ之ヲ受諾」することを主張していた。つまり、ソ連側要求を全面的に受け容れることを覚悟していたのである(71)。

日本は、八月六日の原爆投下から八月九日のソ連参戦にいたるまでの三日間、原爆の調査報告とソ連の対日回答を待ってから政策決定を行おうとしていた。これは、不確定な情報に基づいて重要な国策を決定することがためらわれたためであろう。したがって、ソ連参戦以前に原爆投下によって対米無条件降伏が決まっていたわけではなく、原子爆弾が日本の政治・軍事指導者等に衝撃を与えなかったわけでもない。現実の政策決定過程が大きく動き出すのは、ソ連参戦以降のことである。

第三節　ソ連参戦の影響

八月八日午後五時（日本時間午後一一時）、モスクワの佐藤大使は、ソ連のモロトフ外相と面会した。[72] だが、その回答は日本側の期待を裏切るものであった。モロトフ外相は、佐藤大使に対して対日参戦宣言を手交し、ソ連はいまだ有効であった日ソ中立条約を破棄してポツダム宣言に加入した。翌九日零時頃、ソ連軍は、国境を越えて怒濤の如く満州に攻め入った。近代化されたソ連軍は総兵力八〇万（一三〇万）、戦車四千、飛行機五千を誇ると考えられたのに対し、武器すら行き届いていない関東軍は兵力五〇万、戦車一旅団、第一線飛行機一五〇という貧弱なものであり、関東軍の総参謀長の秦彦三郎は「全然戦いにならぬ」と感じ、作戦班長の草地貞吾は「来たるべきものがきた」と暗澹とし、作戦参謀の瀬島龍三は家族に遺書を送った。[73]

一般的に、日本はソ連参戦を予想できなかったといわれるが、これは正しい歴史理解ではない。日本の予想が外れたのは、ソ連参戦の有無ではなく、ソ連参戦の時期に関する予想であった。関東軍は、ソ連参戦を「一日も遅かれと祈り」、作戦課は、ソ連参戦防止を希望し、いわゆる、「起きると困ることは起きない」という集団心理に陥っていた。[74] それだけに、ソ連参戦が陸軍に与えた衝撃は大きかった。参謀次長の河辺虎四郎は、「嗚呼、遂ニ「ソ」ハ起チタルカ、予ノ判断ハ外レタリ」と顔色を失った。[75] ソ連参戦によって、陸軍の主張してきた「戦勝の確算」は崩れ去った。

ソ連がポツダム宣言に加入したことは、対ソ外交に期待をかけていた海軍の淡い期待を完全に打ち砕いた。近衛文麿の訪露に備え、箱根の奈良屋旅館で和平条件の研究をしていた伏下哲夫大佐・矢部貞治（東京帝国大学教授）・天川勇（海軍嘱託）らは、ソ連参戦の報を聞くと、愕然として作業を投げ出して寝てしまったという。矢部教授は、それまで本土決戦もやむを得ないと考えていたが、翌朝、「ソ連の問題を懸命に考へて見たが、もうネゴシエーションの余地は明白にない。さすれば即時受諾の他にはない」という結論に達している。[76] ソ連参戦は、対ソ交渉論から対米交渉論への転換をもたらすものであった。

ソ連参戦の報を受けて、日本の政局は一気に動いた。すなわち、最高戦争指導会議（一〇時三〇分—一三時三〇分）、第一回閣議（一四時三〇分—一七時三〇分）、第二回閣議（一八時三〇分—二二時二〇分）を経て、第一回御前会議（二三時五〇分）へと流れ込んだのである。昭和天皇は、午前九時五五分、木戸内大臣に対し、「戦局の収拾につき急速に研究決定の要ありと思ふ故、首相と充分懇談する様に」と指示を出した。[77]

八月九日、午前一〇時三〇分、最高戦争指導会議が開催され、会議の劈頭、鈴木首相はポツダム宣言の受諾を提議した。だが、出席者全員が精神的ショックを受けていたため、数分間の重苦しい沈黙が続いた。そのうち、米内海相から、もし条件附で受諾するとするならば、国体護持・戦争犯罪人の処罰・武装解除の方法・占領軍の進駐といった問題をどうするのかと提案があり、会議はこの四点を討議する形で進んだ。国体護持については出席者全員の一致をみたが、残りの三つについては、陸軍の梅津総長・阿南陸相らが自主的戦犯処罰・自発的武装解除・可及的小範囲進駐を主張し、意見は一致をみなかった。だが、「絶対ニ受諾スベカラズ」という強硬論や「原則的に否認せんとする主張」は皆無であり、条件附で受諾するという点だけが共通項となった。[78] 最高戦争指導会議は午後一時半に散会となり、鈴木首相は、木戸内大臣に対し、四条件でポツダム宣言を受諾することが決定したと伝えた。[79]

原爆が投下され、ソ連が参戦してポツダム宣言に加入したことは、和平の時期・方法・条件という三つの問題のうち、時期（タイミング）と方法（第三国の仲介）の問題を解消させ、条件（国体の護持）の問題のみが残った形となった。原爆投下とソ連参戦によって軍事的勝算がなくなると、本土決戦後に交渉した方がより良い条件を得られるという主張の根拠はなくなった。また、ソ連がポツダム宣言に加入すると、第三国の仲介によって和平を提唱するという方法も消え、対米直接交渉以外に選択肢がなくなった。日本の各政治勢力は、「国体の護持」という目的では一致していたが、そのためにどのような「条件」を提示するかで意見がわかれた。対外的には、条件の数は多ければ多いほど降伏後に有利であるが、条件の数が多ければ多いほど連合国が受け容れる可能性がなくなると考えられた。また、対内的には、「無条件降伏」に近ければ近いほど、国内の合意形成が困難になるとも予想された。

午後二時半、臨時閣議が開かれ、途中休憩（午後五時半から一時間）を挟んで、夜一〇時過ぎまで続いた。この閣議の最中に、二発目の原爆が長崎にも投下されたという報告が入った(80)。臨時閣議では、鈴木首相、外相、陸海軍大臣、軍需相豊田貞次郎、国務相安井藤治、国務相左近司政三、内相安倍源基、農商相石黒忠篤、運輸相小日山直登、国務相桜井兵五郎、蔵相広瀬豊作、法相松阪広政、情報局総裁下村宏、綜合計画局長官池田純久等が次のような激しい議論を戦わせた。

陸軍大臣　国家ガ決定スルモノナリ。軍隊ガ無条件降服ニナレバ国体モ何モアラザルベシ。歴史ガ証明ス。ソロバンデハ勝目ナシ（満州方面）。玉砕ノミ、二月カ、三月ノミ。英米ニ対シテハ必ズ打撃ヲ与ヘ得ベシ。支那カラドレダケ兵力ヲ抜キ得ルカ疑問。戦力ハ一億国民ガ名誉ニカケテ戦フカ否カニ在リ。外地軍隊ノ武装解除ハ困難ナリ。

海軍大臣　国家総力ノ戦ナル故、陸、海軍デハ決定セヌ。国家ガ決定スベシ。現在ノ国内情勢デハ果シテ戦争継続シ得ルヤ疑問ナリ。対米英戦ニハ勝目ナシ。加フルニソ連ガ参戦セバ勝目ナシ。（統帥部ハ知ラヌ）。一度ハ対米英ニ対シ打撃ヲ与ヘテモ数回ハ不可能。楽観材料ナシ。然ラバ降服シ得ルヤ、一カバチカヤルカヤラヌカハ冷静ニ合理的ニ考フベキナリ。十三条ノ条項［ポツダム宣言の全条項］ハ自主的ニヤレヌ。緩和シ得ルナラ已ムヲ得ズ。負ケ惜シミヤ行懸リハ捨ツベシ。談判スベシ。

外務大臣　［四条件では］相手ハ談判ニハ入ラザルベシ。持［申］込ニテモ相手ハ黙殺スベシ。

司法大臣　原子爆弾ノ対策アリヤ。

陸軍大臣　大シタコトナシ。対策ハアルベシ。原子爆弾ノ出現ガ戦争終結トハナラザルベシ。俘虜ノ言ニ依レバ[81]。

阿南陸相は、このように述べた後、原爆について次のような報告をした。

［陸相］　原子弾について報告する。昨日捕虜となりし第七航空隊マーカス・エル・マクヒーター中尉の語る所によれば、原子弾の筒は直径一八乃至二十四呎《フィート》、長さ三十乃至三十六呎、重量五百ポンド、火薬でなく電気仕掛で閃光と共に旋風を起し、一発にして六平方哩を破壊し、その爆力は五百ポンドの爆弾三六を搭載せるB29二千機に該当する。その効力は空の色の明るい時が著しく、雨天には効力少く、日中には効力が大きい。地下壕は丸太の程度で覆うてあれば充分である。裸体は禁物で白色の抵抗力は強い。農作物や立木には大なる被害はない。熱風によるも焼失することはない。建物などは上から圧しつぶされる。従つて鳥居などはそのまゝで電車汽車なども脱線する程度である。建物を焼きこはす力は不明であるが、コンクリート造りは防御力がある。但しガラス窓は危険であり光線にふれると火傷する。爆風の通つたあとは真空になり、為に内臓が外に出る危険がある。地下に伏しても毛布類を被つてゐるとよい。いづれにしても強度の疎開を必要と考へる。広島の次は東京である。宣伝価値が大きいから近い将来に必至であると語つてゐるが、本日十一時半長崎に第二回の投弾があった。原子弾はなお百発あり一ヶ月に三発できるが、永持ちは出来ないとのことである。ベルリン陥落の頃までは実用する自信がなかつたらしい[82]。

阿南陸相が原爆について報告した後、米内海相は次のように国力の問題に話題を振り向けた。

海軍大臣　物心両面ニ於テ戦争遂行能力アリヤ。

軍需大臣　八月、輸送面ヨリ見テ〔中略〕。輸送ニ確信アリヤ。然ラザレバ駄目ナリ。

農商大臣　未曾有ノ食糧難ニ陥リ時期的ニ部分的ニ飢饉ヲ招来スベシ。〔後略〕。

運輸大臣　輸送ハ混乱スベシ。軍ノ防衛ガ条件ナリ。

内務大臣　民心動向。現況ハ敵愾心上ラズ。戦争ノ将来ニ自信ヲ失ヘリ。沖縄失陥前迠ハ一部ノインテリ外ハ将来ニ希望アリシモ、沖縄失陥カ〔ラ〕戦争ノ将来ニ不安。中小都市爆撃及艦砲射撃ニ対シ当方ノ無抵抗ハ国民ヲ失望セシム。三国声明ニ対シテハ敵愾心起ラズ。勿論一部ニハ敢闘精神アリ。三国声明反駁セザルハ不可ナリト見アリ。軍ニ対スル信頼不良。戦果昂《あが》ラザル為ナリ。原子爆弾ハ国民ニ致命的打撃ヲ与ヘタリ。ソ連ノ戦争加入ヲ見レバ必勝信念ヲ愈々失ヘリ。以上観察ハ一般ナリ。勿論、玉砕主義者モ相当アルガ数ハ少シ。原因ハ食糧、生活ナルモ大ナル要素ハ戦果ノ上ラザルコトナリ。国民ノ志気維持出来ザルヤ。戦争終末ノ不良〔惨状〕ヲ考ヘ最後ノ覚悟ヲキメサ〔エ〕スレバ尚戦争遂行可能ナリ。

阿南陸相が、「ソロバンデハ勝目ナシ（満州方面）。玉砕ノミ、二月カ、三月ノミ」と述べているのが注目されよう。陸軍上層部は日本の軍事的行き詰まりを認めざるを得なかった。軍事的に勝ち目があるとする継戦論が揺らいだのである。対米戦には勝算があっても、対ソ戦には勝算がなかった。梅津美治郎参謀総長も「今日トナリテハ戦争ニ対スル将来ノ勝目ハナイモノト見ルベク結局三国提案ノ条件ヲ受諾シテ終戦ヲ計ル外ナカラン」という意見であった[83]。梅津総長と豊田総長の天皇に対する説明も、「必勝トハ申シ難キモ必敗ト断ズル理ナシ」という悲観的なものであった。河辺参謀次長も、「必勝ノ確算ヲ訊ネラレテハ其ノ返辞ハ両総長ノ右ノ辞ト大差ナカルベシ」と軍事的見通しが立たないことを認めている[84]。

一方、阿南陸相は、原爆に対しては、「大シタコトナシ」と強気であった。たとえ、原子爆弾という新兵器が現れようとも、対米作戦には自信があったのである。また、「原子弾はなお百発あり一ヶ月に三発できる」という米軍捕虜情報を報告している。ただし、この情報はよく考えてみると、辻褄が合わない。なぜなら、月産三発で一〇〇発作るには三三ヵ月を必要とし、逆算すると米国は一九四二年末には原爆を保有していたことになるからである(85)。

東郷外相は、四条件では「相手ハ黙殺スベシ」として、一条件を主張していた。東郷外相が最もおそれたのは、日本の申し入れが「黙殺」されることであった。日本経済の戦争継続能力は限られており、遅かれ早かれ外交交渉を始める必要があった。そして、ソ連がポツダム宣言に加入した状況では、「黙殺」されることは交渉相手を失うことになりかねなかった。さらに、ソ連参戦により、本土決戦の意義も急速に色あせたものとなった。「本土決戦→一撃和平」という構想を実現するためには、「一撃」だけではなく、ソ連の仲介が不可欠であった。なぜなら、仮に「一撃」に成功したにしろ、日本側から和平を提唱することは日本側の弱みをみせることになる。形式的ではあっても、ソ連の和平提唱に日本が応ずる形をとる必要があった。おそらく、当事者は、日露戦争における日本海海戦とポーツマス会議を念頭においていたと思われる。だが、ソ連が参戦し、その交渉ルートも同時に断ち切られたため、陸軍の「本土決戦→一撃和平」という構想は再検討せざるを得なかった。本土水際決戦で米軍に「一撃」を与え得たにしろ、和平と結びつかない決戦は無意味である。この臨時閣議で、豊田軍需相は「日露の時には英米が我を助けた。今は皆敵となった。原子爆弾の事は知らぬが所信ある対抗方法ない以上戒心を要する。一撃は加へ得るがあとはどうなる」と率直な意見を述べている(86)。「一撃」を加え得たとしても、ソ連の仲介なくして米国が譲歩するとは考えにくい。こうして「本土決戦でアメリカ軍に大打撃を与えてソ連を介して終戦する考えが駄目になった」のである(87)。

米内海相は、「物心両面ニ於テ戦争遂行能力アリヤ」と戦争遂行能力を問題にし、疑問を投げかけた。この米内発言に対し、豊田軍需相は、輸送がうまくいかなければ駄目だと悲観的に述べ、小日山運輸相は「輸送ハ混乱スベシ」

と同調し、石黒農商相は「飢饉ヲ招来スベシ」と餓死を暗示し、安倍内相は、「敵愾心上ラズ」と調子を揃えた。要するに、日本には戦争継続能力が失われていたのである。また、安倍内相の「原子爆弾ハ国民ニ致命的打撃ヲ与ヘタリ。ソ連ノ戦争加入ヲ見レバ必勝信念ヲ愈々失ヘリ」という発言も注目に値しよう。軍に対する信頼が失われているところへ、原爆投下とソ連参戦があり、国民は必勝の信念を失ったのである。

ソ連の参戦以前は、継戦論の根拠を軍事的勝算の有無に求めることもできただろう。だが、ソ連の参戦以降、それができなくなり、陸軍は、継戦論の根拠を国体護持の問題に求めざるを得なかった。すなわち、勝てるから戦うのではなく、戦うのは国体が護持できないからという論理である。しかしながら、このような主張は、国体が護持できれば戦争をやめるという考え方と表裏一体の関係にあった。阿南陸相はこの臨時閣議で「当方の条件を聞けばポ宣言受諾すべし」と述べている。[88]そして、論争の焦点が勝算の有無の問題から条件の数の問題へと移行した場合、条件論はなし崩し的に後退せざるを得ない。継戦派もこの点に途中から気がつき、後に第一回御前会議開催の際、阿南陸相は梅津総長に対し「条件問題ヲ議スルヲ止メ、戦争遂行一点張リデ論議スルノ要アル」と耳打ちしたという。[89]軍事情報を独占し、大きな権力をふるっていた軍部も、軍事的勝算がないのでは、その発言力を維持することはできなかった。

この閣議の最中、一条件を主張する高松宮、近衛文麿、重光葵元外相から木戸内大臣に対する働きかけがあった。高松宮は「条件附にては連合国は拒絶と見るの虞れあり」と述べ、重光元外相は四条件を出せば決裂は必至だと述べた。午後四時三五分、木戸内大臣は、昭和天皇に拝謁して、これらの意見を伝えた。午後一〇時五五分、鈴木首相と東郷外相は揃って拝謁し、御前会議の開催と同会議への平沼騏一郎枢密院議長の出席を願い出た。[90]

八月一〇日午前零時三分、第一回御前会議が開催され、ポツダム宣言受諾の条件をめぐって議論がなされた。東郷外相、米内海相、平沼枢相の三名は、国体護持の一条件を主張し、阿南陸相、梅津参謀総長、豊田軍令部総長の三名は、国体護持・自主的武装解除・自主的戦犯処罰・保障占領拒否の四条件を主張した。また、国体護持に関する外務省の原案は「天皇の国法上の地位を変更するの要求を包含し居らざることの了解の下に」となっていたが、平沼枢相が「天皇統治の大権は国法に依て生ずるものに非ず」と異議を唱え、「天皇の国家統治の大権を変更するの要求を包含し居らざることの了解の下に」という文面に修正された[91]。そして、午前二時頃、鈴木首相は「意見の対立ある以上、聖断を仰ぐの外なし」と述べ、立ち上がって天皇の前に進み出た。昭和天皇は、老齢の鈴木首相に対して、席に戻るように命じ、次のように述べた。

天皇陛下　外務大臣案ニ同意ス。理由。陸海統帥部ノ計画ハ常ニ錯誤シ時機ヲ失ス。本土決戦ト云フガ九十九里浜ノ防御陣地ハ遅レ八月末ニアラザレバ出来ズト云フ。増設部隊モ装備未ダ整ハズト云フ。之レデ米軍ヲ如何ニシテ邀撃シ得ルヤ。空襲ハ激化シアリ。之以上国民ヲ塗炭ノ苦シミニ陥レ文化ヲ破壊シ世界人類ノ不幸ヲ招クハ私ノ欲セザル処ナリ。此ノ際ハ忍ビ難キヲ忍ブベキナリ。忠良ナル軍隊ヲ武装解除シ又昨日迄朕ニ忠勤ヲ抜［キン］ジクレタル者ヲ戦争犯罪人トスルハ情ニ於テ忍ビザルモ国家ノ為ニハ已ムヲ得ザルベシ。今日ハ明治天皇ノ三国干渉ノ心ヲ心トスベキナリ。此ノ理由ニ依リ私ハ外務大臣案ニ同意ナリ[92]。

昭和天皇は軍事的勝算の有無に対して、踏み込んだ発言をした。九十九里浜の築城の遅れを理由としているところに注目したい。現在までのところ、御前会議出席者の一次史料の中に、昭和天皇が原爆について発言した記録は見当たらず、全ての記録が九十九里の築城問題で一致する。これらの記録が正しければ、昭和天皇は「勝算ノ見込ナシ」の理由を、原爆投下でもソ連参戦でもなく、本土決戦不能論に求めたことにある。これには二つの理由が考えられる。第一に、昭和天皇は、明治憲法を「立憲」的に運用するため、正規のルートを通じた報告を基にして、政治決定を行おうとしていたことである。昭和天皇は、陸軍や侍従武官から九十九里浜の築城の遅れを報告されており、陸軍がこの点に反論することは難しかった。要するに、発言の根拠があったのである。他方、昭和天皇は、不確定な事実を基礎に発言を行うことは避けたと考えられる。昭和天皇は、この段階では、「新型爆弾」を原子爆弾であると認めた正式な調査報告書に接していなかった。したがって、未だ調査中の原爆を降伏理由にかかげた可能性は低いと判定できる。[93]

ここで昭和天皇の四条件に対する考え方を考察してみよう。すでに述べたように、昭和天皇は、本土決戦には勝算がなく、本土決戦を行えば国体が危ないと考えていた。次に、武装解除・戦犯処罰については、『昭和天皇独白録』は、「軍人達は自己に最も関係ある、戦争犯罪人処罰と武装解除に付て、反対したのは、拙い事であつた」と述べている。[94] そうであるならば、昭和天皇は、この点に関する軍人の主張を内心苦々しく感じていたに違いない。問題は、保障占領である。保障占領された後に連合国が国体に触れてくるかどうか、これが昭和天皇の最大の関心事であった。

かくして、英米中ソのポツダム宣言を「天皇の国家統治の大権を変更するの要求を包含し居らざることの了解の下に」受諾することとなり、一〇日午前三時の第三回臨時閣議において満場一致で決定した。また、外務省幹部は少しでも有利な翻訳をするため、徹夜の作業を続けた。英文翻訳は、加瀬俊一秘書官が起案し、松本次官以下幹部が検討を加え、外相が決裁をして、一〇日午前六時四五分、第一電がスイスの加瀬公使、スウェーデンの岡本季正公使宛に送られた。それは「with the understanding that the said Declaration does not comprise any demand which prejudices the prerogatives of His Majesty as a sovereign ruler」というものであった。また、同盟通信社も海外向け放送で日本の申し入れを報じた。[95]

他方、国内に対しては、一切報道を行わなかった。ただ、閣議では公表の是非が討議され、「情報局総裁談」としてそれを匂わす談話を出すことになった。それは、原爆投下とソ連参戦によって、「最悪の状態」に立ち至ったことを認め、「最後の一線」を守るために政府は最善の努力をしているというものであった。これに対し陸軍は、「陸軍大臣布告」を発表し、「断乎神州護持の聖戦を戦ひ抜かんのみ。仮令、草を喰み土を嚙り野に伏すとも断じて戦ふところ死中自ら活あるを信ず」とした。その結果、八月一一日の新聞には両者が並んで掲載され、和戦両用の奇妙な紙面となった(96)。

　このようにソ連参戦後、わずか二六時間半でポツダム宣言の条件附受諾が決定された。もっとも原爆投下とソ連参戦の衝撃は時間的に重なっているので、両者は区別しにくい。この点、米内海相は、八月一二日、腹心の高木少将に対して、次のように語っている。

　此ノ間（九日《ママ》？）ノ閣議デ、総理ヲ差置イテ甚ダ僭越至極ト思ツタケレドモ、軍需大臣ト農商大臣ト内務大臣ニ私ハ質問シタ。諸官ハ国内情勢ヲ如何ニ看ラルルカ、極メテ率直ナル意見ヲ承リ度イ、ト言ツタラ、長タラシイ数字ヲアゲテ説明ヲシタガ、結局、軍需、農商ハ見込ナイトイフコトニナルシ、内務ハ転換シテモ何トカ抑ヘラレルトイフコトダツタ。私ハ「イエス」カ「ノー」カヲ聞キタカツタガ、説明ハ詳細スギタ。
　私ハ言葉ハ不適当ト思フガ、原子爆弾ヤ蘇連ノ参戦ハ、或ル意味デハ天佑ダ。国内情勢デ戦ヲ已メルトイフコトヲ出サナクテ済ム。私ガ予テカラ時局収拾ヲ主張スル理由ハ、敵ノ攻撃ガ恐ロシイノデモナイシ、原子爆弾ヤ蘇連参戦デモナイ。一ニ国内情勢ノ憂慮スベキ事態ガ主デアル。従ツテ今日其ノ国内事情ヲ表面ニ出サナクテ収拾ガ出来ルトイフノハ寧ロ幸デアル。軍令部アタリモ、国内ガ解ツテ居ラナクテ困ルヨ(97)。

　多くの先行研究が注目している「原爆天祐」発言である。ここで本書が注目したいのは、米内海相の主張する「時局収拾」の理由である。それは、原爆でもソ連参戦でもなく、「国内情勢ノ憂慮スベキ事態」であることがわかる。そして、この「国内情勢ヲ如何ニ看ラルルカ」とは、前述の「物心両面ニ於テ戦争遂行能力アリヤ」という米内の閣議発言と同義である。換言すれば、米内海相にとってみれば、物心両面からみて戦争継続は不可能とみえた。実際、航空揮発油は九月頃まで、食糧は「未曾有ノ食糧難」が予想されていた。陸軍の作戦当事者も同様に、米軍が万が一本土上陸作戦を延期した場合、「食糧、燃料等の諸問題は窮《ママ》迫し生産逓減して戦争遂行が頗る困難化」することを懸念していたのである(98)。だが、物資や民心を理由に政策の転換を主張することは当時の精神主義的な風潮からは難しく、ガソリンの不足は降伏の理由になりづらかった。(99) 米国が残虐な原子爆弾を使用し、ソ連が日ソ中立条約を破って参戦したことは、日本の軍事指導者にとって、敵軍を非難し、自軍の降伏を正当化する恰好の材料となったと考えられる。

第四節　連合国回答文の影響

八月一〇日、日本の申し入れを受け取ったトルーマン大統領は、バーンズ国務長官、スチムソン陸軍長官、フォレスタル海軍長官、リーヒ統合参謀本部議長と協議した。スチムソン長官、リーヒ元帥らは日本の申し入れを受け容れるべきであると主張したが、バーンズ国務長官は反対した。そして、英中ソの同意を得た上で、八月一一日、日本の申し入れに対する連合国回答文（バーンズ回答）(100) をバーンズ国務長官の名前で発表した。

連合国回答文は、一二日零時四五分、サンフランシスコ放送で放送され、正式回答文は同日午後六時四〇分に外務省に到着した。ただし、外務省は政治上の理由から翌一三日の七時四〇分に到着したものとして取り扱った。この連合国回答文は、日本の申し入れに正面から回答する形式をとらず、連合国の立場を一方的に宣言する形式をとった。

その内容は、①「降伏の時より天皇及び日本国政府の国家統治の権限は降伏条項の実施の為其の必要と認むる措置を執る連合軍最高司令官の制限の下に置かるる（subject to）ものとす」、②天皇は、政府・大本営に対しては降伏文書に署名させ、軍隊に対しては戦闘中止・武装解除等を命令すること、③連合国捕虜・抑留者の移送、④「最終的の日本国の政府の形態（The ultimate form of Government）は「ポツダム」宣言に遵ひ日本国国民の自由に表明する意志により決定せらるべきものとす」、⑤連合国軍隊による保障占領、の五項目からなった。問題となったのは文言の解釈であり、外務省は第一項の「subject to」を従属・服属とは訳さず「制限の下」と意訳し、また、第四項の「The ultimate form of Government」を、あたかも天皇の下の政府形態であるように「最終的の日本国の政府の形態」と翻訳した[101]。

同時に、米国は、上空からビラをまいて、日本の国民を動揺させようとした。八月一〇日、B29は「日本国民に告ぐ!! 〝即刻都市より待避せよ〟」というビラを東京（七六万八〇〇〇枚）、熊本・八幡・大牟田・横浜（計一六〇万枚）に投下した[102]。そのビラには「此の無益な戦争を長引かせてゐる軍事上の凡てをこの恐るべき原子爆弾を以て破壊する。米国はこの原子爆弾が多く、使用されないうちに諸君が此の戦争を止めるよう天皇に請願される事を望むものである」と警告がされてあった[103]。このビラが奏功したのか、各地で不発弾騒ぎや避難騒ぎが起こった。八月一〇日、新潟市は、この「新型爆弾」が同市に対し使用される「公算極メテ大」として、市民の強制疎開を決定し、「市民は即時郊外二里以上の処へ待避すべし」という命令を下した[104]。

日本の各政治勢力は、「国体護持」という目的では一致していたが、その目的解釈と達成手段が異なった。その結果、「国体護持」の達成確率を最大限高めるため、連合国回答文を即時受諾するか、それとも再照会・再交渉するかで意見が対立した。受諾派には「聖断」という切り札があり、再照会派には倒閣・クーデターという対抗手段があった[105]。

陸軍は「subeject to」を「隷属」と翻訳し、天皇が連合国最高司令官に隷属することは受け容れられないと主張した。陸軍の連合国回答文の解釈は、「天皇ガ他ニ支配セラルル」、「帝国ニ軍隊ナク、大元帥陛下ノ御身分ナシ」、「天皇ノ政府ニアラズ、人民自体ノ政府トシテ認メアリ」「国体ノ変革ハ敵ノ随意ナリ」というものであった[106]。軍務課の竹下中佐は次官の若松只一に対してクーデター計画を具申した。その計画は、東部軍と近衛師団を使用して、「宮城、各宮家、重臣、閣僚、放送局、陸海軍省、両統帥部等」に兵力を配置し、天皇と皇族を「守護」して、要人を「保護」するというものであった。だが、若松次官や同席していた佐藤裕雄戦備課長は、このクーデター計画に同意せず、むしろ民間テロを可とする意見であった。[107] そこで、竹下中佐ら佐官クラスの将校一〇数名（稲葉正夫中佐、原四郎中佐、椎崎二郎中佐、井田正孝中佐、畑中健二少佐ら）は、今度は全員で陸軍大臣室に押しかけた。竹下中佐は、暗に佐藤戦備課長を「バドリオ通報者」と呼び、阿南陸相に対しては、面と向かって「もしも阻止できなければ、大臣は切腹すべきである」と難詰した。竹下の姉は阿南の妻にあたり、両者は親戚であったため、座は一瞬静まりかえった。阿南陸相は、クーデターは許可しなかったが、竹下中佐らの進言を受け容れて、万一に備えて東部軍と近衛師団に準備を命じた。[108] さらに、その日の夜、佐藤課長や椎崎中佐、畑中少佐ら約一〇名は、議会の院内交渉団体である護国同志会のメンバー（赤城宗徳、中谷武世、永山忠則、松永寿雄）と会談した。永山代議士が「ここまで来れば降伏阻止には兵力行使に訴える以外にはない」とそそのかすと、佐藤課長は「また我々陸軍にクーデターでもやれということか、いつも先頭に立って犠牲になるのは陸軍だ、民間や海軍では何もやらないのか」とクーデターに慎重論を唱えたが、ある将校が「今となっては行動を起す以外に途はないのだ」と叫び、他の将校も「同意、その通りだ」と声を合わせた。[109]

一二日の昭和天皇は多忙であった。両総長、内大臣、外相、首相が拝謁し、午後には皇族会議を開いた。この時、昭和天皇は、日本側の申し入れが受け容れられなかったことに少なからず落胆していた。国体護持は、必ずしも完全に保障されておらず、武装解除・保障占領後の国体護持には不安があった。その国体護持にも数段階あり、天皇大権、皇室存続、皇族の戦犯指定、退位の有無などがある。ポツダム宣言の「戦争犯罪人」の定義は不明であり、皇室や皇族がその中に含まれるかどうかもわからなかった。このようなこともあり、この日、昭和天皇は、連合国の正式回答文が未着であることを理由に、連合国回答文に対する昭和天皇自身の解釈を明確に示すことを避けた。[110]

午前八時四〇分、両総長が拝謁し、連合国の意図は、「帝国ヲ属国化」することにあり、「天皇ノ尊厳ヲ冒」しているると受諾反対を上奏した。この上奏に対し、昭和天皇は、正式な回答でもないラジオ放送を取り上げて議論するのは適当でないと戒め、「先方ノ真意ハヨク之ヲ確メネバ。一方的情報ニテ独断スルハ如何カ」と冷静に述べた。午前一一時五分には東郷外相が、午後二時一五分には鈴木首相が拝謁した。松本俊一外務次官の戦後の手記によれば、東郷外相は「実はけさ陛下に内奏した時陛下は先方の回答のままでよろしいとおっしゃったので、自分もその方針で進んでいたが、その後総理に阿南や平沼が反対論を唱え、総理が午後内奏した時には、陛下も、それではよく研究するようにといわれたとの事だ。かくなる上は自分も外務大臣を辞める外ない」と不満を述べていたという[111]。おそらく、昭和天皇が、「先方ノ真意ハヨク之ヲ確メネバ」という趣旨のことを鈴木首相に述べ、耳の遠い鈴木首相は、その発言を再照会・受諾反対として受け取ったと考えられる。

午後二時三七分頃、木戸内大臣は昭和天皇に拝謁した。木戸の戦後の回想によれば、昭和天皇は、第四項について「それで少しも差支ないではないか。仮令連合国が天皇統治を認めて来ても人民が離反したのではしようがない。人民の自由意志によって決めて貰って少しも差支ないと思ふ」と述べたという[112]。この前後、昭和天皇は、石渡荘太郎宮相に対して、「わが身は最早どうなるかも知れぬ」として、皇太后との対面を希望している[113]。さらに、午後三時二〇分、昭和天皇は皇族会議を開き、一三人の皇王公族に対し、第一回御前会議の経緯を説明して「タノム、タノム」と述べた。また、朝香宮が「講和は賛成だが、国体護持が出来なければ、戦争を継続するか」と質問すると、昭和天皇は「勿論だ」と答えた。この時の昭和天皇は顔色が悪く、「おやつれになり」、「非常に神経質」にみえたという。皇族会議終了後、昭和天皇は、弟宮である高松宮、三笠宮と一五分間の対面をした[114]。

一二日の皇族会議以降、陸軍の三笠宮は、陸軍の幹部に対し、天皇の意向を間接的に伝える役割を果たした。阿南陸相に対しては「陸軍は満州事変いらい大御心に副わない行動ばかりしてきた」ときつく叱り、航空総軍司令官の河辺正三大将には「和平ノ議ハ五月以来ノコトニシテ陸軍両長官ハ事ノ経緯ヲ十分承知シナガラ、今ニ至リテ状況ノ愈々非ナル現実ヲ省ミズ、何カト之ニ反向《ママ》スル加工ヲ敢テセントスル」と詰問し、軍務課長の吉本重章には「陸軍大臣ノ態度ハ聖旨ニ反シ不適当ナリ」と非難して「若シ敵側ガ皇室ヲ壊ストスルモ不義ノ為ニ壊レルナリトノ固キ御決意ナリ」と天皇の意思をほのめかし、[115]陸士の同期生には「陸軍ノ驕慢ヲ反省スベシ」と強くせまった。[116]

連合国回答文の解釈をめぐって、最高戦争指導会議・閣議の議論が紛糾していた時、海外からの新情報は、非常に重要な政治的意味をもった。一三日午前二時一〇分、スウェーデンの岡本公使からの緊急電報が本省に到着し、その中には次のような情報があった。

十二日当地新聞ハ倫敦及華府特電トシテ米国ガ四国政府ヲ代表シテ対日回答ヲ為セル経緯ニ付大略左ノ如ク報道シ居レリ。

一、日本ノ留保承認ノ可否ニ付米英共ニ政府部内ニ於テ賛否両論アリ。最初ノ米側「テキスト」ハ　天皇ノ地位ヲ連合国ノ指導下ニ認ムル旨ノ文句アリ。又英国ニ於テ起草セルモノニハ天皇ノ地位ヲ認メッツモ only until further notice ナル制限ヲ附セリ。蘇連ハ最モ強硬ニ文字通リ無条件降伏ヲ主張シ之ガ為三六時間ニ亘リ四国間ニ極力折衝セル結果、結局　天皇ノ地位ヲ認メザレバ日本軍隊ヲ有効ニ統御スルモノナク連合国ハ之ガ始末ニ猶犠牲ヲ要求セラルベシトノ米側意見ガ大勢ヲ制シテ回答文ノ決定ヲ見タルモノニテ回答文ハ妥協ノ結果ナルモ米側ノ外交的勝利ナリト評シ居レリ。

二、英国内ニ於テハ左翼各紙ハ日本ノ留保ニ反対ヲ表明シ「パンシタート」モ反対意見ヲ述ベタルガ「デーリーエキスプレス」ハ天皇ハ引続キ在位セラルベキナリトノ好意的論説ヲ掲ゲ又「タイムズ」ハ天皇大権ニ対スル従来ノ如キ神秘的解釈ヲ存続セシムルハ将来侵略思想再生ノ禍根トナルベシトテ頻ニ反対シ日本ヲシテ人民主権説ニ基ク西欧流ノ立憲君主制ヲ受諾セシムルノ要ヲ力説シ居レリ。

三、尚、昨日来ノBBC其他敵側放送ハ連合国ハ日本ノ申出ヲ条件附ニテ受諾セルモノナリト述べ「アクセプト」ナル語ヲ使ヒ居レルハ注意ヲ要ス（了）[117]

連合国回答文が作成された内部情報についての電報である。スウェーデンの岡本公使がどのような情報源からこのような電報を打ったのか不明だが、「最初ノ米側「テキスト」ハ天皇ノ地位ヲ連合国ノ指導下ニ認ムル旨ノ文句アリ」という有力な情報が記載されている。また、「「タイムズ」ハ天皇大権ニ対スル従来ノ如キ神秘的解釈ヲ存続セシムルハ将来侵略思想再生ノ禍根トナルベシトテ頻ニ反対シ日本ヲシテ人民主権説ニ基ク西欧流ノ立憲君主制ヲ受諾セシムルノ要ヲ力説シ居レリ」という記述は、最低でも「立憲君主制」を認めている記述と解釈することが可能である。松本次官は「私は直ぐその電報の写を自身で総理の手に渡し、即時決定方を重ねて懇請した。総理もその電報には深い関心を払った様に見受けられた。又写は松平［康昌］秘書官長を通じて、木戸内府にも伝達せられたので、必ずや陛下も御覧になったことと思う」、「あれが決定的だった」と回想する。[118] この岡本電報は、昭和天皇に発言の根拠を与えることになるからである。

一三日早朝、外務省は連合国回答文が正式に到着したと関係方面に通告した。[119] この通告をうけ、午前八時半から最高戦争指導会議が開催された。この席上、首相、外相、海相は受諾論を主張し、陸相、参謀総長、軍令部総長は受諾反対・再照会論を主張した。また、前日とは異なり、鈴木首相は受諾論を明確に主張し、受諾反対論を「非常識」とし、「問題ヲ故意ニ破局ニ導キ以テ継戦ヲ強行スルノ下心ナラン」と非難した。この鈴木首相の受諾論の背後には、昭和天皇の意向があったものと推定される。[120]

正式回答文が到着したことで、昭和天皇は、連合国回答文に対する態度を明確に打ち出していった。最高戦争指導会議に出席中であった陸軍大臣と両総長は、急に天皇から「お召し」があり、会議は一時中断された。最初に拝謁したの阿南陸相で、午前九時二四分のことであった。この時、昭和天皇は、国体護持の確証がないと主張する阿南陸相に対し、「阿南心配スルナ、朕ニハ確証ガアル」という趣旨の発言をした。[121] この「確証」が何を指すのかは不明だが、昭和天皇の念頭には前述の岡本電報があった可能性が高い。次に、午前九時三九分、両総長が拝謁し、昭和天皇は、「昨今ノ外交交渉ニ関連シ我航空進攻作戦ヲ手控フルヲ可トセズヤ」と航空作戦中止を命じ、両総長は「積極進攻作戦ハ之ヲ抑止シ受働《ママ》的防衛ヲ主トスベキ旨」を奉答した(122)。昭和天皇の発言は阿南陸相に心理的影響を与えたようで、一三日午後の閣議では阿南陸相は「思ひ惑ふ態」があり、以前のようには議論に熱心ではなかったという(123)。

一三日午後四時、臨時閣議が開かれた。閣議の冒頭、東郷外相が、「統治権ニ制限ヲ附シタルコトヲ意味スル故、統治権ハ天皇ニ在ルコトヲ示ス」、「日本ノ国体ノ内容ノ問題ハ内政問題ナル故、日本国民ガ決定スベキナリトノ意」というように連合国回答文を解釈し、回答文の受諾を主張した。そして、前述の岡本電報を念頭に、「米ガ英ノ支持ノ下ニ国内及重慶並ソ連ノ反対的意見ヲ取纏メタルモノナリ。依テ再交渉スレバ敵側ノ反対論ノ意見ニ依リテ交渉ハ断絶ス。戦争ヲ覚悟セザルベカラズ。日本国土焦土化ニ皇室ノ護持モ出来ズ。民族モ破滅ニ陥ル。殊ニ先日提議セザリシコトヲ茲ニ更メテ持出スコトハ交渉断絶スベシ」と述べた(124)。東郷外相の主張は、連合国回答文は国体を認めており、再交渉・再照会をすれば連合国の内部事情により日本が不利に陥るというものであった。この東郷外相の陳述の後、阿南陸相、米内海相、鈴木首相の間で次のようなやり取りがあった。

陸軍大臣　交渉スベシ。前回述ベタルニ同ジ。只此ノ回答ニ不安アリ。臣下トシテ明ラカニスベシトノ意見アルニ困難ナリト聖断ニ待ツ、苟クモ疑点アルトセバ堂々ト述ブベシ。ドウシテ意《ママ》クジナク屈スベキ理由不明。背水陣ニ臨ム決意ヲ以テ交渉スベシ。採ルベキ手段ハ断乎採ルベキ。

海軍大臣　遺憾ナガラ〔受諾に〕賛成ナリ

総理大臣　戦〔争〕継続ニ従来ヨリ意見ヲ有ス。戦況変化ス。考ヲ変ヘザルベカラズ。此ノ条項ハ受諾出来ザルモノナルガ故、之デ戦争継続ヲ決心セリ。処ガ再三再四読ム内ニ之ハ米ノ悪意ニアラズ。法律上ノ思想ノ相違ヨリ来ル。文章ニハ違義ナシ。修正セヨト云フモ困難ナリ。将来ノ心配ハ保証占領ト武装解除ナリ。大阪城ノ夏陣ノ危険ナキヤ。不注意ナレバ此ノ二ノ舞ヲ演ズ。受諾スルニ於テ此点注意ヲ要ス。国体護持ニ危険アリ。サレバト云フテ戦斗継続ハ出来ズ。陛下ノ大御心ニ反ス。已ムヲ得ズンバ背水陣迄行ク、然シコレデ国体護持出来ルカト云フモ出来ズ。死中ニ活ヲ求ムトアルガ此ノ事ハ国体護持ニ危険アリ。天皇陛下ノ御仁慈ヲ考ヘテ臣下ノ忠誠カラ見レバ戦抜クベシ、之モ危険ナリ。和平ノ上ニモ危険アルモ御聖断ニ依ルベシ。此意味ニ於テ御聖断ヲ仰グ積ナリ。(125)

阿南陸相は、再照会・再交渉論であった。それは、「此ノ回答ニ不安アリ」と連合国回答文に不満があったからである。また、他の史料によれば、阿南陸相は「条件提出により必しも戦つゞくものと限らない」「背水の決意を持ちつつ交渉する処に光明あり」と述べている。再交渉をした場合、連合国は交渉を断絶せず、より良い条件が得られると考えていたのである。それは、「我に余力を持っているのである」という軍事的評価に裏付けられていた。(126) このように東郷外相と阿南陸相との相違は、回答文の解釈、連合国観、軍事的評価の三点に求めることができるだろう。

他方、鈴木首相の発言からは、降伏決断における心境の機微がうかがえる。第一に、鈴木首相がおそれていたのは、「大阪城ノ夏陣」のような状況に陥ることであった。良く知られるように、徳川家康は、大阪の陣の停戦後に約束を正しく履行せずに内堀を埋め、豊臣家を亡ぼした。鈴木首相は、ポツダム宣言を受諾した後に、連合国が「条件」を正しく履行せず、国体が護持できないことをおそれていたのである。これは、武装解除・保障占領を受け容れた後では、日本は連合国に抵抗する武力をもたないからである。したがって、「米ノ悪意」があるかないかという点は重要な判断要素であった。この点、鈴木首相は、「再三再四読ム内ニ之ハ米ノ悪意ニアラズ」と米国を信頼した。第二に、「受諾」も「背水陣」(再照会)も「死中ニ活」(本土決戦)も「国体護持ニ危険」があると考えていることである。「国体護持」という目的を達成するためには、どの選択肢がもっとも危険が少ないかという議論を行っている。この点、降伏の目的が単一・明確であり、指導者間で一致していたことは、降伏の合意を容易にしたといえるだろう。同時に、「国体護持」の解釈に相違があれば、降伏はそれだけ困難になる。(127) 第三に、「和平ノ上ニモ危険アルモ御聖断ニ依ルベシ」と昭和天皇の意向を一つの判断基準にしていたことである。そして、その判断基準たる昭和天皇の意向がある程度一貫していたことは、日本が政治的分裂・迷走に陥ることを防止していた。

臨時閣議においても意見がまとまらず、その日は物別れに終わった。夜、東郷外相は、両総長と懇談した。この時、軍令部次長の大西瀧治郎が来訪し、「今後二千萬の日本人を殺す覚悟でこれを特攻として用うれば決して負けはせぬ」と述べたようだが、両総長はこれには答えず、外相は「勝ち得るかどうかが問題だよ」と反論したという(128)。

一四日朝、米軍が前日夕方に散布したビラは、天皇と陸軍を著しく刺激した。そのビラには、「私共は本日皆様に爆弾を投下するために来たのではありません」として、日本の条件附降伏申し込みを暴露し、連合国回答文全文を示していたのである(129)。このビラを見た昭和天皇はクーデターが起こると感じ、「廟議の決定を少しでも早くしなければ」と決心して、鈴木首相を呼び、「速急《〔ママ〕》に会議を開く」ことを命じた(130)。

ほぼ同じ頃、陸軍部内ではクーデター計画が話し合われていた。午前七時、阿南陸相は荒尾興功軍事課長とともに梅津総長に面会し、御前会議の際に隣室まで押しかけ、「お上を侍従武官をして御居間に案内せしめ、他を監禁」するという天皇押し込め計画を話し合った。だが、軍事作戦に自信を失っていた梅津総長はこの杜撰な計画に同意せず、軍事課の組織的クーデター計画は暗礁に乗り上げた(131)。

昭和天皇は、陸軍に時間的猶予を与えず、午後に予定されていた御前会議の日程を午前一一時に繰り上げた。さらに、午前一〇時二〇分、元帥会議において、永野修身、杉山元、畑俊六の三元帥に対し、次のように述べた。

〔天皇〕　更にこのまま戦争を続くるに於ては形勢益々悪化し遂に国家を救済することを得ざるべし。皇室の安泰は敵側に於て確約しあり。天皇を武装解除の為に利用するといふ敵の言論〔米紙の記事〕は放送なれば信ずべからず、皇室安泰は大丈夫なり心配なきことと思ふ。国体に関し大権云々といふものは治外法権の如きをさすものにして、不戦条約の文句より見るも米国の如き国体にては到底了解し得ざる処なり(132)。

昭和天皇は「確約」という言葉を述べている。この言葉は、岡本電報を根拠にしている可能性がある。また、「国家統治の大権云々」という日本的発想が米国側には理解できないのだろうと考えていた。この元師会議の時の大元帥・昭和天皇は、軍装白手套という服装で、心労のため憔悴した様子であったという。広島で被爆した第二総軍司令官畑元帥は、昭和天皇の顔を見て涙を流し、担当方面の防御については「敵を撃攘し得るといふ確信は遺憾ながらなし」と本土決戦に確信がないことを述べたが、少なくとも一〇師団を残すことを主張した。昭和天皇は、三元帥の反対論に対し、「日本は一旦受諾を申入れて又之を否定する事になり、国際信義を失ふ事になる」と反論したが、御前会議の時間が迫ったのでそのまま急いで立ち去った(133)。

一四日午前一一時二分、昭和天皇は、自らの発意で第二回御前会議を開催した。両総長から事前の了解を得ずに御前会議を開催することは、きわめて異例のことであった。御前会議においては、受諾論に反対する再照会論者の三名が、鈴木首相から指名されて意見を述べた。すなわち、阿南陸相、梅津参謀総長、豊田軍令部総長の三名が連合国回答文では国体が護持できないとして米国に再照会することを主張した。この反対論に対し、昭和天皇は連合国回答文で国体を護持することが可能であるとして、涙を流して以下のように述べた。

陛下　皆ノ意見ハ解ッタ。朕ノ考ヲ述ベル。先般ノ回答ニ就テハ朕ハ戦力、国力等ヲ充分考ヘテ決定シタノデアッテ決シテ軽々ニ決心シタノデハナイ。今日ニ於テモ朕ノ考ニハ変リハナイ。敵側ノ回答ニ付テハ総長及陸軍大臣ノ反対ガアリ、国体ニ動揺ヲ来スト云フタガ、朕ハカク考ヘヌ。保証占領後危険アリト云フガ敵ガ悪意アルトハアノ文面カラハ考ヘラレヌ。朕モ多少ノ不安アルモ然シ此ノ儘戦ヲ継続シテハ国土モ民族モ国体モ破滅シ只単ニ玉砕ニ終ルノミ。今ニシテ多少ノ不安アルモ戦争ヲ中止スレバ未ダ復活ノ力ガ存スルノダ。ドウカ反対ノ者モ朕ノ意見ニ同意シテクレ(134)。

昭和天皇は「保証占領後危険アリト云フガ敵ガ悪意アルトハアノ文面カラハ考ヘラレヌ」という善意の解釈を展開したのであった。昭和天皇は、バーンズ回答を受け容れれば国体は護持できるが、戦争を継続すれば国体を護持することができないと考えていた。なお、「朕モ多少ノ不安アル」という部分は、陸軍部内には別の形で伝わっている。「国体ノ護持ヲ心配セル心持ハヨクワカルガ此点毛頭ノ不安ヲ考ヘナイ」、「国体護持、天皇統治ノ大権ニ不安ナシ」と伝わっている。[135] これは陸軍上層部が部下を説得するため、そのような形で伝えたためと考えられる。[136] また、この御前会議の席上、昭和天皇が「わたし自身はいかになろうとも」と述べたという史料があるが、最近の研究では昭和天皇の「いかになろうとも」発言は否定される傾向にある。[137] もし、昭和天皇がこのような無神経な発言を行えば、陸軍のクーデターの恰好の口実になっただろう。陸軍にとってみれば、国体を護持するため、昭和天皇個人が「いかに」なってもよくなかった。

第二回御前会議から陸軍省に戻った阿南陸相に対し、激昂した井田中佐は、「大臣ハ変節サレタノカ、ソノ理由ヲ承リ度」と詰め寄った。[138] これに対し、阿南陸相は、「[昭和天皇は]「阿南よ、お前達の気持はよく分る。苦しいであらうが我慢してくれ。国体のことは大丈夫であると朕は確信するから、お前もさう思ってもらいたい」と仰せられた。・・・これ程までに直々のお言葉を頂いては、自分としてはこれ以上何も申上げる事はできなかった」と述べたという。[139] その阿南陸相は、一四日午後一一時頃、閣議において終戦の詔書に副署し、連合国回答文を受け容れることが満場一致で決定した。

一五日午前五時過ぎ、阿南陸相は、「一死以テ大罪ヲ謝シ奉ル」という遺書を書いて割腹自決した。また、阿南の部下であった軍事課の井田中佐、椎崎中佐、畑中少佐らは、森赳近衛師団長を殺害して偽師団命令を出し、八月一五日早朝、玉音盤を捜索するために皇居・放送局に乱入した。だが、田中静壱東部軍司令官によって鎮圧され、椎崎中佐と畑中少佐は、皇居前広場で宮城を遙拝して自決した。[140]

一五日正午、ラジオ放送で、「終戦の詔書」を読み上げる昭和天皇の「玉音」が放送された。この「終戦の詔書」の作成過程では、ソ連に関する箇所が削除され、原爆投下が降伏の理由として新たに挿入されていた。詔書では「加之敵ハ新ニ残虐ナル爆弾ヲ使用シテ頻ニ無辜ヲ殺傷シ惨害ノ及フ所真ニ測ルヘカラザルニ至ル」と原爆の被害が強調されている。さらに、一五日の新聞報道では、「新爆弾の惨害に大御心」となった。原爆によって負けたと感じた国民も多かったと考えられる。(141)

連合国回答文が天皇制を明確に認めなかったことは、日本降伏の確率を低下させた。降伏の最終的決断段階においてその明暗をわけたのは、新情報・信頼・言葉の解釈の問題であった。連合国回答文や「国体」の解釈は決断の内容を左右した。また、新情報は、言葉の解釈をめぐる論争の中で、その主張に根拠を与えることになった。さらに、昭和天皇は米国と「国民の自由に表明する意志」を信頼し、阿南陸相が昭和天皇・鈴木首相・梅津総長を信頼していたことは、降伏を促進した。逆にいえば、昭和天皇が米国と国民を信頼せず、阿南陸相も昭和天皇に不信感を抱いていれば、日本降伏の確率は大幅に低下したと考えられる。

おわりに

本土決戦不能論、原爆投下とソ連参戦の衝撃、「無条件降伏」の「条件」、この四要因によって、日本は八月一四日に降伏した。降伏には屈辱・喪失・恐怖・責任がつきものであり、この降伏受容の心理の機微を説明することは容易なことではないが、降伏に主導的役割を果たした昭和天皇の思考の深層には、米国政府・日本国民への信頼感と日本軍部への不信感があったことは指摘できる。(142)昭和天皇は、米国については「先方は相当好意を持つて居る」と述べる一方で、軍部については「従来軍の言へる所は屢々事実に反するものあり、従て必勝の算ありと云ふも信じ難し」と不信感を露わにした。(143)昭和天皇は、連合国に占領された場合と本土決戦を行った場合の両者を比較して考え、連合国回答文を受け容れた方が国体護持の確率が高いと考えたのである。昭和天皇の八月一〇日の「聖断」の直後、陸軍の河辺虎四郎次長は「畏れながら御上のお気持ちは、御前の会議の論争の帰結として、生じたるものにはあらざるべし（想像）要するに今後の作戦に御期待なきなり。換言すれば、軍に対して御信用無之也」と感じた。そして、この時から河辺次長の態度が変化し、継戦意志が崩れ始める。前日までは「民族の矜持に於てのみ、戦ふあるのみ」と強硬に継戦を主張していたが、その日は「降参はしたくない、殺されても参ったとは云ひたくない」となり、翌日には「殆ど終日に亘り、気の抜けたビールの如く部屋に座りあり」という状況になった。そして、茫然自失の河辺次長の胸中に去来したのは、過去の軍部の横車への反省であった。河辺次長は、その日の日誌に「自惚心、自負心、自己陶酔、自己満足・・・之等《ママ》が――此の軍人心理が今日までずつと伝はって、今日の悲運を招来したるなり」と書き、「無謀と無茶苦茶を敢てせり――軍人が――予も軍人のハシクレ、而して、尻馬に乗りて今日に至るなり」と続けた。[144]

以上を前提とした上で、本章で明らかになったことをまとめておく。

第一に、軍事力という外圧は、降伏の最終段階では、軍事指導者に軍事的勝算がないことを認めさせたが、降伏条件の問題は残った。すなわち、八月一〇日の第一回の御前会議では軍事的勝算の有無が問題となり、八月一四日の第二回御前会議では降伏の「条件」が問題となった。第一回御前会議では「必勝の確算」（以下傍点筆者）の有無が争われ、昭和天皇は九十九里浜の築城の遅れを理由に本土決戦に軍事的勝算がないことを主張し、陸軍も本土決戦の勝算は主張できても、対ソ戦の勝算を主張できなかった。第二回御前会議では「国体護持の確約」の有無が争われ、昭和天皇は「朕ニハ確証ガアル」として陸軍に対して強硬な態度をとり、他方、国体護持について不安を覚えた阿南陸相は、米国に再照会すべきであるとした。八月一五日早朝、阿南陸相は、遺書の裏側に「神洲不滅ヲ確信シツツ」と書いて割腹自決する。

第二に、戦争終結の最大の障害は、日米間における講和・降伏の「条件」の相違にあった。米国が無条件降伏を緩和・再定義して、七月二六日のポツダム宣言や八月一二日の連合国回答文において「無条件降伏」の「条件」を提示したことは降伏を促進し、天皇制の保障を明言しなかったことは降伏を阻害した。他方、日本が戦争目的を細分化・再定義して、「国体護持」に限定したことは降伏を促進し、「聖戦」を掲げていたことは降伏を阻害した。

第三に、原爆投下は降伏の時期の問題に、ソ連参戦は降伏の時期、方法、条件の問題に影響を与えた。原爆投下の影響は次の三点に要約できる。第一に、原爆投下は、従来から外交交渉を督促していた昭和天皇をさらに急がせた。第二に、降伏という重要な政治決定が短時間の内に行われたことは、クーデターを計画する側に時間的余裕を与えなかった。降伏の口実として有効に利用された。終戦の詔書の原案からはソ連参戦に関する箇所が削除され、原爆に言及する箇所が新たに付け加えられた。第三に、原爆投下は、国民の士気の低下を招いたと考えられた。終戦直後、海軍の豊田総長は、「原子攻撃は終戦の一原因であったが唯一のものであったとは考えて居ない。唯一般民心に与えた影響は甚だ大きなものがあったことは争えぬ。終戦に当って余り大きな動乱なども起らず比較的平静に干戈を収めることが出来たのも他に色々の原因もあるが、原子爆弾も亦之に寄与したことは争えないと思う」と米軍のインタビューに答えている(145)。これは大本営が戦局の実情を国民に知らせていなかったからである。次にソ連参戦の影響は以下の三点に要約できる。第一に、ソ連を仲介とした対米交渉が不可能となったことである。これは、それまでの日本の外交方針を破綻させるものであった。陸軍ですらも、南九州沿岸で米軍の第一波を撃退し、ソ連の仲介による名誉ある講和を考えていた。第二に、陸軍は、対米戦には自信があっても、対ソ戦には自信がなく、軍事的勝算を主張できなくなった。陸軍の精鋭部隊は満州から本土に転用されていたため、関東軍の軍備はきわめて貧弱なものであった。これは本土決戦まではソ連が参戦しないことを前提に作戦計画を立てていたためである。第三に、軍事的勝算がなくなったことで、陸軍上層部の主張が、条件さえ満たされれば降伏しても良いという条件論へと後退したことである。そして、この条件論への後退により、その降伏の最低条件ラインは、「聖断」により、なし崩し的に低下した。

最後に、いわゆる徹底抗戦派のその後について触れておこう。徹底抗戦派は、不本意な降伏をある面では受容し、ある面では拒否していく。第一のあり方は、米国に対する心の抵抗を維持していくあり方である。八月下旬、東条英機元首相は、「たとへ武器はなくなつても心の武装は永久に失つてはならぬ。自分はこの意味で決して心の武装解除はされない」と語っている[146]。その後、東条は、極東国際軍事裁判において重要な役割を果たすことになる。同時期の八月二四日、陸軍の遠藤三郎中将も、新聞紙上で「国民の一人々々の胸の中にしっかりと神武＝凶器ならざる、戈を止める武＝を備へたら形態上の軍隊はなくとも宜しい」と述べ、その苦衷を「私はかく考へるまでには随分と苦しんだが今では全くさう信じ切ってゐる」と表現した[147]。戦後、遠藤中将は、再軍備反対を主張し、「日中友好元軍人の会」を組織して非武装中立を訴えていた。

第二のあり方は、米国の民主主義を受け容れて、米国に協力していくあり方であった。八・一五クーデターの中心人物であった陸軍の竹下正彦中佐は、戦後、自衛隊に入り、陸将となった。その竹下中佐は、戦後一〇年以上たって、恩師の国史学者・平泉澄の講演を聴き、次のように感じた。

当日の先生のお話は、実に徹頭徹尾、昔のままであり、特に民主主義を断乎として否定し、舌蜂《ママ》鋭くこれを批判されたのであった。そのお話を聞き乍ら私は、一面において、その節を変えぬ美事さに驚嘆し、深い学問に根ざすところの思想というものは、かくも不変不動のものであるかと深く感動したのであったが、しかし半面においては、実のところ、民主主義をさまで悪く言われないでもよいのではないかという多少の抵抗を受けざるを得なかったのである。私などは、終戦前までは、民主主義という言葉は、天皇を主権者とするわが国においては、相容れない言葉であると頭から決めてかかっていたものであったが、戦後十年、寝ても覚めても、民主主義、民主主義の中に暮らし、民主憲法下に、その国家機関である自衛隊に勤務しているうちに、以前の考えは、少しづつ変って来つつあったのである。民主主義にも良いところがあるではないか。否、民主主義で主張するところのものは、表現の違いこそあれ、古来わが国でも大切な考え方として、そのまま実行されてきたことが多いではないか、といったような変化である。私はこのような変化を変節とは意識していない。変節とは、自己の利益の為とか、出世の為とか、それ等の目的があって、故意に自説を変えたり、思想の転向をしたりする場合に冠せられる言葉であって、私の場合には該当しないものと思っている[148]。

戦前の竹下中佐は、民主主義と天皇主権とは相容れないものと考えていたが、戦後は、その時代の流れの中で、少しずつ、「民主主義にも良いところがあるではないか」と受け容れていったのである。その後、竹下中佐の手元には、平泉澄から次のような手紙が届いた。「小生は頑愚依然、今日といえども民主主義を否定し、現行憲法に反対しつづけています。その願の達成は、百年後、二百年後であっても、その遅速或は有無に拘わず、此の一点を守り続けてゆくつもりです」。戦後、竹下中佐は民主主義と自衛隊を受け容れていったのに対し、平泉澄は、民主主義と日本国憲法に反対し続けたのであった。戦後、いわゆる徹底抗戦派がどのような論理で戦後世界を受容・拒否していくのか、軍事力・非軍事力がどのように彼らの考え方を変えていったのか、あるいは変えなかったのか、これについては今後の課題の一つであろう。

（1） いわゆる「正統派」の代表的な研究としては、ハーバート・ファイス（佐藤栄一・黒柳米司・山本武彦・広瀬順皓・伊藤一彦訳）『原爆と第二次世界大戦の終結』（南窓社、一九七四年）が、いわゆる「修正派」の代表的な研究としては、ガー・アルペロビッツ（鈴木俊彦・岩本正恵・米山裕子訳）『原爆投下決断の内幕』（ほるぷ出版、一九九五年）が、いわゆる「第三の立場」（ないし「新正統派」）としては、バートン・バーンスタインの一連の研究が挙げられるだろう。これらの研究の日本側の動きに関する実証面は、一九九八年までは、ロバート・ビュートー（大井篤訳）『終戦外史』（時事通信社、一九五八年）と戦略爆撃調査団の報告書に依存していた。一九九八年以降は、以下の文献が、米国ではよく知られている。Sadao Asada, "The Shock of the Atomic Bomb and Japan's Decision to Surrender: A Reconsideration," *Pacific Historical*

Review, Vol. 67, No. 4 (November, 1998); Yukiko Koshiro, "Eurasian Eclipse: Japan's End Game in World War II," *American Historical Review*, Vol. 109, No. 2 (April, 2004); Tsuyoshi Hasegawa, *Racing the Enemy: Stalin, Truman, and the Surrender of Japan* (Cambridge, MA: Belknap Press of Harvard University Press, 2005). この点については、中沢志保「ヒロシマとナガサキ――原爆投下決定をめぐる諸問題の再検討」（『国際関係学研究』二三号、一九九六年）、東郷和彦『歴史と外交――靖国・アジア・東京裁判』（講談社、二〇〇八年）を参照されたい。また米国の公式解釈の源流となったのはヘンリー・スティムソン（元陸軍長官）の論文であり、この点については、井口治夫「太平洋戦争終結を巡る歴史論争――ボナー・フェラーズのヘンリー・スティムソン元陸軍長官批判」（細谷千博・入江昭・大芝亮編『記憶としてのパールハーバー』ミネルヴァ書房、二〇〇四年）が実証的分析を行っている。

（2） 斉藤道雄『原爆神話の五〇年』（中央公論社、一九九五年）一一三―一五八頁、ジョン・W・ダワー「三つの歴史叙述」（トム・エンゲルハート、エドワード・T・リネンソール著、島田三蔵訳『戦争と正義――エノラ・ゲイ展論争から』朝日新聞社、一九九八年）七五―一一二頁。

（3） 麻田貞雄「原爆投下の衝撃と降伏の決定」（細谷千博・入江昭・後藤乾一・波多野澄雄編『太平洋戦争の終結――アジア・太平洋の戦後形成』柏書房、一九九七年）五、一九六、二一三―二一四頁。Lawrence Freedman and Saki Dockrill, "Hiroshima: A Strategy of Shock," in Saki Dockrill, ed., *From Pearl Harbor to Hiroshima* (London: Macmillan Press, 1994) も原爆の心理的衝撃を重視する。原爆投下論争の実証面における立場の相違については、次の二つの文献を参照されたい。Tsuyoshi Hasegawa, ed., *The End of the Pacific War: Reappraisals* (Stanford, CA: Stanford University Press, 2007). Robert James Maddox, ed., *Hiroshima in History* (Columbia, MO: University of Missouri Press, 2007).

（4） 西島有厚『原爆はなぜ投下されたか』（青木書店、一九八五年）九一―一一一、一二二―一九二頁。古典的研究としては、勝部元「敗戦前後の日米関係」（『歴史学研究』一七五号、一九五四年）、藤原彰「日本の敗戦と原爆投下問題」（『一橋論叢』七九巻四号、一九七八年）、荒井信一『原爆投下への道』（東京大学出版会、一九八五年）がある。この立場に立つ最も新しい研究は、長谷川毅『暗闘――スターリン、トルーマンと日本降伏』（中央公論新社、二〇〇六年）である。同書は、インターナショナル・ヒストリーとして日米ソの三カ国関係を描き、日ソ関係を検証するとともに、「和平派」と「継戦派」の相違を「国体の定義」の相違として捉えた。本書もソ連側の動きについては同書に依拠した部分が少なくない。

（5）Sumio Hatano, "The Atomic Bomb and Soviet Entry into the War: Of Equal Importance," in Hasegawa, ed., *The End of the Pacific War*, pp. 95–112. 秦郁彦『裕仁天皇五つの決断』（講談社、一九八四年）は、「筆者は以前から当時の陸海軍関係者と会うたびに「原爆とソ連参戦の衝撃はどちらが大きかったか」と聞くことにしている。答はあい半ばするが、一方だけでは足りず、二つの衝撃が重ならなかったなら、二十年八月の時点での終戦は不可能だったろう、という点では一致する」としている（五九頁）。昭和史研究者の間でも意見がわかれている。児島襄、伊藤隆、渡邉昭夫、マリアス・B・ジャンセン、ゴードン・M・バーガー、ブルース・カミングス、兪辛焞、朱宗震、劉傑『人類は戦争を防げるか』（文芸春秋、一九九六年）の中で、伊藤隆氏は「やはり最終的な政策決定、敗戦という決定にとって原爆は決定的であったと言っていいのではないか」として「それが戦争終結にかなり決定的な役割を果したのだと私は思っておりますし、多くの日本人の学者も思っていると思っております」と述べるのに対し、児島襄氏は「当時の日本の陸軍は原子爆弾によって降伏せざるを得ないという決意をしたとは思えないのです。というのは、依然として本土決戦といいますか、つまり日本にアメリカ軍が上陸してきて、そこで戦って、そしてとにかく一時的な勝利でも得て、つまりアメリカ軍を撃退して、それを根拠にして和平を画策するとか、そういう考えも非常に強かったように思われるのです。陸軍にとって降伏を決意する時一番根拠にしたのは、当時の資料を読みますと、ソ連の参戦であります。ソ連が参戦してきたことのほうが実は原子爆弾の効果を恐怖するよりも大きかったように思われるのです」と述べている（三〇四、三〇六頁）。

（6）たとえば、角田房子『一死、大罪を謝す』（新潮社、一九八〇年）は、陸軍大臣の阿南惟幾の心境について、一撃説・腹芸説・気迷い説・徹底抗戦説の四説があるとしている（一六二頁）。本書の阿南観は次のようなものである。すなわち、阿南陸相は、ソ連参戦以降は四条件論、第一回聖断以降は一条件死守論、第二回聖断以降は日本と陸軍の名誉を最大限守ろうとしたと考えられる。

（7）本書は、戦争終結の時期・方法・条件、戦争目的、合意形成の五点に着目している。この分析視角は、新しい視点ではなく、当事者の「（イ）如何ナル時機ニ。（ロ）如何ナル措置（方策）ヲ以テ。（ハ）如何ナル内容ヲ盛リテ。（ニ）戦争ノ終末ヲツケルカ。（ホ）尚右ノ四項ニ関連シテ民心ノ結束、国内ノ諸態勢、陸海軍ノ関係調節及国民指導等ヲ如何ニスルカ。（ヘ）是等諸措置ニ対スル準備、啓蒙、内面指導、各種措置（工作）等ヲ如何ニスルヲ適当トスルカ」（海軍少将高木惣吉「中間報告案（一九四五年三月一三日）」伊藤隆ほか編『高木惣吉　日記と情報』下巻、みすず書房、二〇〇〇年、八二三頁）という視点から出発している。この点については、すでに樋口秀実『日本海軍から見た日中関係史研究』（芙蓉書房出版、二〇〇二年）によって指摘されている（二八二頁）。

（8）粟屋憲太郎「日本敗戦は条件つき降伏か」（藤原彰・今井清一・宇野俊一・粟屋憲太郎編『日本近代史の虚像と実像』第四巻、大月書店、一九八九年）は、「「無条件降伏の条件」とは本来、形容矛盾のようであるが、じつはこの降伏後の枢軸国の処遇の内容を示していた」と指摘する（一八頁）。

（9）三浦俊彦『戦争論理学――あの原爆投下を考える62問』（二見書房、二〇〇八年）は、倫理的な観点から、この三つが欠けていたことは「談話の規則」に反していたとする（五五頁）。

（10）五百旗頭真『米国の日本占領政策』下巻（中央公論社、一九八五年）一九一―二〇三頁、前掲『暗闘』二七八―二八二頁、楠綾子『吉田茂と安全保障政策の形成』（ミネルヴァ書房、二〇〇九年）四二―四三頁。

（11）外務省編『終戦史録』（官公庁文献研究会、一九九六年）五〇八―五一〇頁、東郷茂彦『祖父東郷茂徳の生涯』（文芸春秋、一九九三年）三七三頁。

（12）読売新聞社編『昭和史の天皇』三巻（読売新聞社、一九六八年）三九四頁、『朝日新聞』一九四五年七月二八日。

（13）防衛省防衛研究所所蔵『豊田副武海軍大将日記摘録』（一・日誌回想・八二三）。同史料には、「総理新聞記者団トノ会見（前ヨリ予定アリタルモノ）ヲ利用シテ国民ニ明示シ以テ戦意ヲ阻喪セシメザルコト、スルコトニ意見一致ス」ともある。保科善四郎「大東亜戦争機密日録及び交渉日録」（国立国会図書館憲政資料室所蔵『Japanese Records during World War II』JRW-1, Reel 9）の七月二六日の記述にも、「之ニ対シ我ハ之ヲ黙殺シ飽ク迄戦ヒ抜クコトヲ表示スルコトトシ海軍大臣ヨリ部内一般ニ訓示スルコトトス」とある。

（14）仲晃『黙殺――ポツダム宣言の真実と日本の運命』下巻（日本放送出版協会、二〇〇〇年）一一一―一三四頁。なお、『読売新聞』（一九四五年七月二八日）は「帝国政府としてはかかる敵の謀略については全く問題外として笑殺、断乎自存自衛戦たる大東亜戦争完遂に挙国邁進、以て敵の企図を粉砕する方針である」としている。朝日新聞記者の中村正吾は、「鈴木首相は午後、内閣記者団と共同会見した際、日本はポツダム宣言を無視するとの意味を述べた」とする（中村正吾『永田町一丁目』ニュース社、一九四六年、二二三頁）。

（15）波多野澄雄「鈴木貫太郎の終戦指導」（軍事史学会編『第二次世界大戦（三）—終戦』錦正社、一九九五年）七二頁。

（16）前掲『暗闘』は、「「無視」と「拒否」のあいだには大きな相違がある。「無視」には決定を据え置くという、対象にたいする消極的な意味があり、今無視しても後に受諾する可能性を秘めている。これにたいして、「拒否」することは否定する積極的な意味があり、後に受諾することはこの「拒否」の決定を覆すことになる」としている（二八八頁）。この点については、鳥飼玖美子『歴史をかえた誤訳』（新潮社、二〇〇四年）、須釜幸男「政治と言葉——社会言語学的観点からの無条件降伏」（『聖徳大学言語文化研究所論叢』一三号、二〇〇五年）も参照。

（17）前掲『終戦史録』五二五頁、守屋純「（史料紹介）米英「ソ」三頭会談、英国選挙及「ソ」ノ対日作戦準備進捗等ニ伴フ情勢観察」（『軍事史学』一一三号、一九九三年）五一頁、『思想旬報（号外）』一九四五年七月二九日。七月三〇日の加瀬電報のポツダム宣言解釈の背後には、アレン・ダレスやそのエージェントであったヤコブソンの影響が認められる（有馬哲夫『アレン・ダレス——原爆・天皇制・終戦をめぐる暗闘』講談社、二〇〇九年、三〇七—三〇八、三二六頁）。

（18）吉田裕『アジア・太平洋戦争』（岩波書店、二〇〇七年）二一五頁。

（19）前掲『高木惣吉　日記と情報』下巻、九二〇頁。

（20）軍事史学会編『宮崎周一中将日誌』（錦正社、二〇〇三年）一八八頁。参謀本部はソ連軍を過小評価し、スターリンは日本軍を過大評価していた（林三郎『関東軍と極東ソ連軍』芙蓉書房、一九七四年、二四七頁、横手慎二「スターリンの日本認識」『法学研究』七五巻五号、二〇〇二年、一七頁）。

（21）前掲『高木惣吉、日記と情報』下巻、九一八—九一九頁。この情報は、陸軍の松谷大佐を経由して海軍の高木少将に伝わっている。

（22）軍事史学会編『機密戦争日誌』下巻（錦正社、一九九八年）七四七頁、種村佐孝『大本営機密日誌』（芙蓉書房、一九七九年）三〇七頁。

（23）五百旗頭真「「無条件降伏」とポツダム宣言」（『国際法外交雑誌』七九巻五号、一九八〇年）三〇頁。同論文は、「日本についていては、全軍隊の無条件降伏をともなう、提示された条件のもとでの降伏が実現された」としている（六九頁）。
（24）佐藤元英・黒沢文貴編『GHQ歴史課陳述録　終戦史資料』上巻（原書房、二〇〇二年）二七一、二八八頁。東郷外相は、「無条件降伏と言うのは何時でもやれる」、「無条件降伏をすると言うならば陛下は何も心配されない訳です」とも述べている（同書、三〇六―三〇七頁）。
（25）火災により命を落とした人も多かった。犠牲となった中国地方総監の大塚惟精は、圧しつぶされた家屋の下敷きになり、「足を切れ、足を切れ」といったが、火が廻ってきたため、夫人に対し「俺は駄目だ、グズグズせずに、早く逃げろ」と命じたという（松村秀逸『大本営発表』日本週報社、一九五二年、二五頁）。
（26）中村敏「広島原爆投下後の四十八時間」（『新聞研究』一九三号、一九六七年）四四頁。宇品の船舶司令部が、午前一〇時過ぎに陸軍中央に無線報告したという説もある（防衛庁防衛研修所戦史室『本土防空作戦』朝雲新聞社、一九六八年、六二八頁）。この中村記者の第一報については、御田重宝『もうひとつのヒロシマ』（社会思想社、一九八七年）、北山節郎『ピース・トーク　日米電波戦争』（ゆまに書房、一九九六年）が検証を行っている。
（27）前掲『昭和史の天皇』四巻、三〇九頁。
（28）森重昭『原爆で死んだ米兵秘史』（光人社、二〇〇八年）一九一―一九七、二二八頁。
（29）防衛省防衛研究所所蔵『大井篤手記』一四巻（一・日誌回想・九一四）によれば、軍令部の傍受班と同居していた海上護衛参謀の大井大佐は、このトルーマン声明をすぐに知ることができ、「戦争史上ノ革命ナリ」と感じた。大井大佐はこの声明に肯定的であったが、否定的な意見もあり、論争になったようだ。
（30）広島県編『広島県史　原爆資料編』（広島県、一九七二年）六五三頁、『中国新聞』二〇〇八年八月四日。山崎正勝「日本の戦時核開発と広島の衝撃」（市川浩・山崎正勝編『「戦争と科学」の諸相――原爆と科学者をめぐる2つのシンポジウムの記録』丸善、二〇〇六年）によれば、日本の科学者の中で、連合国が戦争中に原爆開発に成功すると予想していた人物はいなかったという（五四頁）。
（31）防衛省防衛研究所『広島特殊爆弾調査史料』（中央・全般その他・一六五）。本史料により、高級課員高山信武、新妻清一、国武輝人、古川義道などがトルーマン声明に目を通したことが確認できる。

（32）「竹下正彦日記（一九四五年八月七日）」（東京大学法学部附属近代日本法政史料センター所蔵『竹下正彦関係文書』リール三）。これはあまり知られていないが、七月二九日、竹下中佐は、陸相の使者として、東亜連盟の石原莞爾元陸軍中将を訪問している。石原は、「大東亜戦争は敗戦だヨ」といい、「国体の方は心配に及ばぬ」、「日蓮上人が夢枕に立ってそう申された」、「言論の自由を恢復せよ。憲兵政治はやめよ、皇族主班《ママ》の内閣を作れ」と述べ、竹下中佐は、「予ノ政治観ニ一大転期ヲ劃シメタリ」と嘆じ、「多大ノ収穫ヲ以テ帰京」した（前掲『機密戦争日誌』下巻、七四七頁、前掲「竹下正彦日記」、前掲『ＧＨＱ歴史課陳述録　終戦史資料』上巻、五二六頁）。

（33）中根良平・仁科雄一郎・仁科浩二郎・矢崎裕二・江沢洋編『仁科芳雄往復書簡集』三巻（みすず書房、二〇〇七年）一一四三、一一五一頁。

（34）前掲『暗闘』三二六頁、『プラウダ』一九四五年八月八日、前掲『広島県史　原爆資料編』六七七頁。

（35）石井明『中ソ関係史の研究』（東京大学出版会、一九九〇年）一五六―一五七頁、『解放日報』一九四五年八月八日、貴志俊彦「中国奥地の日本人捕虜と日本語放送」（貴志俊彦・川島真・孫安石編『戦争・ラジオ・記憶』勉誠出版、二〇〇六年）八三頁。八月一三日の『解放日報』は、日本共産党代表岡野進（野坂参三）の「ポツダム宣言及天皇問題に関する声明」を掲げ、その中で野坂は、「私の上述の声明［第三章第一節の第七回大会の声明］は、日本に対する連合国の方針と完全に一致している。同時に、私の声明は日本の人民の要求をも代表している」という天皇観を示した（武田清子『天皇観の相剋』岩波書店、一九九三年、一九七頁）。

（36）政治係「各大臣動静綴」、海軍大臣官房「日誌」（前掲『Japanese Records during World War II』JRW-1, Reel 13, 14）、前掲『ＧＨＱ歴史課陳述録　終戦史資料』上巻、三一一―三二〇頁。下村海南「『新型爆弾』の欺瞞」（『改造』三三巻一七号、一九五二年）によれば、八日午後二時から「国務司令室の陸海軍大臣室に会合が開かれ」、その結論は「ウラニュウム爆弾の威力は、一トン爆弾の九〇〇倍以上と予想されるのであって、今回広島に投下されたものの破壊力はその数分の一にすぎない。従って現地に於ての学者の調査を待たねば、原子爆弾とはにはかに断じ難い」というものであったという。また、「原爆は主戦派の軍の連中をして終戦すべく観念させる上に大きな因子となった」と述べている（一六七頁）。

(37)　東郷茂徳『東郷茂徳外交手記』(原書房、一九六七年)三五五頁。

(38)　防衛省防衛研究所所蔵『阿南惟幾メモ』(中央・軍事行政回想手記・六〇)一八〇一頁。

(39)　前掲「各大臣動静綴」、前掲『GHQ歴史課陳述録　終戦史資料』上巻、三三〇頁。

(40)　前掲「原爆投下の衝撃と降伏の決定」一九八、二〇八頁、藤田尚徳『侍従長の回想』(中央公論社、一九八七年)一二六頁。

(41)　防衛省防衛研究所所蔵『奏上書(昭和二〇年八月)』(一・奏上・七)、防衛庁防衛研修所戦史室『大本営海軍部・連合艦隊(七)』(朝雲新聞社、一九七六年)四六三頁、前掲『昭和史の天皇』四巻、三〇九―三一一頁、徳川義寛著、御厨貴・岩井克己監修『徳川義寛終戦日記』(朝日新聞社、一九九九年)二五二頁。戦後、蓮沼蕃侍従武官長は、「原子爆弾がそれ程大きな衝撃を陛下に与えたとは思われません。尤も陛下は科学者であらせられるから、原子爆弾の威力を熟知して居られたでしょう。併し八月八、九日頃迄には未だ広島の情報は充分解りませんでした。従って陛下にそれ程大きな衝撃を与える迄に到っていなかったと思います」と回想しており、昭和天皇には充分な報告が届いていなかったと考えられる(前掲『GHQ歴史課陳述録　終戦史資料』上巻、七三頁、前掲『暗闘』三三二―三三三頁)。天皇周辺の時間に関する情報は、『徳川義寛終戦日記』が最も正確であり、以下、時刻に関する記述は、この史料に依拠した。

(42)　前掲『徳川義寛終戦日記』二五三頁、秦郁彦『八月十五日の空』(文芸春秋、一九七八年)七一―七二頁。この点、皇族軍人に入っていた情報も不正確であったようである。高松宮が秩父宮に充てた手紙の中では、「今日十二時頃長崎に原子(ウラン)爆弾を投下した由で落下点が町をはづれ山火事がおこって居るとの報がありましたがくわしくはわかりません。明日トルーマンが対日声明を期限つきでするとの情報もありそれが十二日切れて東京等にウラン爆弾をもって攻撃するといふ話もあります。前にとらへた捕虜の話ではウラン爆弾は夜とか曇った日は都合が悪く晴れた日に威力の発揮が出来るといふ事です。トルコがダーダネルス海峡の問題についてソ連に対し英米を背景とし態度が強くなったのもウラン爆弾によってソ連の立場が弱められたといふ宣伝の効果を見てとったせいだとも一部では申します。しかしウラン爆弾は本当の原子破壊の威力のものには達して居らないやうです」(八月九日)とある(『高松宮宣仁親王』伝記刊行委員会編『高松宮宣仁親王』朝日新聞社、一九九一年、四一一―四一二頁)。

（43）防衛省防衛研究所所蔵『呉鎮守府　広島市に於ける原子爆弾に関する調査』（一・全般・一七九）によれば、呉鎮調査隊の研究会が八月七日一八時から二二時三〇分まで、大本営海軍部調査団の研究会が八月八日二〇時から二三時まで開かれている。ただし、大本営海軍部調査団は「大勢さえ分かればよいと言った態度で、熱心でない。どうも当時の中央の空気が反映していた」ようである（神津幸直「原爆の四日間――呉鎮守府調査隊の未公開記録より」『東洋経済新報・別冊』四号、一九五一年、三〇頁）。

（44）NHK出版編『ヒロシマはどう記録されたか』（日本放送出版協会、二〇〇三年）二四四―二四五頁。同書によると、海軍の島調査団長の安井保門大佐が海軍大臣室で米内海相に口頭報告したのが御前会議後の八月一〇日、陸軍省軍事課の新妻清一中佐が帰京したのが八月一三日という（二六九―二七〇頁）。防衛省防衛研究所所蔵『軍令部部員土肥一夫中佐覚書帳』（一・日誌回想・三五二）によれば、八月一一日の安井大佐の原子爆弾調査報告は、「死者2万、重傷2万、爆弾威力、地下ニ対シテハ殆ド威力ナシ。木造家屋ハ駄目ナリ。天候、無風、快晴、直径5mノ大型落下傘附無線装置3ケヲ投下ス。此ノ落下傘トハ離レタ位置ニ爆発起ル。大閃光（瞬間ニアラズ）。爆心附近ノモノハ爆音ヲ聞キ居ラズ。爆心ヨリ半径二〇〇〇ハ全家屋圧壊。火災ハ2―3時間後大火災トナル爆発ヨリ数分―数十分豪雨アリ。爆心ニ面シタ面ノミ熱傷ヲ受ク、失明者ナシ。鉄筋コンクリート建物殆ド損傷ナシ。∨〔飛行機〕ニ対シ竹製偽装網ハ有効ナリ。交通通信機関ニハ被害ナシ。火薬、爆薬、燃料等大ナル被害ナシ」というものであった。他方、陸軍の調査団が帰京した後、軍事課の古川義道少佐は「陛下に対する報告文」を起案し、荒尾軍事課長がその報告書を利用しようとしたが、迫水書記官長から「今頃になって陛下は陸軍からの報告をお聞きになるお暇などお持ちでない」と「門前払いを食った」という。また、終戦直後、「大本営からの報告は上聞に達する機会を与えて貰えなかった。そう云う状況なのに陸海軍人に賜わる詔勅にいきなり原子爆弾のことがでてくるのは手続き上問題がある」として、古川少佐は、高山信武大佐に「原子爆弾に関連する所は削除して貰ったら如何ですか」と提案したという（靖国偕行文庫所蔵『古川義道、一大本営参謀のメモより』三九〇・二八一―フ）六七、一一二頁。

（45）前掲『広島県史　原爆資料編』三三三、三四七、三五四、三五九―三六〇、四二四頁。

（46）前掲『広島県史　原爆資料編』三四六、三六三―三七六頁。

（47）前掲『広島県史　原爆資料編』三七二頁。

(48) 高山信武・藤原岩市・近藤新治・千早正隆・野村実・檜山良昭・秦郁彦「(座談会) もしも本土決戦が行われていたら」(『歴史と人物』一五〇号、一九八三年) 三四三頁。

(49) ウィリアム・クレイグ (浦松佐美太郎訳)『大日本帝国の崩壊』(河出書房、一九六八年) 八五―八六頁、防衛省防衛研究所所蔵『親展電報』(四・電報・一一)。Richard B. Frank, *Downfall: The End of the Imperial Japanese Empire* (New York: Random House, 1999) p. 423; Summary of Ultra Traffic, 10 August, Box 2, Entry 9024, RG457, NARA.

大阪で米捕虜のマクディルダ少尉が暴行を受けていた頃、横浜の捕虜収容所にいた英捕虜のルイス・ブッシュ海軍大尉は、意外な厚遇を受けていた。敗戦を見越した軍人が、捕虜にこびるようになっていたのである。ある海軍少将は、「ハウ・アー・ユー、どうですか、食事、毎日ビールありますか」と友達のように馴れ馴れしく述べ、当時貴重品であったビールをブッシュ大尉に振る舞ったという (半藤一利編『日本のいちばん長い夏』文芸春秋、二〇〇七年、四〇頁)。

(50) 前掲『広島県史　原爆資料編』四三六頁、防衛省防衛研究所所蔵『増田繁雄大佐業務日誌』八巻 (中央・作戦指導日記・二八〇) にも「俘虜ノ言、次回ハ東京、八月十二日頃ナラズヤ」とある。八月八日、米ラジオ放送は、東京に原爆投下の観測を流していた (竹山昭子『戦争と放送』社会思想社、一九九四年、一四一頁)。

(51) 前掲『広島県史　原爆資料編』三三五頁。三井再男・三宅泰雄「秘録・原子爆弾―三十四年目の証言」(『文化評論』二二四号、一九七九年) によれば、「いくらアメリカでもそこまでできるとは思えないし、それは信用できないが」、「広島だけでおしまいになってくれることをねがう」という声もあったという (三五頁)。

(52) 保阪正康『昭和陸軍の研究』下巻 (朝日新聞社、一九九九年) 六五四―六五六頁、山本洋一『日本製原爆の真相』(創造、一九七六年) 一〇七頁。山本洋一「日本の原子力研究」(『原子力工業』一巻五号、一九五五年) によれば、山本少佐らは、福島県石川山のウラン鉱の採掘を進めていた (五一頁)。山本少佐は原子爆弾一個あたり三〇キロと推定しているが、戦後明らかになったところによれば、広島に投下されたウラン235は約六〇キロでそのうち核分裂を起こしたウランは一キロであったとされる。核分裂を起こしたウランの量について、当時の日本の原爆調査団はかなり正確な数字を出しているといってよい。すなわち海軍と連携して調査していた京都帝国大学の荒勝文策教授らは「核分裂ヲオコセル「ウラニウム」ハ約1kg」と調査結果をまとめている (『朝日新聞』二〇〇五年七月二三日)。日本の原爆開発については、山崎正勝「第二次世界大戦時の日本の原爆開発」(『日本物理学会誌』五六巻八号、二〇〇一年)が詳しく、「仁科を含む理研の物理学者たちが、広島の被害を具体的に知る前に、核爆弾の威力を正確に予想できていた」と結論づけている(五八四頁)。
(53) 防衛庁防衛研修所戦史室『大本営陸軍部(一〇)』(朝雲新聞社、一九七五年)四二〇頁。
(54) 大田肇「ある軍医の原爆の思い出」(広島県医師会広報部編『原爆日記』二集、広島県医師会、一九七〇年)七六頁。
(55) 前掲『昭和史の天皇』四巻、二四一頁、『京城日報』一九四五年八月九日、前掲『本土防空作戦』六二九頁。御附武官吉成弘中佐は、八月八日、責任を感じて自決した。
(56) 前掲『宮崎周一中将日誌』一九四頁。
(57) 下村海南『終戦記』(鎌倉文庫、一九四八年)九七―九八頁、前掲『GHQ歴史課陳述録　終戦史資料』上巻、二二七―二二八頁。
(58) 『朝日新聞』一九四五年八月七日、八月八日。八月七日の『東京朝日』の広島に関する記事がわずか四行なのに対し、『大阪朝日』は一五行もさいている(熊倉正弥『言論統制下の記者』朝日新聞社、一九八八年、一〇二―一〇三頁)。なお、海外への第一報は、八月六日午後六時、同盟通信が「B29少数機は、8月6日8時20分、広島市を攻撃し、焼夷弾と爆弾を投下した後逃走した。被害の程度は目下調査中」というものであった(北山節郎『続・太平洋戦争メディア資料』緑蔭書房、二〇〇五年、七三頁)。
(59) 袖井林二郎「原爆報道」(江藤文夫・鶴見俊輔・山本明編『事件と報道』研究社出版、一九七二年)二一〇頁。
(60) 原爆が国民の士気に与えた影響については、合衆国戦略爆撃調査団(森祐二訳)『合衆国戦略爆撃調査団―日本人の戦意に与えた戦略爆撃の調査』(広島平和文化センター、一九八八年)も参照されたい。
(61) 前掲『高木惣吉　日記と情報』下巻、九二四頁。警視庁「広島市爆撃問題ニ対スル反響ニ就テ」(粟屋憲太郎編『資料日本現代史2』大月書店、一九八〇年)によれば、「引続キ之ガ使用セラル、ニ於テハ全ク戦争ハ出来ナクナル虞レガアル」という意見があり、議会勢力の大日本政治会にも「極度ニ恐怖心ヲ昂メ相当神経過敏ノ様相」があった(一四頁)。
(62) 前掲『阿南惟幾メモ』(中央・軍事行政回想手記・六〇)一八〇一―一八〇三頁、前掲「[海軍大臣官房]日誌」。
(63) 木戸幸一『木戸幸一日記』下巻(東京大学出版会、一九六六年)一二二三頁、木戸日記研究会編『木戸幸一関係文書』

（東京大学出版会、一九六六年）八四頁。

（64）読売新聞社編『天皇の終戦』（読売新聞社、一九八八年）二五三頁。

（65）前掲『終戦史録』五四八頁。

（66）前掲『終戦記』九九―一一二頁、坂本慎一『玉音放送をプロデュースした男下村宏』（PHP研究所、二〇一〇年）二二六、三〇三―三〇四頁、「参内記資料及原稿」（国立国会図書館憲政資料室所蔵『下村宏関係文書』七九〇）。

（67）前掲『終戦史録』五三七頁、東郷茂彦『祖父東郷茂徳の生涯』（文芸春秋、一九九三年）三七八頁。

（68）前掲「終戦に際して」（前掲『Japanese Records during World War II』JRW-1, Reel 9）。なお、「敵軍ノ上陸ニ際スル戦争ハ不可能」という部分は、抹消されており、判読が難しいが、前後の文脈によった。前掲「各大臣動静綴」の中で、八日の外相の行動として、「四―五三〇　宮中。六一〇―六四〇総理官邸」という記述があること、東郷が「翌八日宮中地下室にて拝謁」（前掲「終戦外交」一三五頁）と回想していること、昭和天皇が防空壕に入った時間が午後三時から五時までであること（前掲『徳川義寛終戦日記』二五三頁）などから昭和天皇の東郷に対する発言は八日の午後になされたものと考えられる。佐藤大使がモロトフ外相との会見予定を伝えた電報が八日正午に届いており、この重要電報を受け取った東郷外相は、急遽参内し、昭和天皇に報告したものと考えられる。そして、昭和天皇は東郷の上奏に対して対ソ交渉を急ぐよう指示し、東郷外相は内大臣と首相に最高戦争指導会議の開催を申し入れたという可能性が高い。

（69）前掲『GHQ歴史課陳述録　終戦史資料』上巻、三一三頁。この点については、拙稿「昭和二〇年八月一〇日の御前会議」（『日本政治研究』三巻一号、二〇〇六年）七三―七五頁。

（70）前掲『高木惣吉　日記と情報』下巻、九二四頁。原爆投下後の八月七日に海軍省軍務局第二課が作成した「「ポツダム」米英重慶共同宣言ノ検討」という文書では、「戦争犯罪人ノ定義ト皇室トノ問題ニ付、前述ノ通「日本政府」ナルモノハ認メラレ居ルモ国体、政体ノ選択自由ナル明確ナル保証トハ認メ得ズ」、「第六項ノ戦争責任階級又ハ第十一項ノ戦争犯罪人中ニ皇室又ハ今上陛下ヲ包含セントスル意図ナシト断ジ得ザルベシ」、「日本政府自ラ民主的傾向ノ復興助長ニ対スル障碍ヲ除去スベキコトヲ規定シ一応ハ日本側自ラ之ヲ行フコトヲ見届ケントスル態度ヲ示シ居ル如シ」、「「ポツダム」宣言ハ米国ガ対日無条件降伏強制ノ建前ヲ持続シツツ而モ其ノ条件ヲ概略公示シ以テ徹底的抗戦ヲ断念セシメントスル意図ノ産物ナルヲ以テ均シク無条件降伏ト謂フモ独逸ニ対スル場合トハ相当異ナルモノアリ。米英側トシテハ相当ノ譲歩ヲ為シタル積リナルベシ」、「独逸政府ノ存続ヲ問題トセザリシニ対シ、本宣言ニ於テハ領土ノ占領ハ大体ノ筆致ニ於テ一部ナルコト竝ニ日本政府ノ存続ヲ肯定シ居ルコト（但シ改造ヲ予定ス）」としている（防衛省防衛研究所所蔵『山本資料・終戦委員会関係綴』九・その他山本・五―二）。

（71）江藤淳監修、栗原健・波多野澄雄編『終戦工作の記録』下巻（講談社、一九八六年）三六三―三六四頁。八月七日に軍務課が作成した「「ソ」連ノ無警告攻撃ニ対シ帝国ノ採ルベキ措置ニ関スル件（最高戦争指導会議附議案）」では、「「ソ」連ノ真面目ナル全面的無警告進攻ニ際シテハ機ヲ失セズ之ガ防衛作戦ヲ実行スルモ手段ヲ尽シテ速カニ事態ノ改善ニ勉ムルモノトス」とされ、八月八日の「「ソ」連ノ対日最後通牒ノ内容ニ関スル研究」では「「ソ」連ノ対日最後通牒ノ内容トシテ最モ公算大ナルモノハ支那及満州ヨリノ全面的撤兵要求ナルベシ」としている。八月九日のソ連参戦直後には、「対「ソ」戦争指導ニ関スル件（昭和二〇、八、九、最高戦争指導会議附議案）」を作成し、「帝国ハ成ルベク速カニ対「ソ」終戦ヲ企図シ「ソ」ノ中立ヲ維持シツツ対米、英、支戦ヲ続行ス。已ムヲ得ザル場合ニ於テハ大東亜終戦ヲ断行スルコトアルヲ予期ス。但シ国体ノ変革ヲ予期セラルル場合ニ於テハ真ニ帝国ノ滅亡ヲ賭シテ戦争ヲ遂行ス」としており、条件によっては「終戦」を予期していたことがうかがわれる（防衛省防衛研究所所蔵『連合国トノ折衝関係事項』文庫・柚・七、前掲波多野論文、九五―九六頁）。

（72）当初は、モスクワ時間の午後八時の予定であったが、ソ連側の都合によって、午後五時に繰り上げられた。また、モスクワからの電報は日本に届かなかった（松平康東「運命の八月八日」『大日本帝国始末記』一集、一九四九年、八三―八四頁、竹内桂編『戦時日ソ交渉史』下巻、ゆまに書房、二〇〇六年、九三八―九四二頁）。

（73）秦彦三郎『苦難に堪えて』（労働通信社、一九五八年）二〇頁、草地貞吾『関東軍作戦参謀の証言』（芙蓉書房、一九七九年）六一頁、瀬島龍三『幾山河』（産経新聞社、一九九六年）二八二頁。

（74）前掲『苦難に堪えて』一八頁、前掲『GHQ歴史課陳述録　終戦史資料』下巻、七四二頁、半藤一利『ソ連が満洲に侵攻した夏』（文芸春秋、一九九九年）一八三―一八四頁。草地大佐は、「心の中では、危い、危いと思いながら、一方では、まだ、まだというような淡い希望というよりも、願望が心理の底にあった」とし、「弱者ゆえの期待」としている（前掲『関東軍作戦参謀の証言』三六頁)。

(75) 防衛省防衛研究所所蔵『河辺虎四郎日誌』(中央・戦争指導重要国策文書・一三三二)、河邊虎四郎文書研究会編『承詔必謹――陸軍ハ飽マデ御聖断ニ従テ行動ス』(国書刊行会、二〇〇五年)一七〇頁。

(76) 矢部貞治『矢部貞治日記』銀杏の巻(同日記刊行会、一九七四年)八三〇頁、伊藤隆『昭和十年代史断章』(東京大学出版会、一九八一年)二八七、二九一頁。

(77) 前掲『木戸幸一日記』下巻、一二二三頁。

(78) 前掲『終戦史録』五六五―五七〇頁、前掲『豊田副武海軍大将日記摘録』。

(79) 前掲『木戸幸一日記』下巻、一二二三頁。前掲『豊田副武海軍大将日記摘録』によれば、最高戦争指導会議で「総理ハ反対者ニ対シ故意ニ交渉ヲ打破シテ継戦ヲ強行セントノ腹ナルベシ等ノ言ヲ吐クニ至ル」という状況であったので、鈴木首相は四条件論者ではなかったと考えられる。鈴木首相は「中庸」を重んじる人物であり、かつ高齢で耳も遠かったので、木戸内大臣との間にコミニュケーション・ギャップが生じたのであろう。

(80) 前掲『終戦史録』五七九頁。

(81) 池田純久「終戦時の記録・池田」(前掲『Japanese Records during World War II』JRW-1, Reel 13)。本史料は、内閣綜合計画局長官池田純久のノートを、GHQがマイクロフィルム撮影したものである。速記のため、文字は読みづらい。同内容のものが、防衛省防衛研究所所蔵『政務官会議資料』(中央・全般憲政史料・一四九)としてタイプ打ちで残っているが、文章が欠落している箇所がある。前掲『GHQ歴史課陳述録　終戦史資料』上巻にも所収されている(二三八―二五七頁)。

(82) 前掲『終戦記』一一九頁、前掲「原爆投下の衝撃と降伏の決定」二〇二頁。この史料は一次史料ではないが、八月九日、陸海軍技術運用委員会で石渡博中佐が次のように報告しており、阿南陸相の報告もほぼ同程度の情報であったと推定される。「中心ハオ城ノ練兵場アタリ、八五〇mデ破裂ス。青白イ、モノスゴキ閃光ヲミル。目撃者ハ、火ノ玉二ノ出ルノヲ見タト。地上各所ヨリ真黒イモノガアガリ、スグ火ノ手ガアガッタ。火柱ガタッタトモイフ。半径二㎞中ノ日本家屋、上カラ下ヘツブレル。人ハ外ニ居タモノハ丸裸、大ヤケド、即死(1㎞)。中国銀行ト「フキヤ depart」ハ立ッテ居タ。爆風ト熱風ノ為、ガラスハ皆ペチャペチャ、人ハヤケドセリ。近イ所デモ防空壕ハ異状ナカリキ。（宇品ガ少シハミ出ルノミデ、広島全市ハイル）。更ニ2㎞外環ハ家ハ全半壊、ヤケドモアル。更ニ2㎞ユクト低下ス。二十日市20㎞、密閉シタガラスマドハ皆ワレタ。呉マデハ25㎞カ、モノスゴキ閃光ト動・・・《ママ》陸軍ノ情報、白キ衣ハヨシ。露出シタ皮膚ハ皆皮膚ヤケ、シャツノ下ハ水ブクレヤケド。服トシャツハ服ノミヤケ、身体ハ何デモナイ。水ヲトホストミエ、池中ノ魚モヤケドス。黒ノ部分ハヤケドヒドク、白ノ部分ノ下ハカルイ（浴衣等カ）。町ハ惨鼻ノ極ナリ。中心デハ路上ノ人30mフキ飛バサレタリ。黒烟ハ倒壊ノ為カ。戦訓種々アリタリ。ヤケド、圧力、コシガイタミ動ケズ、焼死シタルモノ多シ。p51ノ捕虜供述、広島攻撃ニ成功セル旨、ガム放送局。爆弾ノ長30―38 inch、直径18―20 inch重量五〇〇pond（本国ハ四〇〇pondトイフ）。晴天、白昼ガ最モ有効、雨天ハ効果薄シト。6平方哩《マイル》有効ナリト。半径2㎞」（有光次郎『有光次郎日記』第一法規出版、一九八九年、七八〇―七八一頁）。

(83) 前掲「終戦時の記録・池田」防衛省防衛研究所所蔵『最高戦争指導会議に関する綴（其の二）』（中央・戦争指導重要国策文書・一一九六）。同史料中のメモによれば、阿南陸相は「全ク個人的所感ナルモ戦争ノ将来ニ対シ固ヨリ楽観ハ出来ザルモ此侭終戦トナラバ大和民族ハ精神的ニ死シタルモ同様ナリ。一部形骸的ニ［以下欠］」という意見であった。阿南陸相は、陸軍大臣としての公的な立場はともかく、個人的には「此侭終戦トナラバ大和民族ハ精神的ニ死シタルモ同様」と考えていたのだろう。

(84) 前掲『終戦工作の記録』下巻、四一七頁。

(85) 前掲『一死、大罪を謝す』一七〇―一七一頁。

(86) 前掲『終戦記』一二四頁。

(87) 前掲『GHQ歴史課陳述録　終戦史資料』上巻、四九二頁。

(88) 前掲『GHQ歴史課陳述録　終戦史資料』上巻、二四二頁。

(89) 前掲『機密戦争日誌』下巻、七五五頁。

(90) 前掲『木戸幸一日記』下巻、一二二三頁。この点については、前掲『暗闘』が詳細な検討を行っている。同書は、「天皇が午後三時過ぎまではポツダム宣言受諾に四条件を付帯することを支持していたのに、この会談の後で、一条件に意見を変えたことは確かである」としている、また、天皇と木戸の間の話し合いで「皇室の安泰」が「天皇の国法上の地位を変更する要求を包含し居らざることの了解のもとに」に変更されたのではないかという仮説を提示している（三五八—三六二頁）。興味深い指摘である。本書は、昭和天皇は、武装解除・戦犯処罰は問題としないが、保障占領には一抹の不安を感じていたという立場に立っている。

（91）前掲『終戦史録』五八六、五九八頁。

（92）前掲「終戦時の記録・池田」。

（93）前掲『大本営陸軍部（一〇）』四二四、四四九頁。

（94）寺崎英成、マリコ・テラサキ・ミラー編著『昭和天皇独白録　寺崎英成・御用掛日記』（文芸春秋、一九九一年）一二五頁。近年、東条英機の終戦直前の手記が公開されたことで、ポツダム宣言のいう戦争犯罪人の処罰が戦争法規違反者だけではなく、軍事指導者を含むと日本側で想定していたことが明らかとなった。東条は、八月一四日の時点で、「犯罪責任者として政府が何れ捕へに来るべし」と考えていた（日暮吉延「東京裁判と日本の対応」『軍事史学』四四巻三号、二〇〇八年、五—六頁、半藤一利・保阪正康・井上亮『「東京裁判」を読む』日本経済新聞出版社、二〇〇九年、四〇六頁）。当時、陸軍省軍務課長であった永井八津次も「仮に無条件降伏したら、まず、陛下がどうなるか。これが一番大きな問題でした。極端にいえば、陛下がしばり首になるかもしれない。「それでも、お前たちは無条件降伏をするのか」といわれるのが、一番痛かった」と回想する（前掲『昭和史の天皇』七巻、三二一—三二三頁）。戦争終結の理論的枠組みからいっても、軍事・政治指導者の処罰は、戦争の長期化につながりやすい。この点については、下記の研究を参照されたい。Hein Goemans, *War and Punishment: The Causes of War Termination and the First World War* (Princeton, NJ: Princeton University Press, 2000).

（95）前掲『終戦史録』六〇一—六〇五、六一七頁。

（96）前掲『終戦史録』六一〇—六一四頁。

（97）前掲『高木惣吉　日記と情報』下巻、九〇九、九二四、九二六—九二七頁。池田純久『日本の曲り角』（千城出版、一九六八年）一七四頁。八月九日には、近衛文麿はソ連参戦を「天佑」としている。おそらく、政治指導者の間で天佑論議がされた可能性が高い。近衛の娘婿の細川護貞の日記には「十一時半荻窪に公を訪ねたる所、夫人と昼食中なりしも、ソ連参戦のことを聞き（陸軍を抑へるには）「天佑であるかも知れん」とて、直に用意し、余も同車して宮中に木戸内大臣を訪問す」とある（細川護貞『細川日記』中央公論社、一九七八年、四二〇頁）。

(98) 前掲『GHQ歴史課陳述録　終戦史資料』七三九頁。参謀本部作戦課長天野正一少将の回想。天野課長は「原子バク弾もソ連参戦も必勝の信念に何等影響なし」と回想している（同書、七四三頁）。

(99) 岩間敏『石油で読み解く「完敗の太平洋戦争」』（朝日新聞社、二〇〇七年）によれば、一九四五年七月の日本の石油在庫量は四八万キロリットルで、戦争三年目の約一ヶ月分前後にすぎず、一九四五年一一月から一二月頃までには、完全に枯渇していたという（一八八頁）。

(100) 前掲『終戦史録』六二四頁、前掲『黙殺』下巻、二四五―二六五頁。

(101) 前掲『終戦史録』六三〇―六四七頁。

(102) 一ノ瀬俊也『宣伝謀略ビラで読む、日中・太平洋戦争』（柏書房、二〇〇八年）二三〇頁。

(103) 平和博物館を創る会編『紙の戦争・伝単』（エミール社、一九九〇年）一三九頁。

(104) 前掲『八月十五日の空』七四―七六頁。さらに八月一二日、米軍は落下傘のついた焼夷弾を熊本に投下、「新型爆弾を恐れる心の機微を巧に利用」（『朝日新聞』一九四五年八月一四日）したのである。

(105) 日本の軍事・政治指導者の多くは条件論者であったが、「無条件降伏」の「条件」が極度に低下すると、条件論をこえた形での主張がみられるようになる。それは戦争目的の大義名分とも関係し、「条件」の問題は、戦争と平和、死と生の美意識の問題へと徐々に移行するように思われる。「玉砕」「聖戦」「堪ヘ難キヲ堪ヘ」「いかになろうとも」といった言葉は、必ずしも政治史的文脈・理論的枠組みだけでは把握できないだろう。

(106) 前掲『最高戦争指導会議に関する綴（其の二）』。

(107) 前掲『機密戦争日誌』下巻、七五七―七五八頁。

(108) 前掲『終戦史録』七二九頁、前掲『機密戦争日誌』下巻、七五八頁。

(109) 中谷武世『戦時議会史』（民族と政治社、一九七四年）四九六―四九七頁。護国同志会と大日本政治会の関係については、古川隆久『昭和戦中期の議会と行政』（吉川弘文館、二〇〇五年）が最も詳しい。第一回御前会議の後、大日本政治会の南次郎総裁は、鈴木首相と面会し、「私は信じない。外交の手段では信じない。笠《ママ》にかかってくれば、戦勝者の意気込みと立場において外交上まとまるまい。まとまらないときは覚悟はあるのか」と連合国への不信を述べている（美山要蔵著、甲斐克彦編『廃墟の昭和から』光人社、一九八九年、一七頁）。

(110) 八月一二日に昭和天皇の態度が揺れたことについては、山田朗・纐纈厚『遅すぎた聖断——昭和天皇の戦争指導と戦争責任』（昭和出版、一九九一年）などの先行研究ですでに指摘されている。本書は、昭和天皇は、保障占領には不安を抱いていたが、本土決戦への不安はそれを上回ったという立場に立っている。

(111) 前掲『終戦史録』六五四頁。この時期の平沼の態度は明確ではない。滝口剛「平沼騏一郎と太平洋戦争——対外態度における二重性を中心に」（『阪大法学』一五九号、一九九一年）は、「平沼の国内治安重視と国体の絶対的擁護の姿勢がこの二重性をもたらした」と解釈する（二一四頁）。

(112) 前掲『木戸幸一関係文書』一三五頁、前掲『徳川義寛終戦日記』二六一頁。戦後の回想ということもあり、解釈がわかれるところであろう。本書は、後述の三笠宮の発言から、この日の昭和天皇は、何らかの覚悟表明を行ったと推定している。一九七六年一〇月二七日、高松宮は日記に、「児島襄『天皇』ニ終戦決定ノ際天皇ハ「たとえ連合国が天皇統治を認めて来ても、人民が離反したのではしやうがない。人民の自由意志によって決めてもらって、少しも差支へないと思ふ」ト木戸内大臣ニ述ベラレタ、トアル。ソノ理由ガ誤ラレ易イ、天皇ガ人民ノ自由意志デ決メテモラッテヨイトイフ言葉ハ、恐ラク理由ヲ考ヘレバアノ危機ヲ突破スルタメノ決定ヲ促スコトニアッタカラデアラウ」と書いている（前掲『高松宮宣仁親王』五九八頁）。

(113) 藤樫準二『天皇とともに五十年』（毎日新聞社、一九七七年）六五頁、『朝日新聞』一九四六年八月一五日、原武史『昭和天皇』（岩波書店、二〇〇八年）一五八頁。

(114) 前掲『昭和天皇独白録』一二九頁、前掲『機密戦争日誌』下巻、七五八頁、東久邇稔彦『東久邇日記』（徳間書店、一九六八年）二〇一頁。

(115) 前掲『一死、大罪を謝す』一九九頁、前掲『終戦史録』六六五頁、防衛省防衛研究所所蔵『美山要蔵日記』（中央・終戦

処理・五一）二六三頁、前掲『機密戦争日誌』下巻、七五九頁。防衛省防衛研究所所蔵『河辺正三日記』（中央・作戦指導日記・五六八―二）では、「（五月以来）今ニ至リテ状況ノ愈愈非ナル現実ヲ前ニシテ之ニ加工セントス」となっており、前掲『廃墟の昭和から』では、「軍は大御心と反する方向に進んでいる。大御心はさらに広いのである。陛下は聖なる立場より進んでおられる。この大御心あれば国体も護持できる。兵力で護持できるか。この至誠に感動すれば護持できるのである。この大御心を体現することにより、国運は再興できるであろう。もし敵が皇室を壊そうとするなら、それは正義のために壊されるのだという固き御決意である」となっている（二一頁）。美山大佐は、荒尾軍事課長と陸士同期であったが、クーデターへは加担していない（伊藤智永『奇をてらわず――陸軍省高級副官美山要蔵の昭和』講談社、二〇〇九年、一二七頁）。

（116）前掲『機密戦争日誌』下巻、七五八頁。よく知られていることだが、三笠宮は、天皇の意を体して「対支新政策」の徹底を要望するなどしていた。一九四四年一月五日の南京の支那派遣軍総司令部での講演では、「所謂対華新方針ノ最モ有難キ点ハ何処ニ在リヤ」、「現在日本人特ニ軍人ニ欠如シテヰルモノハ「内省」ト「謙譲」トデアル。「新聞」「ラヂオ」ハ日本人ノ悪イコトハ言ハナイシ又相手ノヨイコトハ言ハナイ」、「中共ノ男女関係ハ極メテ厳重デ強姦等ハ絶無ニ等シイ。対民衆軍紀モ極メテ厳正デアッテ日本軍ノ比デハナイ。之ニ反シ日本軍占領地所謂治安地区ト称スル或ル地方デハ農民ハ雑穀ガ実ッテモ刈入レモセズ草ヤ木ノ実ヲ集メテ居ル。何故カト言ヘバ雑穀ハドウセ皆取ラレ結局自分等ノ食ベルモノハ草ヤ木ノ実デアルカラ先ヅ之ヲ集メテヰルノデアル」と陸軍の反省を求めた（防衛省防衛研究所所蔵『若杉参謀挨拶要旨』支那・大東亜戦・上海南京・二三、前掲『終戦工作の記録』上巻、七四―八五頁、柴田紳一『昭和期の皇室と政治外交』原書房、一九九五年、一三八―一四七頁）。

（117）外務省外交史料館所蔵『ポツダム宣言受諾関係一件』（マイクロフィルムA一―一三、五二一―五三）、前掲『終戦史録』六七二―六七三頁。他方、陸軍省軍事課が作成した「米国務長官ノ対日回答特ニ天皇問題ニ就テノ米紙ノ社説（昭和二〇年八月一四日）」では、次のような文章が掲げられた。

天皇ノ御名ニ於イテ日本軍隊ハ残虐行為ヲ行ヒ、且天皇ヲ世界支配者タラシムベク聖戦ヲ遂行セシ故ナリ。天皇ノ御稜威トシテ行ハレタル総テノ事態ガ屈辱的崩壊ヲ遂ゲタル後迄尚天皇制度ガ残存シウルトセバ日本臣民ノミ之ガ連合国ヨリ責任ヲ問ハルルコトトナルベシ。反対ニ天皇ガ戦争終了ヲ早メ連合国軍人ノ生命ヲ救済スル道具トシテ使ハルルナラバ（即降伏期間中ノミ方便トシテ存位セシメルナラ・・・［軍事課］訳者註）天皇ハ恰好ニモ自ラ犯セル戦争ノ全罪禍ヲ償ハルルモノナリ。

この社説は、天皇と「残虐行為」、「責任」について述べており、その論調は「皇室ハ廃止セラルベシトノ露骨ナルモノ」と受け取られた。「降伏期間中ノミ方便トシテ存位」が米国の真意であると感じられたのである。軍務課の山田成利大佐は、この印刷物を閣議中の阿南陸相に届けたが、迫水書記官長は閣議中に配布しなかったようである（前掲『広島特殊爆弾調査史料』、前掲『機密戦争日誌』下巻、七五九頁）。また、八月一二日には、スイス公使館附武官から参謀次長宛に「情報報十一日」（八月一二日一八時二〇分受付、一三日零時五〇分提出）として次のような内容の電報が届いた（前掲『大本営陸軍部（一〇）』四八九頁、前掲『暗闘』四〇八頁、前掲『連合国との折衝関係事項』）。

一、天皇御位置ニ関スル各国ノ反響左ノ如シ

（1）華府「ヒイテル」当局ハ慎重ニシテ意見未ダ開陳セザルモ消息筋ハ大ナル困難ナク受諾セラルルモノト考フ。如何トナレバ『ポツダム』宣言ニ於テ占領軍駐屯スルモ日本本土ノ処分ニハ手ヲ触レザルコト規定アルヲ以テナリトノ意見ナリ。華府官憲筋ノ意見区々ナルモ一般ニ天皇ハ軍部ノ計画ニ参与セラレアラズ。且民主的日本ノ実現ニハ天皇ノ御存在ハ障碍ナラズ。

（2）倫敦「ロイテル」前駐日大使「クレーギー」ハ新聞記者ニ対シ現在米国ガ特ニ国内混乱ヲ避ケントセバ皇室維持必要ナリ。法律上天皇ハ責任ヲ有スルモ残忍行為ニ対シテ個人的責任アリト見ルヲ得ズ。「クレーギー」個人ノ意見ニ依レバ天皇ハ戦争ニ御反対ナリシガ軍ガ政治ヲ牛耳リタル為之ニ応ゼザルヲ得ザリシナリ。天皇再立云々スルハ賢明ナル策ニアラズ

（3）倫敦「ロイテル」「タイムズ」ハ日本人ハ汚名ヲ受ケル程ナレバ尚戦争ヲ続ケタル方良シ、縦ヒ現下官僚軍協同ヲ消失《〔ママ〕》スルモ皇位ヲ繞リ盲目熱狂的忠誠ハ衰ヘザルベシ。此処ニ際限ナキ日本侵略主義ノ源泉アリ。皇位ハ欧州ニ於ケル王室ノ如ク単ニ憲法的之ガ変更ハナキナリ。

（4）倫敦「ロイテル」重慶ニ於テハ皇室ハ日本「ファシズム」鼓舞ノ源泉ナリトノ意見固ク米国及「ソ」連内ニモ反対分子アリ。

（5）倫敦「デーリー、エクスプレス」天皇ノミ全日本軍ニ対スル武器抛棄ヲ命ズルヲ得ルナリ。天皇ノミ克ク国内ノ治安維持ヲ為シ戦争ヲ終局ニ導キ得ルナリ。

二、重慶電ニ依レバ日本「ラジオ」ガ阿南陸軍大臣ノ降伏反対ヲ放送セリト「エービー」（終）

この電報は、当然、陸軍上層部も見ていたはずである。有馬哲夫『昭和史を動かしたアメリカ情報機関』（平凡社、二〇〇九年）は、この電報は「陸軍の岡本［清福、スイス駐在武官］かその部下が打ったものだということは明らかだ。そして、その情報のソースはダレスが与えたものか、グルーと戦時情報局が日本に降伏を促すために欧米メディアにリリースした情報としか考えられない」と推定する（一四八頁）。

(118) 前掲『終戦史録』六七三頁、前掲『日本のいちばん長い夏』七〇頁。岡本公使は、戦後、松本次官から次のように感謝されたという。「一九四五年八月十一日付米国国務長官バーンズ氏の名を以てした連合国側の回答は日本で非常に問題を起し、この回答では満足出来ないから更に問合せをやれとか、それが不可能なら戦争を継続すべきだとかいう論が非常に有力に行われた。その議論の最中貴公使から列国の右回答に対する反響を報告する電報が届いた。之に依って見ると私共の観測するように、更に問合せなどすれば、却って連合国側を硬化させ、結局和平交渉はブチ毀しになると云うことが私共によく判った。それで私共は強硬に反対派を押し切って、機を逸せず終戦に導くことが出来た」（前掲『GHQ歴史課陳述録　終戦史資料』上巻、三五八頁）。

(119) 外務省は、内閣書記官長の迫水久常にも、正式回答文が一三日に届くと説明していた（迫水久常『機関銃下の首相官邸』恒文社、一九六四年、二七九―二八〇頁）。実際には、一二日の午後六時四〇分に正式回答文は届いていたが、外務省は、政治的な配慮から、これを秘密にしていたのである。

(120) 前掲『豊田副武海軍大将日記摘録』。

(121) 前掲『機密戦争日誌』七五七頁。日付は八月一二日だが、前掲『大本営陸軍部（一〇）』も指摘するように上奏日には疑問がある（四七八頁）。前掲『徳川義寛終戦日記』の記述などから八月一三日と推定される。前掲『日本のいちばん長い日』も一三日としている（三四頁）。なお、憲兵司令部の大越兼二大佐も、鈴木首相から「いや、確証が、いや確心《ママ》があるのじゃ」という言葉を聞いている（前掲『終戦史録』六九三頁）。戦後、木戸内大臣は、この点について「私は今迄耳にしたことはない。又元来陛下は非常に語彙（ボキャブラリー）の少い御方で」とした上で、「その確証という御言葉の中には二つの意味があったのではないか。その一つは陛下は非常に純粋なお考えのお方で何でも素直に御解釈にならせられるのであるが、このバーンズ回答についても只管素直におとりになられた為何等の悪意をも御感じになられなかったことであろう。又他の一つはこれは正反対のような見方であるが、陛下には今や日本の敗色は確実決定的であり、今和を結ばなければ日本は滅亡すると確信しておられたのでそのことを含みとして申されたのではないか」と述べている（防衛省防衛研究所所蔵『木戸元内府の終戦に関する回想』中央・作戦指導回想手記・一九九）。

(122) 中尾裕次編『昭和天皇発言記録集成』下巻（芙蓉書房出版、二〇〇三年）三九六頁、前掲『豊田副武海軍大将日記摘録』。前者の出典は「尾形健一大佐日記」。陸海軍は、本土決戦に備えて航空機を温存していたが、ソ連参戦以降、兵力温存から積極作戦へと転換していた。八月一一日に出された大海令第四四号では、「海軍総司令官ハ決号作戦兵力ノ温存ヲ顧慮スルコトナク主敵米ニ対スル作戦ヲ強化シ好機ニ投ジ敵機動部隊ノ撃滅ニ努ムベシ」とされた（末国正雄・秦郁彦監修『連合艦隊海空戦戦闘詳報』アテネ書房、一九九六年、三七七頁）。

(123) 前掲『東郷茂徳外交手記』三六七頁。

(124) 前掲「終戦時の記録・池田」。

(125) 前掲「終戦時の記録・池田」。

(126) 前掲『終戦記』一四二頁。

(127) 「国体護持」の解釈の問題については、前掲『暗闘』を参照されたい。

(128) 東郷茂徳「終戦外交」（『改造』三一巻一一号、一九五〇年）一四二頁。もっとも、東郷の終戦直後の草稿には、この大西発言はなく、東郷が雑誌掲載にあたり徹底抗戦論を誇張したのかどうかもよくわからない（前掲「終戦に際して」）。元外相東郷茂徳記念館所蔵『八月九日ヨリ八月一五日ニ亘ル大臣動静』では、「八、五〇―一一、〇〇　両総長ト懇談（大西次長来ル）」とある。前掲『宮崎周一中将日誌』は、「席上ニ大西海軍中将ガ臨ミ高松宮殿下ノ意向ヲ述べ必勝ノ作戦計画ヲ策定スベシト述ブト」（八月一三日）と記述している（一九九頁）。

(129) 前掲『終戦史録』六七五頁。

(130) 前掲『昭和天皇独白録』一三三頁。

(131) 前掲『機密戦争日誌』下巻、七六〇―七六一頁。

(132) 前掲『大本営陸軍部（一〇）』五〇四―五〇五頁、畑俊六著、小宮山登編『巣鴨日記』（日本文化連合会、一九九七年）二四七―二四八頁。

(133) 前掲『大本営陸軍部（一〇）』五〇五頁、前掲『昭和天皇独白録』一三〇、一三三頁。

(134) 前掲「終戦時の記録・池田」。前掲『日本の曲り角』も「連合国の回答文を見ると、文面からは、連合国側に悪意があるとは考えられない。私もこれについては多少の不安を感ずる」となっている（一九八頁）。

(135) 前掲『宮崎周一中将日誌』一九九―二〇〇頁、防衛省防衛研究所所蔵『井上忠男備忘録』（中央・作戦指導日記・二二四）。元帥会議での発言は「敵側もこれを確約しあり」と伝えられている（前掲『巣鴨日記』二四七―二四八頁）。防衛省防衛研究所所蔵『真田穣一郎少将日記』三九巻（中央・作戦指導日誌・八四）には、「陛下ハ確約シテヲルト御仰ル」「皇室ノ尊厳ニツイテノ確約」（二五頁）という記述がある。当時第二総軍参謀副長であった真田は上司の畑俊六元帥（第二総軍司令官）から元帥会議の模様を聞いたものと考えられる。防衛省防衛研究所所蔵『高嶋日記（附）終戦前後ニ亘ル重要事項摘記』（中央・作戦指導日記・五五四）には次のような記述がある。「8月15日午後7時鈴木首相放送「天皇陛下の統治大権に変更なきことを確信致したので」ト。然ルニ後日ノ談話デハ「保障を得たのではない」「言質を敢て得ようとは思はなかった」」。陸軍大臣、参謀総長から関東軍総司令官、支那派遣軍総司令官、第二総軍司令官に宛てた電報の中でも「右条件ノ確約ガ多少ニテモ疑義アルニ於テハ帝国ハ断乎戦争目的ノ達成ニ邁進スヘキコト勿論ナリ」とある（前掲『大本営陸軍部（一〇）』四六七頁）。

(136) 他方、終戦直後、『朝日新聞』（一九四五年八月一五日）は、「朕の一身は如何にあらうともこれ以上国が焦土と化し国民が戦火に斃れるのを見るに忍びないとの畏き御言葉を賜はつたと洩れ承はる」と報じ、『読売新聞』（一九四五年八月一五日）も、「たとへ朕の一身は如何にならうともこれ以上民草の戦火に斃れるを見るに忍びない」という発言を「洩れ承」ったといい、『毎日新聞』（一九四五年八月一五日）も、「洩れ承る所によれば」として、「朕の一身は如何にあらうとこれ以上国民が戦火に斃れることは忍び難い」と報じている。

(137)　この点については、野田市郷土博物館『平成一五年度特別展示展図録、鈴木貫太郎内閣の一三三日』(野田市郷土博物館、二〇〇三年)、拙稿「昭和二〇年八月一四日の御前会議における昭和天皇発言について」(『東京大学日本史学研究室紀要』九号、二〇〇五年)、古川隆久「昭和天皇の「聖断」発言と「終戦の詔書」」(『日本大学文理学部人文科学研究所」研究紀要』七八号、二〇〇九年)を参照。古川論文により、ほぼ実証された感がある。

(138)　前掲『機密戦争日誌』七六六頁。阿南陸相の剣友であった小林四男治副官は、ポツダム宣言の前後に、剣道場の風呂場で「条件次第だね」という阿南の言葉を聞いており、変節とは感じなかったという(前掲『昭和史の天皇』七巻、三一四―三一五頁)。阿南陸相と井田中佐の相違は、両者の戦争目的の相違に求めることができるだろう。前者が国体護持を最大限追求したのに対し、後者は「大東亜共栄圏の建設」・「自存自衛」の枠組みの中での戦争終結を考えており、既に述べたように、その背後には、「現実的な国体の消滅はあっても、天皇陛下の自主的な思召であれば、却って日本の国体は永久に生きる」という国体観があった(西内雅・岩田正孝『大東亜戦争の始末』錦正社、一九八二年、三一二頁)。

(139)　前掲『大東亜戦争の始末』一九二頁。同書は、「確証」ではなく、「確信」が正しいとし、「確証」であれば、「朕の身はどのやうになってもよい」という発言と矛盾するという(一八〇頁)。他方、本書は、「いかになろうとも」発言が実際に行われた可能性は低く、かつ、岡本電報を根拠に「確証」と述べた可能性もあるという立場に立っている。

(140)　前掲『終戦史録』七二七―七三六頁。八月一五日、鈴木首相私邸は、佐々木武雄大尉を中心とする「国民神風隊」に襲撃され、炎に包まれた。鈴木首相は間一髪のところで襲撃を逃れた。

(141)　茶園義男『密室の終戦詔勅』(雄松堂出版、一九八九年)三、一一七―一一八、一四三、一九四頁、前掲『昭和史の天皇』三〇巻、三九四頁、『朝日新聞』一九四五年八月一一日、一五日。『読売新聞』には「全人類の敵〝原子爆弾〟」という見出しがある(一九四五年八月一三日)。終戦の詔書の原案では「敵国ノ人道ヲ無視セル爆撃ノ日ニ月ニ苛烈ヲ極メ」などとなっていた部分が、実際の詔書では「加之敵ハ新ニ残虐ナル爆弾ヲ使用シテ頻ニ無辜ヲ殺傷シ惨害ノ及フ所真ニ測ルヘカラザルニ至ル」となった。前者は数ヶ月間にわたる無差別爆撃のこととも受け取れるが、後者は明らかに原子爆弾のことであろう。一方、原爆が言及されたことによって、急遽修正された部分もある。八月一四日の閣議の原案第二案では「是レ朕ガ先ニ帝国政府ヲシテ第三国ノ斡旋ヲ求メシメテ不幸其ノ容ルル所トナラズ、遂ニ各国共同宣言ニ応ゼシムルニ至レル所以ナリ」となっていたが、清書の直前でこの対ソ外交の部分は削られた。そのため、清書をした人物は「是レ朕ガ先ニ帝国政府ヲシテ共同宣言ニ応セシムルニ至レル所以ナリ」と書き損じてしまったようである。現在、終戦詔書の正式文書には、「先ニ」の二文字を削ったと思われる跡が残されている。詔書作成過程については石渡隆之「終戦の詔書成立過程」(『北の丸』二八号、一九九六年)が詳しい。

(142) 参謀本部運輸課長の二神力大佐の日記にも、「帝国陸軍ニ対スル聖上ノ御信頼ハナシ」(防衛省防衛研究所所蔵『二神大佐日記』中央・作戦指導日記・二七一)という記述がある。戦争終結と信頼問題の理論的枠組みについては、次の文献を参照されたい。Dan Reiter, *How Wars End* (Princeton, NJ: Princeton University Press, 2009).

(143) 前掲『終戦記』一五一頁、前掲『東郷茂徳外交手記』三六〇頁。

(144) 前掲『承詔必謹——陸軍ハ飽マデ御聖断ニ従テ行動ス』一七〇、一七八—一八〇頁。

(145) サンケイ新聞出版局編『証言記録　太平洋戦争—終戦への決断』(サンケイ新聞出版局、一九七五年)一七六頁。終戦直後、下村海南も「終戦デハ私共モ日本人ニ殺サレルト考ヘタ。混乱ガ少ナカッタノハ原子弾ノオ蔭ダ。阿南陸相モ自分ガ自刃スレバ陸軍ガオサマルト考ヘタノモ原子弾ノオ蔭」と語っている(前掲『高嶋日記』八二巻)。

(146) 伊藤隆・広橋真光・片島紀男編『東条内閣総理大臣機密記録』(東京大学出版会、一九九〇年)五五九頁。

(147) 『毎日新聞』一九四五年八月二四日。航空兵器総局長官の遠藤中将は、海軍の大西中将とともにポツダム宣言の受諾に反対していた。八月一二日、遠藤中将は、連合国回答文に対して「外国語ノ如キ又英米ノ国際信義ノ如キ信頼スルニ足ラズ。信頼シ得ルハ自分ノ力ノミ」と不信感を抱き、八月一五日には、梅津総長に対し「日本軍隊軍人ニハ降伏ナキ」と進言した。返答に窮した梅津総長は「今回受諾セルハ降伏ト解セズ、分ノ悪キ停戦協定ナリ」と強弁している(狭山市立博物館所蔵『遠藤三郎日誌　昭和二〇年』)。

(148) 竹下正彦「平泉史学と陸軍」(『軍事史学』一七号、一九六九年)一一四—一一五頁。

結　論

本書は、戦争末期の政治史を、和戦をめぐる「終戦派」と「継戦派」の対立といった図式ではなく、むしろ逆に、いわゆる「終戦派」がなぜ継戦を支持し、「継戦派」がなぜ終戦に同意したのか、その論理と変化の諸要因を明らかにした。終戦論から継戦論が生まれ、継戦論から終戦論が生まれるところに、戦争の複雑さと機微がある。終戦にしろ、継戦にしろ、当事者にとっては苦渋の決断であった。また、戦局は絶望的だが無条件降伏は回避したいという矛盾した要求は、まず国内経済を崩壊させ、次で国内政治に波及して東条内閣を総辞職に追い込み、転じて、外交・軍事面において起死回生の危険な賭けを選択させ、最後に選択肢がなくなると、日米間の降伏条件の解釈の狭間と明治憲法体制の制度の隙間の中に解体・解消されていった。

以上を前提にして本書の分析によって明らかになったことをまとめておく。

第一に、日本が、ポツダム宣言を受諾した理由を簡潔に言い表す必要があるとするならば、時間が敵にまわったからと表現したい。すなわち、「無条件降伏」の「条件」がぎりぎりのラインで受け容れられるものであり、かつ、その「条件」が軍事・外交・経済的要因によって時間とともに対外的・対内的に悪化すると考えられ、かつ、継戦コストの無制限な増大には日本の方が先に耐えられないと考えられたからである。そして、日本は、かろうじて、国家としての意思決定をすることに成功した。日本には時間の経過とともに失うものがあった。それは、昭和天皇にとっては国体と国民の生命であり、海相や外相にとっては「無条件降伏」の「条件」であり、近衛文麿にとっては国体に好意的な「世論」であっただろう。また、陸軍上層部にとっても、米軍の本土上陸作戦の第一波を撃退する自信があったが、第二波以降には自信がなく、ソ連が参戦した以上、軍事的勝算を主張することはできず、その主張は、「降伏」(停戦)の「条件」の問題へと後退した。陸軍上層部も、本土決戦後に外交交渉を行いたいと考えていたが、対ソ戦に勝算がない以上、国体が保障されるという前提があるのであれば、「国体」を賭けてまで、戦争を継続することには躊躇したのである。

逆にいえば、戦争を継続しようとする理由は、降伏の「条件」が受け容れられないものであるか、時間の経過とともにより良い条件が得られるか、あるいは、継戦コストの無制限な増大には敵国の方が先に耐えられないと考えるからである。陸軍部内には、一条件論(国体護持)は受け容れられないという四条件論(国体護持・自主的武装解除・自主的戦犯処罰・保障占領拒否)、決戦後の方が有利な条件を得られるという決戦後交渉論、ソ連の仲介によってより有利な条件が得られるというソ連仲介論、内陸部に立て籠もって米国の戦意喪失をねらう徹底抗戦論があった。仮に、米国が国体を否定していれば、時間が経過してもそれ以上悪い条件にはならないため、昭和天皇ですら、戦争継続を支持したものと考えられる。実際、昭和天皇は、七月三一日、内大臣の木戸幸一に対し、「伊勢と熱田の神器は結局自分の身近に御移して御守りするのが一番よい」として、「万一の場合には自分が御守りして運命を共にする外ない」と最悪の場合の覚悟を述べており、八月一二日の皇族会議においても、昭和天皇は国体が護持できなければ戦争を継続すると述べたという(1)。また、仮に、米国ではなくソ連が日本に対して好意的な条件を提示していれば、あるいは、違った形での戦争終結が実現していたかもしれない。

「無条件降伏」には降伏の「条件」はないという反論も考えられる。あの降伏が無条件降伏であったのかどうかは議論のあるところである(2)。だが、日本側の多くは有条件降伏、米国側の多くは無条件降伏と考えていたことは事実であって、「無条件降伏」の「条件」の解釈に幅を持たせることで「終戦」が実現したといえる。また、同時に、「条件」の問題には、常に交渉相手国に対する信頼感の有無の問題がつきまとった。昭和天皇の考え方の根底には、「先方は相当好意を持って居る」という米国への信頼感が存在していた。(3) 他方、米国に不信感を抱いていた東条英機は、武装解除後は、条件そのものが「空文」になるとして、武装解除に反対していたのである。(4)

第二に、戦争末期に限っていえば、昭和天皇の意向は、陸海軍が分裂した場合に政治の流れを左右し、かつ、陸海軍の内部に上下の対立を引き起こすことがあった。四巨頭（陸相、海相、参謀総長、軍令部総長）の間で対立が生じた場合、この対立を解決できるのは昭和天皇だけであり、望む、望まないにかかわらず、昭和天皇の意向はこのバランスに影響を与えた。戦局が極度に悪化する中で、昭和天皇は、敗戦責任が宮中に転嫁されることを回避しつつ、同時に、政治的公平性を確保した形でのぎりぎりの政治指導をせまられた。また、昭和天皇の意向が陸海軍の佐官級に十分に伝わらなかった場合、いわゆる下剋上をまねき、軍上層部は天皇と軍内部との間に挟まれて、苦しい政治的立場におかれた。

第三に、日本降伏に果たした軍事的圧力には、沖縄陥落（米軍の本土上陸作戦準備）、ソ連参戦、原爆投下があり、降伏の条件や時期の問題に影響を与えた。条件の問題でいえば、昭和天皇は沖縄陥落により複数条件論から一条件～「無条件」論まで後退し、陸軍上層部はソ連参戦により日露～日清戦争前復帰論から四条件～「一条件」論まで後退し、海軍は原爆投下・ソ連参戦により四条件～一条件論から「一条件」論まで後退した。また、時期の問題でいえば、昭和天皇は沖縄陥落により好機交渉論から本土決戦前交渉論となり、陸軍はソ連参戦により本土決戦後交渉論から交渉容認論となり、海軍は六月二二日秘密御前会議により早期交渉論となり、原爆投下・ソ連参戦によって即時交渉論となった。なお、ソ連を仲介として外交交渉を行うという点については、陸海軍は一致しており、昭和天皇も近衛文麿もこの路線に同意していた。

本書も、先行研究と同様に、原爆投下という軍事的外圧がなかった場合の「仮定の事実」について考察しておこう。

外交上は米国の対日条件が一定であると仮定した場合、米軍の本土上陸予定日である一一月一日までに戦争は終わっていただろうか。経済的限度でいえば、航空用ガソリンの保有量は、六月の御前会議で報告されていたように、海軍は八月まで、陸軍は九月までであった。昭和天皇は、終戦直後の一二月一一日、「日米戦争は油で始まり油で終つた」と述べている[5]。軍事的には、ソ連参戦直後に陸相阿南惟幾が「満州方面は二ないし三ヵ月の抵抗力あらんも、結局玉砕するであろう」と述べているように、関東軍は一〇月上旬から一一月上旬までには壊滅したであろう[6]。政治的には、本土決戦を回避しようとしていた昭和天皇は、米軍の本土上陸前までには「聖断」の切り札を出したはずである。そして、この点について、天皇と陸海軍の力関係をどのように考えるのかという立場の相違によって、次のように結論が異なってくるだろう。第一の立場は、降伏の決定には「聖断」だけで十分であり、陸海軍の反対は天皇の権威によって押し切れたとする立場である。この立場に立てば、昭和天皇が早期交渉論・一条件～「無条件」論であるかぎりにおいて、原爆投下は大局に影響を与えたとはいえず、かなり早い段階で確実に戦争が終わっていたことになる。第二の立場は、降伏の決定には、「聖断」だけでは不十分で、海相や外相がこれに同調することが必要であったとする立場である。この立場に立てば、海相や外相は、米軍やソ連軍の本土上陸までには若干の時間的余裕があると考えており、その分、連合国との外交交渉に、より時間をかけたものと思われる。ただし、海相も外相も、本土決戦にはきわめて否定的であったので、本土決戦前までには御前会議が開催され、陸軍の反対を押し切って、「一条件」で降伏していただろう。第三の立場は、降伏の決定には「聖断」だけでは不十分で、政府・統帥部双方の同意が必要であったとする立場である。この立場に立てば、日本が降伏する確率は、次の二点において低下し、その後は時間の経過とともに確率が高くなる。第一点は、外交交渉に若干の時間的余裕が生じるため、陸軍が国体護持の再照会を主張して譲らない可能性である。原爆投下の影響がない分、外交交渉にかける時間についてはより強硬な主張ができた。第二点は、クーデターの計画に時間的余裕を与えた可能性である。原爆投下の影響がない分、クーデター派はより多くの時間を政治的根回しに費やすことができたはずである。ただし、ソ連が参戦している以上、陸軍の継戦論は、軍事的勝算を全面的に掲げたものではなく、戦争終結の時期や条件の問題を理由に継戦を主張するものであったはずであり、「無条件降伏」の緩和の程度が政治的争点となったはずである、という点を留保しておく。

以上の分析が正しいとするならば、軍事力によって軍事指導者を説得するには限界があると結論づけられる。軍事的な勝敗の問題は、きわめて主観的な問題であり、日本の軍事指導者に軍事的敗北を認めさせることは困難であった。また、軍事的敗北により講和条件が低下し、無条件降伏にきわめて近い極限のラインにまで近づくと、今度は降伏の時期（タイミング）の問題が生じる。「無条件降伏ならいつでもできる」ために、決定が先延ばしにされるのである。さらに、権力が分立していた日本の政治制度は、外からの軍事的な衝撃を分散させる性質があった。軍事情報を独占する統帥部が内閣から独立していたために、軍事的衝撃の伝達にはタイム・ラグが生じ、かつ、軍事的勝利を追求する軍事政策を実現可能性のほとんどない外交政策・経済政策を前提として立案・実行することができた。しかも、陸海軍が対等の形で並立していたことは、陸海軍間の戦局認識を分裂させ、国内的な合意形成をより一層困難なものとしていたのである。

（1）木戸幸一『木戸幸一日記』下巻（東京大学出版会、一九六六年）一二二一頁、寺崎英成、マリコ・テラサキ・ミラー編著『昭和天皇独白録　寺崎英成・御用掛日記』（文芸春秋、一九九一年）一二九頁。

（2）この点については、五百旗頭真「「無条件降伏」とポツダム宣言」（『国際法外交雑誌』七九巻五号、一九八〇年）、豊下楢彦「比較占領史研究への一視角――「無条件降伏」の諸問題」（『［京都大学法学会］法学論叢』一一八巻四号、一九八六年）、粟屋憲太郎「日本敗戦は条件つき降伏か」（藤原彰・今井清一・宇野俊一・粟屋憲太郎編『日本近代史の虚像と実像』四巻、大月書店、一九八九年）、須釜幸男「政治と言葉――社会言語学的観点からの無条件降伏」（『聖徳大学言語文化研究所論叢』一三号、二〇〇五年）などを参照されたい。

(3)下村海南『終戦記』(鎌倉文庫、一九四八年)一五一頁。

(4)半藤一利・保阪正康・井上亮『「東京裁判」を読む』(日本経済新聞出版社、二〇〇九年)三九五―四〇六頁。八月一〇日、東条英機は、重臣会議において昭和天皇に対し、陸軍をサザエの殻にたとえ、「殻を失ひたるサゞエは、遂にその中味も死に至る」として、「武装解除が結局我国体の護持を、不可能ならしむる」と述べている(細川護貞『細川日記』中央公論社、一九七八年、四二四頁)。四条件論と一条件論の最大の相違は、自国の軍事力という自力によって国体護持を保障する必要が絶対にあると考えるかどうかであった。

(5)前掲『昭和天皇独白録』五四頁、木下道雄『側近日誌』(文芸春秋、一九九〇年)七四頁。

戦後、米国戦略爆撃調査団も同趣旨のことを述べている。航空自衛隊幹部学校訳編『米国戦略爆撃調査団報告　日本陸軍兵站に対する航空作戦の効果』(航空自衛隊幹部学校、一九六〇年)は、「燃料油は、日本の開戦主目標であったと同時に日本降服の主因でもあった」とする(一六八頁)。また、航空自衛隊幹部学校訳編『米国戦略爆撃調査団報告　日本人の士気に対する戦略爆撃の影響』(航空自衛隊幹部学校、一九五九年)も、「降伏に関する政略――一九四五年八月までには政略が基調となった――の見地からは、広島と長崎の原子爆弾は絶対必要ではなかった。日本の資源、軍事情勢、及び支配階級の政治運動について研究した結果、政府は原子爆弾の投下如何に拘らず、また露国の参戦如何に拘らず一一月一日以前に、もしくはその年の終りまでには確かに、降伏したものと調査団は判断する。実際の降伏期日と、あり得る降伏期日との間の一〇乃至一五週間には、沖縄を基地とする部隊に依つて強化されたマリアナ群島からの空襲は新たな高水準に達したであろう。その上、已に急速に低下しつつあつた士気は、多分引き続き完全な沮喪にまで達したであろう。原子爆弾は降伏を早めたのであるが、然しそれ自身主要な動機とはならなかつた。ともかく八月及び九月の益々烈しくなる爆撃、増大しつつある生産的並に経済的危機、及び衰退しつつある士気は、連立政府に於ける頑迷な軍国主義者の立場を弱め、完全に無秩序となり且つ不満を抱く一般民衆の脅威に直面して、保守的平和派の策動に緊急性を加えたであろう」とする(八―九頁)。三輪宗弘『太平洋戦争と石油』(日本経済評論社、二〇〇四年)によれば、一九四五年八月一五日の海軍の航空用ガソリンの保有量は、一万七〇〇〇キロリットルであった(一八三頁)。第三章でみたように、仮に、月一万五〇〇〇キロリットルの消費に制限したとしても、一〇月まで持たなかったであろう。したがって、一〇月以降の本土決戦論は、軍事的勝算があるから戦争を継続するという論理ではなく、降伏条件が受け容れられないから戦争を継続するという論理であったと推定できる。逆にいえば、陸海軍の本土水際決戦の軍事的勝算は、特攻機による米輸送船団への体当たり攻撃を前提として成り立っていた。

（6）池田純久『日本の曲り角――軍閥の悲劇と最後の御前会議』（千城出版、一九六八年）一七三頁。

参考文献

相澤淳『海軍の選択』（中央公論新社、二〇〇二年）

青木孝寿『松代大本営――歴史の証言』（新日本出版社、一九九二年）

赤木完爾『第二次世界大戦の政治と戦略』（慶応義塾大学出版会、一九九七年）

明石陽至「太平洋戦争末期における日本軍部の延安政権との和平模索――その背景」（『軍事史学』三一巻一・二号、一九九五年）

阿川弘之『高松宮と海軍』（中央公論社、一九九六年）

秋吉美也子『横から見た原爆投下作戦』（元就出版社、二〇〇六年）

浅井理恵子「せめぎ合うヒロシマの記憶」（『立教アメリカン・スタディーズ』二六号、二〇〇四年）

麻田貞雄「原爆投下の衝撃と降伏の決定」（細谷千博・入江昭・後藤乾一・波多野澄雄編『太平洋戦争の終結』柏書房、一九九七年）

麻田貞雄「「原爆外交説」批判」（『同志社法学』六〇巻六号、二〇〇九年）

浅野豊美「北ビルマ・雲南作戦と日中戦争」（波多野澄雄・戸部良一編『日中戦争の軍事的展開』慶応義塾大学出版会、二〇〇六年）

浅野豊美『帝国日本の植民地法制』（名古屋大学出版会、二〇〇八年）

安達宏昭「「決戦体制」下の「大東亜建設審議会」と鉱産資源開発」（『日本植民地研究』二一号、二〇〇九年）

雨宮昭一『戦時戦後体制論』（岩波書店、一九九七年）

荒井信一『原爆投下への道』（東京大学出版会、一九八五年）

荒川憲一「太平洋戦争と物資動員計画」（『軍事史学』三九巻一号、二〇〇三年）

有馬哲夫『昭和史を動かしたアメリカ情報機関』（平凡社、二〇〇九年）

有馬哲夫『アレン・ダレス――原爆・天皇制・終戦をめぐる暗闘』（講談社、二〇〇九年）

有馬学『帝国の昭和』（講談社、二〇〇二年）

粟屋憲太郎『現代史発掘』（大月書店、一九九六年）

粟屋憲太郎「日本敗戦は条件つき降伏か」（藤原彰・今井清一・宇野俊一・粟屋憲太郎編『日本近代史の虚像と実像』四巻、大月書店、一九八九年）

粟屋憲太郎『東京裁判への道』（講談社、二〇〇七年）

アンドルー・ゴードン（森谷文昭訳）『日本の２００年――徳川時代から現代まで』下巻（みすず書房、二〇〇六年）

イアン・カーショー（石田勇治訳）『ヒトラー　権力の本質』（白水社、一九九九年）

イアン・ニッシュ（関静雄訳）『戦間期の日本外交――パリ講和会議から大東亜会議まで』（ミネルヴァ書房、二〇〇四年）

井内智子「昭和初期における被服協会の活動」（『社会経済史学』七六巻一号、二〇一〇年）

家近亮子「蔣介石と日米開戦」（『東アジア近代史』一二号、二〇〇九年）

五百旗頭真『日本の近代6　戦争・占領・講和』（中央公論新社、二〇〇一年）

五百旗頭真・北岡伸一編『開戦と終戦――太平洋戦争の国際関係』（星雲社、一九九八年）

五百旗頭真編『日米関係史』（有斐閣、二〇〇八年）

五十嵐憲「海軍の情報活動」（鳥海靖・三谷博・西川誠・矢野信幸編『日本立憲政治の形成と変質』吉川弘文館、二〇〇五年）

五十嵐惠邦『敗戦の記憶――身体・文化・物語』（中央公論新社、二〇〇七年）

井口武夫『開戦神話』(中央公論新社、二〇〇八年)
井口治夫「ボナー・フェラーズと日米関係」(『アメリカ・カナダ研究』二〇号、二〇〇三年)
井口治夫「終戦――無条件降伏をめぐる論争」(筒井清忠編『解明・昭和史』朝日新聞出版、二〇一〇年)
池田順「一五年戦争期の国家意思決定機構」(『歴史評論』四七四号、一九八九年)
伊香俊哉「戦争の記憶の接触と変容」(平野健一郎編『日中戦争期の中国における社会・文化変容』東洋文庫、二〇〇七年)
石井明『中ソ関係史の研究』(東京大学出版会、一九九〇年)
石井克巳「絶対国防圏における陸海軍の協同・統合」(『陸戦研究』四五巻五二七号、一九九七年)
石黒亜維「カイロ会談における国際平和機構構想」(西村成雄編『中国外交と国連の成立』法律文化社、二〇〇四年)
石黒馨『インセンティブな国際政治学――戦争は合理的に選択される』(日本評論社、二〇一〇年)
石田憲『敗戦から憲法へ――日独伊憲法制定の比較政治史』(岩波書店、二〇〇九年)
石田淳「介入と撤退、平和構築の構想と幻想」(『国際問題』五六四号、二〇〇七年)
石津朋之・立川京一・道下徳成・塚本勝也編著『エア・パワー――その理論と実践』(芙蓉書房出版、二〇〇五年)
石突美香「亡命者リュシコフ――その人物像と一九三〇年代ソ連の内幕」(『明治大学大学院』政治学研究論集』一二号、二〇〇〇年)
市川浩・山崎正勝編『「戦争と科学」の諸相――原爆と科学者をめぐる2つのシンポジウムの記録』(丸善、二〇〇六年)
一ノ瀬俊也『宣伝謀略ビラで読む、日中・太平洋戦争』(柏書房、二〇〇八年)
伊藤信哉「米田實の対外認識」(『松山大学論集』二〇巻六号、二〇〇九年)
伊藤隆『昭和十年代史断章』(東京大学出版会、一九八一年)
伊藤隆『昭和期の政治』(山川出版社、一九八三年)
伊藤隆『日本の内と外』(中央公論新社、二〇〇一年)
伊藤智永『奇をてらわず――陸軍省高級副官美山要蔵の昭和』(講談社、二〇〇九年)
伊藤之雄・川田稔編『二〇世紀日本の天皇と君主制』(吉川弘文館、二〇〇四年)
伊藤之雄『昭和天皇と立憲君主制の崩壊』(名古屋大学出版会、二〇〇五年)
糸永新「米海軍の対日戦争指導」(『軍事史学』二七巻四号、一九九二年)
稲葉千晴「関東軍総司令部の終焉と居留民・抑留者問題」(『軍事史学』三一巻四号、一九九六年)
井上寿一『昭和史の逆説』(新潮社、二〇〇八年)
井上祐子『戦時グラフ雑誌の宣伝戦』(青弓社、二〇〇九年)
井上陽介「陸軍による海戦情報入手とその後の意志決定」(『東京大学日本史学研究室紀要』一四号、二〇一〇年)
今井貞夫著、高橋久志監修『幻の日中和平工作――軍人今井武夫の生涯』(中央公論事業出版、二〇〇七年)
入江昭『日米戦争』(中央公論社、一九七八年)
色川大吉編『敗戦から何を学んだか』(小学館、一九九五年)
岩間敏『石油で読み解く「完敗の太平洋戦争」』(朝日新聞社、二〇〇七年)
岩見隆夫『昭和の妖怪・岸信介』(朝日ソノラマ、一九九四年)
ウィリアム・クレイグ(浦松佐美太郎訳)『大日本帝国の崩壊』(河出書房、一九六八年)
植田麻記子「占領初期における芦田均の国際情勢認識」(『国際政治』一五一号、二〇〇八年)
植村和秀『丸山真男と平泉澄』(柏書房、二〇〇四年)
牛村圭『「勝者の裁き」に向き合って』(筑摩書房、二〇〇四年)
臼井勝美『日中戦争』(中央公論新社、二〇〇〇年)
江口圭一『十五年戦争小史』(青木書店、一九九一年)

衛藤瀋吉編『共生から敵対へ』（東方書店、二〇〇〇年）
NHK取材班編『一億玉砕への道』（角川書店、一九九四年）
NHK出版編『ヒロシマはどう記録されたか――NHKと中国新聞の原爆報道』（日本放送出版協会、二〇〇三年）
エヴァ・パワシュ＝ルトコフスカ、アンジェイ・タデウシュ・ロメル（柴理子訳）『日本・ポーランド関係史』（彩流社、二〇〇九年）
エレーナ・カタソノワ（白井久也監訳）『関東軍兵士はなぜシベリアに抑留されたか』（社会評論社、二〇〇四年）
小田部雄次『皇族』（中央公論新社、二〇〇九年）
大江志乃夫『御前会議――昭和天皇十五回の聖断』（中央公論社、一九九一年）
大木毅「「藤村工作」の起源に関する若干の考察」（『軍事史学』三一巻一・二号、一九九五年）
大久保文彦「陸軍三長官会議の権能と人事」（『史学雑誌』一〇三巻六号、一九九四年）
大澤武司「「人民の義憤」を超えて」（『軍事史学』四四巻三号、二〇〇八年）
大杉一雄『日中十五年戦争史』（中央公論社、一九九六年）
大西比呂志・栗田尚弥・小風秀雅『相模湾上陸作戦』（有隣堂、一九九五年）
大沼保昭『戦争責任論序説』（東京大学出版会、一九七五年）
大橋良介『京都学派と日本海軍』（PHP研究所、二〇〇一年）
大前信也『昭和戦前期の予算編成と政治』（木鐸社、二〇〇六年）
岡崎哲二「経済史から見た岸信介」（『現代思想』三五巻一号、二〇〇七年）
奥健太郎「翼賛選挙と翼賛政治体制協議会」（寺崎修・玉井清編『戦前日本の政治と市民意識』慶応義塾大学出版会、二〇〇五年）
奥住喜重・早乙女勝元『東京を爆撃せよ』（三省堂、一九九〇年）
梶浦篤「北方領土と琉球――第二次世界大戦における米国の戦略（一）」（『政治経済史学』四一三号、二〇〇一年）
合衆国戦略爆撃調査団（森祐二訳）『合衆国戦略爆撃調査団――日本人の戦意に与えた戦略爆撃の調査』（広島平和文化センター、一九八八年）
勝部元「原爆神話の形成」（『戦争と平和』第七号、一九九八年）
加藤公一「「スティルウェル事件」と重慶国民政府」（石島紀之・久保亨編『重慶国民政府史の研究』東京大学出版会、二〇〇四年）
加藤聖文『「大日本帝国」崩壊』（中央公論新社、二〇〇九年）
加藤拓「沖縄陸軍特攻における「生」への一考察」（『史苑』六八巻一号、二〇〇七年）
加藤哲郎『情報戦と現代史』（花伝社、二〇〇七年）
加藤陽子『満州事変から日中戦争へ』（岩波書店、二〇〇七年）
加藤陽子『戦争の論理』（勁草書房、二〇〇五年）
苅部直「歴史家の夢――平泉澄をめぐって」（『年報・近代日本研究』一八号、一九九六年）
川口暁弘「内大臣の基礎的研究――官制・原型・役割」（『日本史研究』四四二号、一九九九年）
川越重男『かくて、太平洋戦争は終わった』（PHP研究所、二〇〇五年）
川崎剛「同盟締結理論と近代日本外交――「脅威の均衡」論の検証」（『国際政治』一五四号、二〇〇九年）
川島真「日中戦争期における重慶発ラジオ放送とその内容」（『軍事史学』四三巻三・四号、二〇〇八年）
川島真・貴志俊彦編『資料で読む世界の8月15日』（山川出版社、二〇〇八年）
川島真・服部龍二編『東アジア国際政治史』（名古屋大学出版会、二〇〇七年）
河津幸英『アメリカ海兵隊の太平洋上陸作戦』（アリアドネ企画、二〇〇三年）
河西晃祐「外務省「大東亜共栄圏」構想の形成過程」（『歴史学研究』七九八号、二〇〇五年）
河西秀哉『「象徴天皇」の戦後史』（講談社、二〇一〇年）
河野仁『「玉砕」の軍隊、「生還」の軍隊』（講談社、二〇〇一年）

神崎豊「皇室における公職追放問題」（『一橋社会科学』三巻、二〇〇七年）
官田光史「「超非常時」の憲法と議会――戦時緊急措置法の成立過程」（『史学雑誌』一一六編四号、二〇〇七年）
菊田慎典「ガタルカナル作戦初動における大本営の情勢判断」（『軍事史学』二九巻三号、一九九三年）
菊池一隆『中国抗日軍事史』（有志社、二〇〇九年）
貴志俊彦・川島真・孫安石編『戦争・ラジオ・記憶』（勉誠出版、二〇〇六年）
北岡伸一『政党から軍部へ』（中央公論新社、一九九九年）
北山節郎『ピース・トーク――日米電波戦争』（ゆまに書房、一九九六年）
木畑洋一、小菅信子、フィリップ・トウル編『戦争の記憶と捕虜問題』（東京大学出版会、二〇〇三年）
金英淑「満州事変後の国際情勢と日ソ不可侵条約」（『日本歴史』六八一号、二〇〇五年）
共同通信社社会部『沈黙のファイル――「瀬島龍三」とは何だったのか』（新潮社、一九九九年）
楠綾子『吉田茂と安全保障政策の形成』（ミネルヴァ書房、二〇〇九年）
工藤美知尋『東条英機暗殺計画』（ＰＨＰ研究所、一九八六年）
工藤美知尋『日ソ中立条約の研究』（南窓社、一九八五年）
工藤美代子『われ巣鴨に出頭せず――近衛文麿と天皇』（日本経済新聞社、二〇〇六年）
熊本史雄「戦間期日本外交史研究の現状と課題」（『駒沢史学』六八号、二〇〇七年）
クリスティアン・Ｗ・シュパング（中田潤訳）「日独関係におけるカール・ハウスホーファーの学説と人脈」（『現代史研究』四六号、二〇〇〇年）
クリストファー・ソーン（市川洋一訳）『米英にとっての太平洋戦争』（草思社、一九九五年）
栗田直樹「小磯内閣期における緒方竹虎の言論政策」（『年報・近代日本研究』一二号、一九九〇年）
栗原健『天皇――昭和史覚書』（原書房、一九八五年）
栗原健・海野芳郎・馬場明『佐藤尚武の面目』（原書房、一九八一年）
黒沢文貴『大戦間期の日本陸軍』（みすず書房、二〇〇〇年）
黒沢良「内務官僚と二・二六事件後の政官関係」（『年報政治学』五一号、二〇〇〇年）
黒田康弘「空襲情報と疎開――膨大な犠牲者を出したのは何故か」（『季刊・戦争責任研究』六四号、二〇〇九年）
ケネス・ルオフ（木村剛久、福島睦男訳）『国民の天皇――戦後日本の民主主義と天皇制』（岩波書店、二〇〇九年）
源田孝『アメリカ空軍の歴史と戦略』（芙蓉書房出版、二〇〇八年）
小池聖一「森戸辰男からみた日本国憲法の制定過程」（『日本歴史』七二八号、二〇〇九年）
小池政行『国際人道法』（朝日新聞社、二〇〇二年）
纐纈厚『日本海軍の終戦工作』（中央公論社、一九九六年）
纐纈厚『近代日本政軍関係の研究』（岩波書店、二〇〇五年）
纐纈厚『「聖断」虚構と昭和天皇』（新日本出版社、二〇〇六年）
纐纈厚『憲兵政治』（新日本出版社、二〇〇八年）
呉懐中『大川周明と近代日本――日中関係の在り方をめぐる認識と行動』（日本僑報社、二〇〇七年）
児島襄『史録日本国憲法』（文芸春秋、一九七二年）
児島襄『天皇』（文芸春秋、一九七四年）
児島襄、伊藤隆、渡邉昭夫、マリアス・Ｂ・ジャンセン、ゴードン・Ｍ・バーガー、ブルース・カミングス、兪辛焞、朱宗震、劉傑『人類は戦争を防げるか』（文芸春秋、一九九六年）
小菅信子「迅速且完全なる壊滅」（『軍事史学』四六巻二号、二〇一〇年）
古関彰一『新憲法の誕生』（中央公論新社、一九九五年）
小谷賢『日本軍のインテリジェンス』（講談社、二〇〇七年）
後藤致人『昭和天皇と近現代日本』（吉川弘文館、二〇〇三年）

ゴードン・クレイグ、アレキサンダー・ジョージ（木村修三・高杉忠明・村田晃嗣・五味俊樹・滝田賢治訳）『軍事力と現代外交――歴史と理論で学ぶ平和の条件』（有斐閣、一九九七年）
ゴードン・M・バーガー（坂野潤治訳）『大政翼賛会――国民動員をめぐる相剋』（山川出版社、二〇〇〇年）
小林龍夫「スウェーデンを通じる太平洋戦争終結工作」（『国学院法学』一八巻四号、一九八一年）
小林英夫『日本軍政下のアジア』（岩波書店、一九九三年）
小林英夫『日中戦争』（講談社、二〇〇七年）
小堀桂一郎『宰相鈴木貫太郎』（文芸春秋、一九八二年）
小宮京『自由民主党の誕生』（木鐸社、二〇一〇年）
小森雄太「政軍関係研究序説――戦間期の我が国を事例として」（『政治学研究論集』二九号、二〇〇八年）
小森陽一『天皇の玉音放送』（五月書房、二〇〇三年）
小山吉亮「ムッソリーニ独裁とサブリーダー――ファシスト体制の転換と威信の構造」（『現代史研究』五〇号、二〇〇四年）
近藤忠助「太平洋戦争における日本陸軍の対上陸作戦思想」（『軍事史学』二九巻二号、一九九三年）
コンペル・ラドミール「太平洋戦争における「終戦」の過程」（『横浜国際経済法学』一八巻三号、二〇一〇年）
早乙女勝元『東京大空襲』（岩波書店、一九七一年）
酒井哲哉『近代日本の国際秩序論』（岩波書店、二〇〇七年）
坂口太助「戦間期における日本海軍の海上交通保護問題認識」（『軍事史学』四三巻二号、二〇〇七年）
坂口太助「太平洋戦争前半期における日本の船舶喪失状況と海軍の対応」（『史学雑誌』一一九編一〇号、二〇一〇年）
坂本慎一『玉音放送をプロデュースした男　下村宏』（PHP研究所、二〇一〇年）
櫻井良樹「鈴木貫太郎日記について」（『野田市研究』一六号、二〇〇五年）
左近允尚敏『敗戦――一九四五年春と夏』（光人社、二〇〇五年）
佐々木隆「陸軍「革新派」の展開」（『年報・近代日本研究』一号、一九七九年）
笹本妙子『連合軍捕虜の墓碑銘』（草の根出版会、二〇〇四年）
佐藤純子「同盟通信社の海外情報網」（『メディア史研究』一六号、二〇〇四年）
佐藤卓己『八月十五日の神話』（筑摩書房、二〇〇五年）
佐藤卓己・孫安石編『東アジアの終戦記念日』（筑摩書房、二〇〇七年）
佐藤元英『概説・アジア太平洋戦争と日本の近代』（虹有社、二〇〇三年）
佐道明広・小宮一夫・服部龍二編『人物で読む現代日本外交史――近衛文麿から小泉純一郎まで』（吉川弘文館、二〇〇八年）
里見脩『ニュース・エージェンシー――同盟通信社の興亡』（中央公論新社、二〇〇〇年）
沢田次郎「終戦前後における大麻唯男の動向」（『慶応義塾大学大学院法学研究科論文集』三一号、一九八九年）
澤地久枝『自決、こころの法廷』（NHK出版、二〇〇一年）
J・サミュエル・ウォーカー（林義勝監訳）『原爆投下とトルーマン』（彩流社、二〇〇八年）
サミュエル・ハンチントン（市川良一訳）『軍人と国家』上巻（原書房、一九七八年）
塩崎弘明「太平洋戦争にみる開戦・終戦外交」（『日本歴史』三八九号、一九八〇年）
塩田道夫『天皇と東条英機の苦悩』（日本文芸社、一九八八年）
繁沢敦子『原爆と検閲』（中央公論新社、二〇一〇年）
篠塚広海「東条内閣更迭をめぐる一考察――重臣のブレーンを中心に」（『国士舘史学』一三号、二〇〇九年）
信夫清三郎『聖断の歴史学』（勁草書房、一九九二年）
柴田紳一『昭和期の皇室と政治外交』（原書房、一九九五年）
柴田紳一「昭和十九年久原房之助対ソ特使派遣問題」（『国学院大学日本文化研究所紀要』八四輯、一九九九年）

柴田紳一「昭和二十年二月重臣拝謁の経緯と意義」（『国学院大学日本文化研究所紀要』八七輯、二〇〇一年）
柴田紳一「参謀総長梅津美治郎と終戦」（『国学院大学日本文化研究所紀要』八九輯、二〇〇二年）
柴田紳一「昭和天皇の「終戦」構想」（『国学院大学日本文化研究所紀要』九一輯、二〇〇三年）
柴田紳一「東条英機首相兼陸相の参謀総長兼任」（『国学院大学日本文化研究所紀要』九八輯、二〇〇六年）
柴田紳一「陸相阿南惟幾の登場」（『国学院大学日本文化研究所紀要』九九輯、二〇〇七年）
柴田紳一「重臣岡田啓介の対米終戦工作」（『政治経済史学』五〇〇号、二〇〇八年）
柴田陽一「アジア・太平洋戦争期の戦略研究における地理学者の役割」（『歴史地理学』四九巻五号、二〇〇七年）
柴田善雅『戦時日本の特別会計』（日本経済評論社、二〇〇二年）
清水威久『ソ連の対日戦争とヤルタ協定』（霞ヶ関出版、一九七六年）
清水唯一朗「国策グラフ「写真週報」の沿革と概要」（玉井清編『戦時日本の国民意識』（慶応塾大学出版会、二〇〇八年）
ジム・スミス（新庄哲夫訳）『ラスト・ミッション、日米決戦終結のシナリオ』（麗澤大学出版会、二〇〇六年）
下谷政弘・長島修編『戦時日本経済の研究』（晃洋書房、一九九二年）
徐焔著、朱建栄訳『一九四五年――満州進軍』（三五館、一九九三年）
庄司潤一郎「「近衛上奏文」の再検討」（『国際政治』一〇九号、一九九五年）
庄司潤一郎「『戦史叢書』における陸海軍並立に関する一考察」（『戦史研究年報』一二号、二〇〇九年）
庄司潤一郎「戦争終結をめぐる日本の戦略――対ソ工作を中心として」（防衛省防衛研究所編『平成二一年度戦争史研究国際フォーラム報告書』防衛省防衛研究所、二〇一〇年）
正田浩由「近衛新体制から翼賛選挙に至るまでの議会と政党政治家の動向」（『早稲田政治経済学雑誌』三六九号、二〇〇七年）
ジョージ・ウェラー著、アンソニー・ウェラー編（小西紀嗣訳）『GHQが封印した幻の潜入ルポ』（毎日新聞社、二〇〇七年）
ジョージ・ファイファー（小城正訳）『天王山――沖縄戦と原子爆弾』（早川書房、一九九五年）
城下賢一「岸信介と保守合同（一）」（『京都大学法学会法学論叢』一五七巻三号、二〇〇五年）
ジョン・ダワー（三浦陽一・高杉忠明・田代泰子訳）『敗北を抱きしめて』（岩波書店、二〇〇一年）
G・ジョン・アイケンベリー（鈴木康雄訳）『アフター・ヴィクトリー――戦後構築の論理と行動』（NTT出版、二〇〇四年）
進藤榮一『戦後の原像』（岩波書店、一九九九年）
季武嘉也「選挙区制度と期待された代議士像」（『選挙研究』二五巻二号、二〇〇九年）
須釜幸男「無条件降伏をめぐるイタリアと日本」（『明治大学大学院政治学研究論集』一一号、一九九九年）
菅谷幸浩「清水澄の憲法学と昭和戦前期の宮中」（『年報政治学』二〇〇九年度一号、二〇〇九年）
杉之尾孝生「二つの公刊戦史『大東亜戦争開戦経緯』」（軍事史学会編『第二次世界大戦――発生と拡大』錦正社、一九九五年）
杉原誠四郎『日米開戦とポツダム宣言の真実』（亜紀書房、一九九五年）
鈴木淳「歴史の中の戦没者遺族」（『昭和のくらし研究』一号、二〇〇二年）
スティーブ・ブラード、田村恵子編『過酷なる岸辺から――オーストラリアと日本のニューギニア戦』（オーストラリア戦争記念館、二〇〇四年）
須藤季夫『国家の対外行動』（東京大学出版会、二〇〇七年）
関口哲矢「小磯国昭内閣期の政治過程に関する一考察」（『歴史評論』六九四号、二〇〇八年）
関口哲矢「鈴木貫太郎内閣期の国策決定をめぐる政治過程」（『日本歴史』七一六号、二〇〇八年）

関口哲矢「アジア・太平洋戦争期の内閣機能強化・政治力強化に関する一考察」(『史潮』六六号、二〇〇九年)
瀬畑源「昭和天皇「戦後巡幸」の再検討」(『日本史研究』五三七号、二〇一〇年)
戦争と空爆問題研究会編『重慶爆撃とは何だったのか』(高文研、二〇〇九年)
袖井林二郎「原爆報道」(江藤文夫・鶴見俊輔・山本明編『事件と報道』研究社出版、一九七二年)
駄場裕司「日中戦争期の新聞業界再編成」(『軍事史学』四三巻三・四号、二〇〇八年)
千本秀樹『天皇制の侵略責任と戦後責任』(青木書店、一九九〇年)
高田万亀子『米内光政の手紙』(原書房、一九九三年)
高橋勝浩「重臣としての平沼騏一郎――終戦と国体護持へむけて」(『軍事史学』三六巻二号、二〇〇〇年)
高橋紘・鈴木邦彦『天皇家の密使たち』(徳間書店、一九八一年)
高橋久志「汪兆銘南京政権参戦問題をめぐる日中関係」(『国際政治』九一号、一九八九年)
高橋秀幸『空軍創設と組織のイノベーション――旧軍ではなぜ独立できなかったのか』(芙蓉書房出版、二〇〇八年)
瀧口剛「平沼騏一郎と太平洋戦争――対外態度における二重性を中心に」(『阪大法学』一五九号、一九九一年)
竹内修司『幻の終戦工作――ピース・フィーラーズ　1945夏』(文芸春秋、二〇〇五年)
武田清子『天皇観の相剋』(岩波書店、一九七八年)
武田知己『重光葵と戦後政治』(吉川弘文館、二〇〇二年)
竹山昭子『玉音放送』(晩聲社、一九八九年)
竹山昭子『資料が語る太平洋戦争下の放送』(世界思想社、二〇〇五年)
田嶋信雄「東アジア国際関係の中の日独関係」(工藤章・田嶋信雄編『日独関係史1』東京大学出版会、二〇〇八年)
立川京一「戦争指導方針決定の構造――太平洋戦争時の日本を事例として」(防衛省防衛研究所編『平成二一年度戦争史研究国際フォーラム報告書』防衛省防衛研究所、二〇一〇年)
立花隆『天皇と東大』上・下(文芸春秋、二〇〇五年)
田中伸尚『ドキュメント昭和天皇』第五巻(緑風出版、一九八八年)
田中宏巳『BC級戦犯』(筑摩書房、二〇〇二年)
田中宏巳『マッカーサーと戦った日本軍――ニューギニア戦の記録』(ゆまに書房、二〇〇九年)
谷光太郎『米軍提督と太平洋戦争』(学習研究社、二〇〇〇年)
玉井清「東条内閣の一考察――大麻唯男を中心に」(『神奈川工科大学研究報告A人文社会科学編』一三号、一九八九年)
千葉功『旧外交の形成』(勁草書房、二〇〇八年)
茶園義男『密室の終戦詔勅』(雄松堂出版、一九八九年)
茶谷誠一『昭和戦前期の宮中勢力と政治』(吉川弘文館、二〇〇九年)
チャールズ・ミー(大前正臣訳)『ポツダム会談――日本の運命を決めた17日間』(徳間書店、一九七五年)
塚崎昌之「「本土決戦」準備と近畿地方――航空特攻作戦指揮と天皇の大和「動座」計画」(『戦争と平和』一三号、二〇〇四年)
辻泰明・NHK取材班『幻の大戦果大本営発表の真相』(NHK出版、二〇〇二年)
土田宏成『近代日本の「国民防空」体制』(神田外語大学出版局、二〇一〇年)
土屋礼子「第二次世界大戦インド・ビルマ戦域における英国指揮下の対日宣伝」(『Intelligence』九号、二〇〇七年)
筒井清忠『昭和十年代の陸軍と政治』(岩波書店、二〇〇七年)
筒井清忠『近衛文麿――教養主義的ポピュリストの悲劇』(岩波書店、二〇〇九年)
筒井若水『違法の戦争、合法の戦争』(朝日新聞社、二〇〇五年)
角田房子『一死、大罪を謝す――陸軍大臣阿南惟幾』(新潮社、一九八〇年)
デイビッド・A・タイタス(大谷堅志郎訳)『日本の天皇政治――宮中の役割の研究』(サイマル出版会、一九七四年)

デーヴィッド・ホロウェイ（川上洸・松本幸重訳）『スターリンと原爆』上下巻（大月書店、一九九七年）
手嶋泰伸「海軍よりみた小磯国昭内閣」（『軍事史学』四五巻二号、二〇〇九年）
手嶋泰伸「民間人ブレーントラストの設立と日本海軍」（『ヒストリア』二一七号、二〇〇九年）
手嶋泰伸「鈴木貫太郎内閣の対ソ和平交渉始動と米内光政」（『日本歴史』七三五号、二〇〇九年）
寺村安道「昭和天皇と統帥権独立の否定」（『政治経済史学』四三一号、二〇〇二年）
照沼康孝「国民義勇隊に関する一考察」（『年報・近代日本研究』一号、一九七九年）
土井郁磨「自由主義経済論者山本勝市における思想的出発」（『日本歴史』六三六号、二〇〇一年）
東郷和彦『歴史と外交――靖国・アジア・東京裁判』（講談社、二〇〇八年）
東郷茂彦『祖父東郷茂徳の生涯』（文芸春秋、一九九三年）
ドウス昌代『東京ローズ』（文芸春秋、一九九〇年）
等松春夫「日中戦争と太平洋戦争の戦略的関係」（波多野澄雄・戸部良一編『日中戦争の軍事的展開』慶応義塾大学出版会、二〇〇六年）
トーマス・アレン、ノーマン・ポーマー（栗山洋児訳）『日本殲滅』（光人社、一九九五年）
戸高一成編『［証言録］海軍反省会』（ＰＨＰ研究所、二〇〇九年）
戸谷由麻『東京裁判――第二次大戦後の法と正義の追求』（みすず書房、二〇〇八年）
戸部良一「対中和平工作　１９４２―１９４５」（『国際政治』一〇九号、一九九五年）
戸部良一『逆説の軍隊』（中央公論社、一九九八年）
戸部良一『外務省革新派』（中央公論新社、二〇一〇年）
戸部良一・寺本義也・鎌田伸一・杉之尾孝生・村井友秀・野中郁次郎『失敗の本質――日本軍の組織論的研究』（ダイヤモンド社、一九八四年）
豊下楢彦『昭和天皇・マッカーサー会見』（岩波書店、二〇〇八年）
鳥居民「小磯内閣の対重慶和平工作」（高木誠一郎・石井明編『中国の政治と国際関係』東京大学出版会、一九八四年）
鳥居民『昭和二十年――小磯内閣の崩壊』（草思社、一九八七年）
鳥居民『原爆を投下するまで日本を降伏させるな』（草思社、二〇〇五年）
鳥巣建之助『太平洋戦争終戦の研究』（文芸春秋、一九九三年）
富田武『戦間期の日ソ関係』（岩波書店、二〇一〇年）
トム・エンゲルハート、エドワード・Ｔ・リネンソール（島田三蔵訳）『戦争と正義』（朝日新聞社、一九九八年）
土門周平『戦う天皇』（講談社、一九八九年）
仲晃『黙殺――ポツダム宣言の真実と日本の運命』上下巻（日本放送出版協会、二〇〇〇年）
永井和『日中戦争から世界戦争へ』（思文閣出版、二〇〇七年）
永江太郎「太平洋戦争時に於ける陸・海軍統帥部の統合問題」（『防衛研究』第三号、一九九〇年）
中尾裕次「夢に終わった絶対国防圏」（『陸戦研究』五一〇号、一九九六年）
中里成章「日本軍の南方作戦とインド」（『東洋文化研究所紀要』一五一冊、二〇〇七年）
中沢志保「ヒロシマとナガサキ――原爆投下決定をめぐる諸問題の再検討」（『国際関係学研究』二三号、一九九六年）
中澤俊輔「治安維持法の再検討」（『年報・政治学』二〇一〇年一号、二〇一〇年）
中島岳志『中村屋のボース』（白水社、二〇〇五年）
中島康比古「太平洋戦争期の宇垣一成――その対外構想」（堀真清編『宇垣一成とその時代』新評論、一九九九年）
永末聡「戦略爆撃研究のために――第二次世界大戦までのヨーロッパの事例を中心に」（『年報・戦略研究』四巻、二〇〇六年）

中野聡『フィリピン独立問題史』(龍渓書舎、一九九七年)
中村綾乃『東京のハーケンクロイツ——東アジアに生きたドイツ人の軌跡』(白水社、二〇一〇年)
中村政則・高橋紘・安田浩・豊下楢彦・吉田裕「[座談会]近現代史のなかの昭和天皇」(『年報・日本近現代史』九号、二〇〇四年)
中村隆英・宮崎正康編『岸信介政権と高度成長』(東洋経済新報社、二〇〇三年)
中山隆志「第二次世界大戦末期のソ連の対日参戦目的」(『防衛大学校紀要社会科学分冊』八〇号、二〇〇〇年)
中山隆志『一九四五年夏　最後の日ソ戦』(国書刊行会、一九九五年)
西岡達裕「原爆外交——一九四五年」(『国際政治』一一八号、一九九八年)
西川吉光『特攻と日本人の戦争』(芙蓉書房出版、二〇〇九年)
西島有厚『原爆はなぜ投下されたか』(青木書店、一九八五年)
西本雅実「原爆記録写真」(『広島平和記念資料館資料調査研究会研究報告』四号、二〇〇八年)
野島博之「椎名悦三郎と戦時統制経済」(『現代史研究』三七号、一九九一年)
野村乙二朗「東亜連盟と繆斌工作」(『政治経済史学』三〇九—三一〇号、一九九二年)
野村実「太平洋戦争下の「軍部独裁」」(三宅正樹編『第二次大戦と軍部独裁』第一法規出版、一九八三年)
野村実『天皇・伏見宮と日本海軍』(文芸春秋、一九八八年)
バーバラ・W・タックマン(杉辺利英訳)『失敗したアメリカの中国政策』(朝日新聞社、一九九六年)
萩原充「中国空軍の対日戦略」(波多野澄雄・戸部良一編『日中戦争の軍事的展開』慶応大学出版会、二〇〇六年)
長谷川毅「太平洋戦争の終結におけるソ連参戦と原爆の役割」(『明治学院大学国際学部付属研究所」研究所年報』五号、二〇〇二年)
長谷川毅『暗闘——スターリン、トルーマンと日本降伏』(中央公論新社、二〇〇六年)
秦郁彦「戦争終末構想の再検討」(『軍事史学』三一巻一・二号、一九九五年)
秦郁彦『裕仁天皇五つの決断』(講談社、一九八四年)
秦郁彦『昭和史の謎を追う』(文芸春秋、一九九三年)
秦郁彦「第二次世界大戦の日本人戦没者像」(『軍事史学』四二巻二号、二〇〇六年)
秦郁彦「旧日本軍の兵食」(『軍事史学』四六巻二号、二〇一〇年)
畑野勇「海上護衛参謀大井篤の戦後「海軍再建」構想」(『軍事史学』四五巻二号、二〇〇九年)
波多野澄雄「広田・マリク会談と戦時日ソ関係」(『軍事史学』一一六号、一九九四年)
波多野澄雄「「朕ハ茲ニ国体ヲ護持シ得テ」——「国体護持」とポツダム宣言」(『外交時報』一三二〇号、一九九五年)
波多野澄雄「鈴木貫太郎の終戦指導」(『軍事史学』三一巻一・二号、一九九五年)
波多野澄雄『太平洋戦争とアジア外交』(東京大学出版会、一九九六年)
波多野澄雄「「無条件降伏」と日本」(『法学研究』七三巻一号、二〇〇〇年)
ハーバート・ビックス(吉田裕監修、岡部牧夫・川島高峰・永井均訳)『昭和天皇』下巻(講談社、二〇〇二年)
ハーバート・ファイス(佐藤栄一・黒柳米司・山本武彦・広瀬順晧・伊藤一彦訳)『原爆と第二次世界大戦の終結』(南窓社、一九七四年)
服部聡「松岡外交と太平洋戦争」(川田稔・伊藤之雄編『二〇世紀日米関係と東アジア』風媒社、二〇〇二年)
服部省吾「帝国陸海軍特別攻撃隊の実態分析」(『軍事史学』一一三号、一九九三年)
服部龍二・土田哲夫・後藤春美編『戦間期の東アジア国際政治』(中央大学出版部、二〇〇七年)
服部龍二『広田弘毅』(中央公論新社、二〇〇八年)

馬場明「「大東亜戦争」終結と鈴木貫太郎」（『国学院大学紀要』二六巻、一九八八年）
濱田英毅「高松宮宣仁親王論、皇族としての終戦工作の行動原理」（『学習院史学』四四巻、二〇〇六年）
林英一『東部ジャワの日本人部隊』（作品社、二〇〇九年）
林茂・辻清明編『日本内閣史録』四巻（第一法規出版、一九八一年）
林博史『沖縄戦――強制された「集団自決」』（吉川弘文館、二〇〇九年）
原朗編『日本の戦時経済』（東京大学出版会、一九九五年）
原剛「「幻の松代大本営」の全容」（『歴史と人物』一七三号、一九八六年）
原武史『昭和天皇』（岩波書店、二〇〇八年）
原秀成『日本国憲法制定の系譜』（日本評論社、二〇〇四年）
原彬久『岸信介』（岩波書店、一九九五年）
春川由美子「復員省と占領政策」（『軍事史学』三一巻一・二号、一九九五年）
半澤朝彦「アジア・太平洋戦争と「普遍的」国際機構」（倉沢愛子、杉原達、成田龍一、テッサ・モーリス・スズキ、油井大三郎、吉田裕編『20世紀の中のアジア・太平洋戦争』岩波書店、二〇〇六年）
判澤純太『日中戦争の金融と軍事』（信山社、二〇〇八年）
ハンス・マーティン・クレーマ（楠綾子訳）「だれが「逆コース」をもたらしたのか」（『社会科学研究』五九巻一号、二〇〇七年）
半藤一利『聖断――天皇と鈴木貫太郎』（文芸春秋、一九八五年）
半藤一利『日本のいちばん長い日』（文芸春秋、一九九五年）
半藤一利『ソ連が満洲に侵攻した夏』（文芸春秋、一九九九年）
半藤一利・保阪正康・井上亮『「東京裁判」を読む』（日本経済新聞出版社、二〇〇九年）
坂野潤治『昭和史の決定的瞬間』（筑摩書房、二〇〇四年）
東健太郎「象徴天皇観と憲法の交錯」（『相関社会科学』一六号、二〇〇六年）
東野真『昭和天皇二つの「独白録」』（日本放送出版協会、一九九八年）
樋口秀実『日本海軍から見た日中関係史研究』（芙蓉書房、二〇〇二年）
日暮吉延「東京裁判と日本の対応」（『軍事史学』四四巻三号、二〇〇八年）
檜山幸夫「対英米宣戦布告と開戦責任」（『東アジア近代史』一二号、二〇〇九年）
平川祐弘『平和の海と戦いの海』（新潮社、一九八三年）
平間洋一『第二次世界大戦と日独伊三国同盟』（錦正社、二〇〇七年）
平瀬努『海軍少将高木惣吉正伝』（光人社、二〇〇七年）
ピーター・ウェッツラー（森山尚美訳）『昭和天皇と戦争』（原書房、二〇〇二年）
深田祐介『大東亜会議の真実』（PHP研究所、二〇〇四年）
福井崇時「原爆爆発時、広島・長崎上空での米国物理学者の行動と地上で被爆した人の行動」（『技術文化論叢』一一号、二〇〇八年）
福田茂夫『第二次大戦の米軍事戦略』（中央公論社、一九七九年）
藤枝賢治「冀東貿易をめぐる政策と対中国関税引下げ要求」（『軍事史学』四三巻三・四号、二〇〇八年）
藤岡健太郎「「容喙拒否」の論理――国際連盟・ワシントン会議と門戸開放主義・モンロー主義」（『史学雑誌』一一六巻一〇号、二〇〇七年）
藤岡泰周『海軍少将高木惣吉』（光人社、一九八六年）
藤田怜史「スティムソン論文再考――原爆投下決定をめぐる公式見解と歴史論争」（『「明治大学大学院」文学研究論集』三一号、二〇〇九年）
藤田怜史「日本本土上陸作戦と原爆投下の決定――アメリカ歴史教科書記述における予測死傷者数」（『「明治大学大学院」文学研究論集』三二号、二〇〇九年）
藤原章「日本の敗戦と原爆投下問題」（『一橋論叢』七九巻四号、一九七八年）
藤原彰・吉田裕・伊藤悟・功刀俊洋『天皇の昭和史』（新日本出版社、

一九八四年）
藤原彰『昭和天皇の十五年戦争』（青木書店、一九九一年）
藤原彰・粟屋憲太郎・吉田裕・山田朗『徹底検証・昭和天皇「独白録」』（大月書店、一九九一年）
藤原帰一『戦争を記憶する』（講談社、二〇〇一年）
藤村道生「日本の降伏と軍部の崩壊」（三宅正樹編『第二次大戦と軍部独裁』第一法規出版、一九八三年）
舩木繁『日本の悲運四十年――統帥権における軍部の苦悩』（建帛社、一九九七年）
古川隆久『戦時議会』（吉川弘文館、二〇〇一年）
古川隆久『政治家の生き方』（文芸春秋、二〇〇四年）
古川隆久『昭和戦中期の議会と行政』（吉川弘文館、二〇〇五年）
古川隆久『東条英機』（山川出版社、二〇〇九年）
古川由美子「太平洋戦争末期の戦災処理」（『軍事史学』一四五号、二〇〇一年）
古屋哲夫編『日中戦争史研究』（吉川弘文館、一九八四年）
フレッド・イクレ（桃井真訳）『紛争終結の理論』（日本国際問題研究所、一九七四年）
ベン・アミー・シロニー（古葉秀訳）『ＷＡＲＴＩＭＥ　ＪＡＰＡＮ』（五月書房、一九九一年）
保阪正康「陸軍大臣の参謀総長兼任という事態」（同『昭和陸軍の研究』下巻、朝日新聞社、一九九九年）
保阪正康『昭和史七つの謎』（講談社、二〇〇三年）
保阪正康『大本営発表は生きている』（光文社、二〇〇四年）
細谷千博「太平洋戦争と日本の対ソ外交――幻想の外交」（細谷千博・皆川洸編『変容する国際社会の法と政治』有信堂、一九七一年）
細谷千博・入江昭・後藤乾一・波多野澄雄編『太平洋戦争の終結――アジア・太平洋の戦後形成』（柏書房、一九九七年）
細谷千博・本間長世・入江昭・波多野澄雄編『太平洋戦争』（東京大学出版会、一九九三年）
細谷千博、イアン・ニッシュ監修、平間洋一、イアン・ガウ、波多野澄雄編『日英交流史』三巻（東京大学出版会、二〇〇一年）
細谷千博・入江昭・大芝亮編『記憶としてのパールハーバー』（ミネルヴァ書房、二〇〇四年）
ボリス・Ｎ・スラヴィンスキー（加藤幸廣訳）『千島占領、一九四五年夏』（共同通信社、一九九三年）
ボリス・Ｎ・スラヴィンスキー（加藤幸廣訳）『日ソ戦争への道』（共同通信社、一九九九年）
マイケル・シャラー（豊島哲訳）『マッカーサーの時代』（恒文社、一九九六年）
マイケル・ウォルツァー（萩原能久監訳）『正しい戦争と不正な戦争』（風行社、二〇〇八年）
前田裕子『戦時期航空機工業と生産技術形成』（東京大学出版会、二〇〇一年）
牧野邦昭『戦時下の経済学者』（中央公論新社、二〇一〇年）
増田知子『天皇制と国家』（青木書店、一九九九年）
増田弘『マッカーサー――フィリピン統治から日本占領へ』（中央公論新社、二〇〇九年）
升味準之輔『昭和天皇とその時代』（山川出版社、一九九八年）
松井康浩『原爆裁判』（新日本出版社、一九八六年）
松浦総三『天皇裕仁と東京大空襲』（大月書店、一九九四年）
松浦正孝「宗像久敬ともう一つの終戦工作（下）」（『ＵＰ』二六巻二号、一九九七年）
松浦正孝『「大東亜戦争」はなぜ起きたのか――汎アジア主義の政治経済史』（名古屋大学出版会、二〇一〇年）
松尾尊兊「敗戦前後の佐々木惣一」（『人文学報』九八号、二〇〇九年）
松田好史「情報管理者としての木戸幸一内大臣」（『日本歴史』六七八号、二〇〇四年）
松本健一『畏るべき昭和天皇』（毎日新聞社、二〇〇七年）
御厨貴『天皇と政治』（藤原書店、二〇〇六年）

三浦俊彦『戦争論理学――あの原爆投下を考える62問』(二見書房、二〇〇八年)
三谷太一郎「一五年戦争下の日本軍隊――「統帥権」の解体過程(上)」(『成蹊法学』五三号、二〇〇一年)
簑原俊洋「日米交渉と開戦」(筒井清忠編『解明・昭和史』、朝日新聞出版、二〇一〇年)
三牧聖子「リベラリスト石橋湛山の「リアリズム」」(『国際政治』一五二号、二〇〇八年)
三宅正樹『スターリン、ヒトラーと日ソ独伊連合構想』(朝日新聞社、二〇〇七年)
三宅正樹『スターリンの対日情報工作』(平凡社、二〇一〇年)
道越治編、松橋暉男・松橋雅平監修『近衛文麿「六月終戦」のシナリオ』(毎日ワンズ、二〇〇六年)
三村文男「ポツダム宣言受諾は無条件降伏であったか――戦後史最大の矛盾について」(『歴史評論』一七六号、一九六五年)
宮杉浩泰「「在外武官(大公使)電情報網一覧表」にみる戦時日本の情報活動」(『政経研究』四六巻二号、二〇〇九年)
宮杉浩泰「駐スペイン公使須磨弥吉郎の情報活動とその影響」(『戦略研究』七号、二〇〇九年)
宮地正人『天皇制の政治史的研究』(校倉書房、一九八一年)
宮武剛『将軍の遺言――遠藤三郎日記』(毎日新聞社、一九八六年)
三輪公忠『日本・1945年の視点』(東京大学出版会、一九八六年)
三輪宗弘『太平洋戦争と石油』(日本経済評論社、二〇〇四年)
三輪芳朗『計画的戦争準備・軍需動員・経済統制――続「政府の能力」』(有斐閣、二〇〇八年)
村井哲也「東条内閣期における戦時体制再編」(『東京都立大学法学会雑誌』四〇巻一号、一九九九年)
村井哲也『戦後政治体制の起源――吉田茂の「官邸主導」』(藤原書店、二〇〇八年)
村井良太『政党内閣制の成立』(有斐閣、二〇〇五年)
村瀬信也・真山全編『武力紛争の国際法』(東信堂、二〇〇四年)
村田晃嗣「戦争終結という困難」(『中央公論』一二二巻八号、二〇〇七年)
本橋正『太平洋戦争をめぐる日米外交と戦後の米ソ対立』(学術出版会、二〇〇六年)
森茂樹「戦時天皇制国家における「親政」イデオロギーと政策決定過程の再編」(『日本史研究』四五四号、二〇〇〇年)
森重昭『原爆で死んだ米兵秘史』(光人社、二〇〇八年)
森靖夫『日本陸軍と日中戦争への道』(ミネルヴァ書房、二〇一〇年)
森田英之「大戦末期テキサス州主要紙の対日論調の位相」(『西洋史学論集』三九号、二〇〇一年)
守屋純「第二次大戦中の日独交渉に関する一考察」(『国際政治』八九号、一九八八年)
森山優『日米開戦の政治過程』(吉川弘文館、一九九八年)
森松俊夫『大本営』(教育社、一九八〇年)
屋代宣昭「絶対国防圏下における日本陸海軍の統合」(『戦史研究年報』四号、二〇〇一年)
屋代宣昭「太平洋戦争中期における日本の戦略」(防衛省防衛研究所編『平成二一年度戦争史研究国際フォーラム報告書』防衛省防衛研究所、二〇一〇年)
安田浩『天皇の政治史』(青木書店、一九九八年)
柳澤潤「日本におけるエア・パワーの誕生と発展」(石津朋之、ウィリアムソン・マーレー編『21世紀のエア・パワー』芙蓉書房出版、二〇〇六年)
山極晃「米戦時情報局の「延安報告」」(『二松学舎大学国際政経論集』八号、二〇〇〇年)
山口宗之「「朝鮮・台湾出身特攻戦死者」海軍ゼロの背景」(『日本歴史』七〇八号、二〇〇七年)
山崎志郎「太平洋戦争期における航空機増産政策」(『土地制度史学』一三〇号、一九九一年)
山崎志郎「太平洋戦争期の工業動員体制――臨時生産増強委員会・軍需省行政をめぐって」(『経済と経済学』八一号、一九九六年)

山崎正勝「第二次世界大戦時の日本の原爆開発」（『日本物理学会誌』五六巻八号、二〇〇一年）
山田朗・纐纈厚『遅すぎた聖断――昭和天皇の戦争指導と戦争責任』（昭和出版、一九九一年）
山田朗『昭和天皇の軍事思想と戦略』（校倉書房、二〇〇二年）
山田康博「ナンバーズ・ゲーム――日本本土上陸作戦はどれくらいの死傷者をだすと推定されたのか」（『アジア太平洋学論叢』九号、一九九九年）
山内文登「アリランに託された歴史――特攻と革命」（『国文学』五四巻二号、二〇〇九年）
山室信一『憲法9条の思想水脈』（朝日新聞社、二〇〇七年）
矢野信幸「翼賛政治体制下の議会勢力と新党運動」（伊藤隆編『日本近代史の再構築』山川出版社、一九九三年）
矢野信幸「太平洋戦争末期における内閣機能強化構想の展開」（『史学雑誌』一〇七編四号、一九九七年）
山本元「和平交渉と政軍関係」（『国際政治』一四七号、二〇〇七年）
山本武利『ブラック・プロパガンダ――謀略のラジオ』（岩波書店、二〇〇二年）
山本武利『日本兵捕虜は何をしゃべったか』（文芸春秋、二〇〇一年）
山本武利「延安リポート」に見る野坂参三の天皇論の戦術、戦略」（『Intelligence』六号、二〇〇五年）
山本智之「参謀本部戦争指導課の終戦研究における「絶対国防圏」認識」（『年報・戦略研究』一号、二〇〇三年）
山本智之「参謀本部戦争指導課の終戦研究とドイツ認識」（『日本歴史』六六九号、二〇〇四年）
山本智之『日本陸軍戦争終結過程の研究』（芙蓉書房出版、二〇一〇年）
油井大三郎『日米戦争観の相剋』（岩波書店、一九九五年）
横越英一「無党時代の政治力学」（『名古屋大学法政論集』三二・三三号、一九六五年）
横関至「農民運動指導者三宅正一の戦中・戦後（下）」（『大原社会問題研究所雑誌』五六〇号、二〇〇五年）
横手慎二「第二次大戦期のソ連の対日政策　一九四一――一九四四」（『法学研究』七一巻一号、一九九八年）
横手慎二「スターリンの日本認識――一九四五年」（『法学研究』七五巻五号、二〇〇二年）
横山銕三『「繆斌工作」成ラズ』（展転社、一九九二年）
吉田昭彦「「ろ」号作戦についての一考察」（『軍事史学』二九巻三号、一九九三年）
吉田一彦『無条件降伏は戦争をどう変えたか』（ＰＨＰ研究所、二〇〇五年）
吉田曠二『ドキュメント・日中戦争　エドガー・スノウと将軍遠藤三郎の文書を中心に』上中下巻（三恵社、二〇〇〇年）
吉田裕『昭和天皇の終戦史』（岩波書店、一九九二年）
吉田裕「近衛文麿――「革新」派宮廷政治家の誤算」（吉田裕・小田部雄次・功刀俊洋・荒川章二・荒敬・伊藤悟『敗戦前後――昭和天皇と五人の指導者』青木書店、一九九五年）
吉田裕「戦後史の中の軍刑法」（『季刊戦争責任研究』二五号、一九九九年）
吉田裕・森茂樹『アジア・太平洋戦争』（吉川弘文館、二〇〇七年）
吉田裕『アジア・太平洋戦争』（岩波書店、二〇〇七年）
吉松安弘『東条英機　暗殺の夏』（新潮社、一九八四年）
與那覇潤『翻訳の政治学』（岩波書店、二〇〇九年）
米山忠寛「貿易行政機構の変遷とその意義――貿易省・交易省・通産省」（『本郷法政紀要』一四号、二〇〇五年）
読売新聞社編『天皇の終戦』（読売新聞社、一九八八年）
李炯喆『軍部の昭和史（下）』（日本放送出版協会、一九八七年）
R・J・リフトン、G・ミッチェル（大塚隆訳）『アメリカの中のヒロシマ』（岩波書店、一九九五年）
ローラ・ハイン、マーク・セルデン（栗野真紀子訳）「原爆はどのように記憶されてきたのか」（『世界』六四四号、一九九八年）
ロナルド・シェイファー（深田民生訳）『アメリカの日本空襲にモラ

ルはあったか』（草思社、一九九六年）

ロナルド・タカキ（山岡洋一訳）『アメリカはなぜ日本に原爆を投下したのか』（草思社、一九九五年）

ロバート・ビュートー（大井篤訳）『終戦外史』（時事通信社、一九五八年）

リチャード・サミュエル（鶴田知佳子・村田久美子訳）『マキャヴェッリの子どもたち』（東洋経済新報社、二〇〇七年）

リチャード・ローズ（神沼二真・渋谷泰一訳）『原子爆弾の誕生』（紀伊国屋書店、一九九五年）

劉傑『漢奸裁判』（中央公論新社、二〇〇〇年）

劉傑・楊大慶・三谷博『国境を越える歴史認識』（東京大学出版会、二〇〇六年）

劉傑・川島真『１９４５年の歴史認識――「終戦」をめぐる日中対話の試み』（東京大学出版会、二〇〇九年）

若桑みどり『戦争がつくる女性像』（筑摩書房、一九九五年）

和田敦彦『書物の日米関係』（新曜社、二〇〇七年）

和田朋幸「太平洋戦争後半期における戦争指導――陸軍の戦争終結構想を中心として」（『戦史研究年報』一三号、二〇一〇年）

和田春樹『歴史としての野坂参三』（平凡社、一九九六年）

渡辺行男「繆斌事件」（『中央公論』一〇三巻九号、一九八八年）

Akashi, Yoji. "A Botched Effort: The Miao Pin Kosaku, 1944–1945." In Alvin D. Coox and Hilary Conroy, eds. *China and Japan: Seach for Balance since World War I*. Santa Barbara, CA: ABC-Clio Books, 1978.

Alperovitz, Gar. *The Decision to Use the Atomic Bomb*. New York: Vintage Books, 1996.

Asada, Sadao. "The Shock of the Atomic Bomb and Japan's Decision to Surrender: A Reconsideration." *Pacific Historical Review*, Vol. 67, No. 4 (November, 1998).

Bernstein, Barton J. "Compelling Japan's Surrender Without the A-bomb, Soviet Entry, or Invasion: Reconsidering the US Bombing Survey's Early-Surrender Conclusion." *Journal of Strategic Studies*, Vol. 18, No. 2 (June, 1995).

Bernstein, Barton J. "Understanding the Atomic Bomb and the Japanese Surrender: Missed Opportunities, Little-Known Near Disasters, and Modern Memory." *Diplomatic History*, Vol. 19, No. 2 (Spring, 1995).

Bernstein, Barton J. "The Alarming Japanese Buildup on Southern Kyushu, Growing U.S. Fears, and Counterfactual Analysis: Would the Planned November 1945 Invasion of Southern Kyushu Have Occurred? " *Pacific Historical Review*, Vol. 68, No. 4 (November, 1999).

Butow, Robert. *Japan's Decision to Surrender*. Stanford, CA: Stanford University Press, 1954.

Cook, Haruko Taya, and Theodore F. Cook. *Japan at War: An Oral History*. New York: New Press, 1992.

Dockrill, Saki, ed. *From Pearl Harbor to Hiroshima*. London: Macmillan Press, 1994.

Dower, John W. *Cultures of War: Pearl Harbor/Hiroshima/9-11/Ilaq*. New York: Press, 2010.

Drea, Edward J. *MacArthur's ULTRA: Codebreaking and the War against Japan, 1942–1945*. Lawrence: University Press of Kansas, 1992.

Drea, Edward J. *In the Service of the Emperor: Essays on the Imperial Japanese Army*. Lincoln: Nebraska University Press, 1998.

Evans, David, and Mark Peattie. *KAIGUN: Strategy, Tactics, and Technology in the Imperial Japanese Navy, 1887–1941*. Annapolis, MD: Naval Institute Press, 1997.

Fortna, Virginia. *Peace Time: Cease-Fire Agreements and the Durability of Peace*. Princeton, NJ: Princeton University Press, 2001.

Frank, Richard B. *Downfall: The End of the Imperial Japanese Empire*. New York: Random House, 1999.

Giangreco, D. M. *Hell to Pay: Operation Downfall and the Invasion of Japan, 1945–1947*. Annapolis, MD: Naval Institute Press, 2009.

Goemans, Hein. *War and Punishment: The Causes of War Termination and the First World War*. Princeton, NJ: Princeton University Press, 2000.

Hasegawa, Tsuyoshi. *Racing the Enemy: Stalin, Truman, and the Surrender of Japan*. Cambridge, MA: Belknap Press of Harvard University Press, 2005.

Hasegawa, Tsuyoshi. "The Atomic Bombs and the Soviet Invasion: Which Was More Important in Japan's Decision to Surrender?"In Tsuyoshi Hasegawa, ed. *The End of the Pacific War: Reappraisals*. Stanford, CA: Stanford University Press, 2007.

Hatano, Sumio. "The Atomic Bomb and Soviet Entry into the War: Of Equal Importance." In Tsuyoshi Hasegawa, ed. *The End of the Pacific War: Reappraisals*. Stanford, CA: Stanford University Press, 2007.

Hein, Laura, and Mark Selden, eds. *Living With the Bomb: American and Japanese Cultural Conflicts in the Nuclear Age*. New York: M. E. Sharpe, 1997.

Koshiro, Yukiko. "Eurasian Eclipse: Japan's End Game in World War II." *American Historical Review*, Vol. 109, No. 2 (April, 2004).

Krebs, Gerhard. "Operation Super Sunrise? Japanese-United States Peace Feelers in Switzerland, 1945." *Journal of Military History*, Vol.69, No.4 (October, 2005).

Maddox, Robert James, ed. *Hiroshima in History*. Columbia, MO: University of Missouri Press, 2007.

Miller, Edward S. *War Plan Orange: The U.S. Strategy to Defeat Japan, 1897–1945*. Annapolice, MD: Naval Institute Press, 1991.

Reiter, Dan. *How Wars End*. Princeton, NJ: Princeton University Press, 2009.

Rose, Gideon. *How Wars End: Why We Always Fight the Last Battle*. New York: Simon and schuster, 2010.

Sigal, Leon V, *Fighting to a Finish: The Politics of War Termination in the United States and Japan, 1945*. Ithaca, NY: Cornell University Press, 1988.

Spector, Ronald H. *In the Ruins of Empire*. New York: Random House, 2007.

Stam, Allan. *Win, Lose, or Draw: Domestic Politics and the Crucible of War*. Ann Arbor: University of Michigan Press, 1996.

Taylor, Jay. *The Generalissimo: Chiang Kai-shek and the Struggle for Modern China*. Cambridge, MA: Belknap Press of Harvard University Press, 2009.

Walter, Barbara. *Committing to Peace*. Princeton, NJ: Princeton University Press, 2001.

Watt, Lori. *When Empire Comes Home: Repatriation and Reintegration in Postwar Japan*. Cambridge, MA: Harvard University Press, 2009.

あとがき

本書は、東京大学に提出した博士論文『「終戦」の政治史的研究　一九四三―一九四五』(二〇〇六年一月学位取得)に加筆・補正をしたものである。審査にあたっては、加藤陽子、酒井哲哉、鈴木淳、古川隆久、山田朗の諸先生から貴重なコメントをいただいた。ご指摘いただいた点は、本書の記述のいくつかに影響を与えている。

本書は、軍事力が国内政治をどのように変えていったのかという点に重きを置いている。連合国の軍事的圧力が日本の国内政治をどう変えていったのか。また逆に、日本は、対抗する軍事力を生み出すためにどのような政策を採用し、自壊していったのか。筆者は、日本の場合、経済、政治、軍事、外交の順に崩壊し、半壊状態の時にそれらが政治変動を生み出す原動力になったとみている。したがって、経済と政治(第一章)、政治と軍事(第二章)、軍事と外交(第三章)、外交交渉の開始と条件(第四章)というテーマが各章の主題をなしている。客観的には全壊状態でも、当事者にとってはそうと認識されておらず、制度や人の問題に活路を見出そうとしたり、一か八かの賭けを行おうとしたり、悲観論から楽観論を生み出してみたり、死中に活を求めたりした。日本の軍事・政治指導者は負け戦の中で苦悩し、結果的にはどれも失敗して、負け戦を加速化させた。これは当事者に大きな精神的負担を課すものとなった。第三章で述べたように、昭和天皇ですら、沖縄が陥落して日本本土に王手がかかると、心労のあまり体調が悪化した。

筆者は、戦争と平和の研究は理論・実証・法制度の三つの観点から行われる必要があり、その実証部分は、国際政治史・政治外交史・戦史の三つの位相から構成されると考えている。本書は戦争末期の日本の政治外交に焦点を当て、国内の各政治勢力の対立と妥協がどのような外交・軍事・経済政策の決定を生み出したのかという点を実証的に描こうとしたものである。いわば、「負け戦の政治史」である。もちろん、筆者も、国際関係史や戦史の重要性はよく認識している。そして、そのような視点を持つことは史料間のバランスをとる上で、重要だろう。日本と外国の史料ではそこに書かれている事実関係が異なるだろうし、中央の陸軍省や海軍省、現地の方面軍や各艦隊の史料でも雰囲気が異なるだろう。さらには、日本の場合、天皇の下で権力が分立していたため、一つの政治勢力の史料を中心として歴史を描けば、陸軍史観、海軍史観、内閣史観、統帥部史観に陥りやすい。そこをバランスよく書きたいという願いは、常に昭和天皇の存在につきあたる。なぜなら、昭和天皇の意向は、本書の中で論じたように、陸海間の力関係や「下剋上」の問題と微妙に関係するからである。執筆に苦しんでいる時は、一段落したら研究から離れたいとすら思った。それでも、本書をなんとか完成することができたのは、筆者が様々な環境に恵まれていたからである。

指導教授の加藤（野島）陽子先生には、学部三年の時からお世話になっている。学部三年の時のゼミでは木戸幸一日記を読み、筆者は一九四四年前半を担当して、東条内閣の崩壊過程を発表した。このゼミ発表が研究の出発点となり、卒論・修論・博論へとつながって、本書の第二章を構成している。本郷キャンパスでは、経済史の鈴木淳先生のゼミからも刺激を受け、当時史料編纂所にいらした宮地正人先生のゼミでは近世史の方ともご一緒させていただいた。筆者が現在、崩し字を自由に読めるのも宮地先生のゼミの御陰である。また、駒場キャンパスの三谷博ゼミ、酒井哲哉ゼミからも数多くの恩恵を受けた。三谷博先生には、学部一年の時からずっとお世話になり、ボストン時代には数多くの有益なアドバイスをいただいた。筆者が海外の日本研究に興味を持つようになったのも、学部二年の時に、三谷ゼミで、Carol Gluck, *Japan's Modern Myths: Ideology in the Late Meiji Period* (Princeton, NJ: Princeton University Press, 1985) を読んだのがきっかけである。また、酒井哲哉先生には、研究員等の受け入れ先になっていただき、自由に研究させていただいた。海外でものびのびと史料調査をすることができ、本当にありがたかった。大学院時代には、中林真幸、大久保文彦、千葉功、土田宏成、市川大祐、森田貴子、今津敏晃、川越美穂、谷口裕信、松澤裕作、松田忍、神田豊隆、若月剛史、池田勇太、近藤秀行、中野弘喜、金宗植、金英淑、李啓彰、楊典錕、李炯植の諸氏に大変お世話になった。

東京大学法学部の北岡伸一先生の院ゼミと東京財団「政治外交検証プロジェクト」研究会からも多大な影響を受けた。一時帰国のたびに、北岡先生の研究会でレベルの高い議論を聞くことが楽しみであった。歴史学以外の方からも色々とアドバイスを受けたことは、筆者の研究スタイルを変えたと思う。それまでは、学問的に新しいことをなるべく多く発見したいという気持ちが強かったが、この頃から、通説に近かろうが遠かろうが、なるべく学問的真理に近いものを書きたいという気持ちが強くなった。東京財団の研究会では、五百旗頭薫、大前信也、小宮一夫、小宮京、清水唯一朗、武田知己、中澤俊輔、畑野勇、服部龍二、村井良太、村井哲也の諸先生にお世話になった。

博士号取得後は、研究の街であるボストンと政治の街であるワシントンDCに長期研究留学する機会を得た。この間、海外の日本研究者や国際政治理論の研究者、それから、実務家の方々とお話する機会にも恵まれ、理論的な枠組みにも関心を持つようになった。また、米国政治学会（APSA）に参加した際には、戦争終結のパネルに出席者が少ないのには驚いた。本書は理論研究ではないが、国内の政治体制の問題が戦争終結に与える影響（第一章）、軍事戦略と戦争終結構想との関係（第二章）、第三国の存在が戦争終結に与える影響（第三章）などといったような点を意識して書いた。また、第四章では、戦争責任者処罰、相互の信頼関係、戦争目的の再定義・細分化といった問題についても触れたが、これらのことが戦争の終結にどのような影響を与えるのかという点についても若干の示唆を行った。

ボストン滞在中は、ライシャワー研究所のアンドルー・ゴードン先生に客員研究員として受け入れていただき、海外の研究者と意見を交換する機会に恵まれた。この時期、エズラ・ヴォーゲル先生の自宅の三階に下宿し、午後はMITのジョン・ダワー先生の講義を聴講し、夕方はハーバード大剣道部の練習に参加して、夜は三谷博先生の酒席にご一緒させていただいた。これまでの人生で一番充実していた時期であった。一方、ワシントンDC、メリーランド滞在中は、今までの人生の中でもっとも緑に囲まれた静かな時期であった。この時期、じっくりと執筆に専念する時間があったことは幸いであった。さらに、米国立公文書館、メリーランド大学図書館、米議会図書館、笹川平和図書館などではいろいろな研究者の方々と知り合う機会が多かった。米国滞在中と一時帰国中には、麻田貞雄先生、中達啓示先生、三輪宗弘先生、浅野豊美先生、川崎剛先生をはじめ、宮杉浩泰、菅谷幸浩、宮田光史、鎌江一平、森川裕貫、古池典久、樋口真魚、ガー・アルペロビッツ、コリン・ジョンドリル、レト・ホフマン、エイミー・スタンレー、ジェフ・クラシゲ、ジェレミー・イェレン、コンラッド・ローソン、の諸氏にお世話になった。また、台湾滞在中は、中央研究院近代史研究所の黄自進先生と事務の方にお世話になっている。

さらに、幸運なことに、近年、日本国内で関係史料の公開が相次いでいる。たとえるならば、いくらアイデアという良い種があっても、史料という土台がなければ木は育たない。また、土台が浅ければ木は伸びず、狭ければ幹は太くならず、土台が偏れば木も偏って倒れる。土台の良し悪しによって枯れる時期と花の美しさも異なってくる。逆にいえば、土壌さえよければ、なんらかの草木は自然と生えてくるのではないか。そういった点で、筆者は、これまで史料の発掘や公刊にたずさわってきた方々から多くの恩恵をこうむっている。

史料という点でいえば、最近、海軍の中澤佑関係文書、吉田善吾関係文書、山本親雄関係文書が国会図書館憲政資料室で公開されたことは、非常に嬉しかった。修士課程三年の時、神田の古本屋で買った本の中に中澤佑中将（一八九四―一九七七）の年賀状（昭和五三年度）が挟まっていた。当時、修士論文に完全に行き詰まっていた筆者は、二〇〇〇年八月四日、作戦部長時代の『作戦参考（中澤ノート）』（第一章を参照。当時は防衛庁戦史部にコピーがあったが非公開）をぜひ見たいと思い、中澤家を訪問した。ところが、「原本は自宅にはないのではないか」との回答を受け、大いに落胆してしまった。しかし、元戦史編纂官の市来俊男氏、故野村実氏の「原本は中澤家にあると思う」という助言にも助けられ、「もう一度探して頂けないでしょうか」とお願いしたところ、数週間後、屋上の倉庫の中で史料を発見した、とのご連絡をいただいた。この中澤佑関係文書は、吉田善吾関係文書、山本親雄関係文書とともに、当時政策研究大学院大学にいらした伊藤隆先生の仲介で憲政資料室に寄贈された。これらの関係文書の整理と公開にあたっては、ご遺族の中澤忠久様、中澤忠光様、吉田ちえ様、山本九三様をはじめ、矢野信幸、黒澤良、鹿島晶子、石突美香、葦名ふみ、長南政義の各氏のご尽力をいただいた。

戦争終結の難しさが今日ほど認識されている時代もない。そして、平和を実現するためには、戦争についての深い洞察が必要である。戦争と平和は表裏一体の関係にある。ゆえに、筆者の今後の課題は、戦争と平和の関係といった無限の微妙さについてより深く書けるようになることである。そういった意味で、本書執筆中には、筆者自身の文章力・語学力・体力・精神力の不足を痛感した。今後とも、周囲の方々から暖かい激励をいただければ幸いである。

本書の完成にいたるまでには、日本学術振興会特別研究員、同海外特別研究員に採用され、松下国際財団からも研究費をいただいた。本書は、文部科学省科学研究費補助金（二〇〇一―二〇〇三、二〇〇五―二〇〇七年度）の研究成果の一部である。また、出版にあたっては東京大学出版会刊行助成をいただいた。さらには、筆者の研究留学のため、東京大学出版会の山本徹氏には筆舌に尽くしがたいご迷惑をおかけした。この場を借りて厚く御礼申し上げたい。

本書の執筆にあたっては、なるべく学術的にスタンダートな叙述にするよう心がけたが、偶然性に富む歴史を必然的に語るのは容易ではないし、複雑性を本質とする戦争を単純化して書くことは難しい。ゆえに、本書が、今後の終戦史研究の叩き台ともなれば幸いである。

二〇一〇年一二月二四日

鈴木多聞

初出一覧

第一章　統帥権独立の伝統の崩壊——軍部大臣の統帥部長兼任
「軍部大臣の統帥部長兼任」『史学雑誌』一一三編一一号、二〇〇四年、一八三七—一八六五頁。

第二章　東条内閣の総辞職
「東条内閣総辞職の経緯についての再検討——昭和天皇と重臣」『日本歴史』六八五号、二〇〇五年、六九—八四頁。
「重慶和平工作と小磯内閣」『東京大学日本史学研究室紀要』一〇号、二〇〇七年、四五六—四六六頁。

第三章　鈴木貫太郎内閣と対ソ外交
「鈴木貫太郎内閣と対ソ外交」『国際関係論研究』二六号、二〇〇七年、五一—六九頁。

第四章　ポツダム宣言の受諾
「昭和二〇年八月一四日の御前会議における昭和天皇発言について」『東京大学日本史学研究室紀要』九号、二〇〇五年、一一一—一三八頁。
「昭和二〇年八月一〇日の御前会議」『日本政治研究』三巻一号、二〇〇六年、六六—八九頁。
「日米戦争と戦争の終結について考える」『外交フォーラム』二四二号、二〇〇八年、六—七頁。

本書収録に際しては、いずれの論文も大幅な加筆・修正を行った。

人名索引

あ　行

か　行

さ 行

た 行

な　行

は　行

ま 行

や 行

ら 行・わ

事項索引

は 行

ま 行

著者紹介

1975年　生まれる
1998年　東京大学文学部卒業
2005年　東京大学大学院人文社会系研究科博士課程単位取得退学
　　　　日本学術振興会特別研究員などを経て，
現　在　東京大学大学院総合文化研究科学術研究員．博士（文学）

「終戦」の政治史 1943-1945

2011年2月22日　初　版

［検印廃止］

著　者　鈴《すず》木《き》多《た》聞《もん》

発行所　財団法人　東京大学出版会
　　　　代表者　長谷川寿一
　　　　113-8654 東京都文京区本郷7-3-1 東大構内
　　　　http://www.utp.or.jp/
　　　　電話　03-3811-8814　Fax　03-3812-6958
　　　　振替　00160-6-59964

印刷所　株式会社理想社
製本所　誠製本株式会社

ISBN 978-4-13-026225-5　Printed in Japan